编者之语

　　科教兴国，关键在于教育，唯有通过教育培养人才才能促进科技发展，也唯有通过教育才能促进人力资源强国的形成，同样唯有通过教育才能提升全体国民的文化素养和砥砺人格，从而促进和谐社会的发展。可以说，有什么样的教师就有什么样的教育，因而教师教育任重道远！

　　我们必须明确，教师及其从事的教学工作是一种具有很强专业性的职业，如同医生、会计和律师一样需有专业训练。没有扎实的学科训练，就不能很好地支撑学科教学，包括把握课程教材教法的专业能力。并且，教育绝非是一种理性的事业，更是一种感性的事业。因为，一个好的教育，她应该能够触摸和关怀到人的心灵和情感。因此，这种专业性也包括把握学生心理特征、个性差异、学校教育使命等专业素养。尤其在校本教研活动已经成为中国教师专业发展的显著特色和主要路径之时，学术水平和治学方法都将有力地支持教师专业发展，并由此提升教育质量。

　　在创建更加公平和富有效率的教育时，教师教育将发挥重要作用。教师自身的发展应是教师教育的核心目标，从可持续发展的理念去培养具有自我发展潜力的教师素质。一是强调自身学识储备与不断发展的重要性，这包括与其学科专业相关的知识，以及当代教育教学理论与实践前沿发展的观念与方法。二是强调学会教学的方法取向，掌握心理学理论与实验方法前沿、学科教学与评价发展的新趋势，并在实践基础上，把教学经验视为教学知识的一种来源以及学会如何教学的一种手段，并懂得如何在课堂中更新教学经验和行为。三是强调自我反思的专业精神，基于教师教育向教学实践的回归，熟悉教育教学科研方法前沿，把校本科研作为教师对自身教学实践反思的基础。四是强调充分运用信息技术创新教学方式，把握教育教学信息技术发展前沿，关注一切与学习行为相关的教育教学方式的转变，提高教与学的质量和效果。

自古以来，中国人都相信教育可以改变个人的命运，并改变国家和民族的命运。能够铸造这个梦的人正是教师，而作为教师的一员，我们都是个人与国家的圆梦者！

目　录

专题研究与讨论

CONTENTS

ACADEMIC RESEARCH & EXCHANGE

PROJECT-BASED RESEARCH & REVIEW

TOPICS OF CURRENT RESEARCH

《中国教育：研究与评论》

国际性中国教育研究集刊

教育科学出版社，北京

编辑委员会

主编

丁钢（Cang DING），中国华东师范大学

编委

田正平　吴刚　吴康宁　张民选　周勇　叶隽

国际学术编审委员会

CHINA'S EDUCATION: RESEARCH & REVIEW

The International Referred Journal of Chinese Education Studies

Educational Science Publishing House, Beijing

重要他人对学生阅读选择的影响研究①

The Influence of "Significant Others" on Students' Reading Choice

高智红 (Gao Zhihong)

浙江工业大学教育科学与技术学院

College of Education Science and Technology, Zhejiang University of Technology

内容提要：重要他人与学生的阅读选择之间有着密切的关联，中小学生的阅读活动中存在强有力的影响者，分析潜隐在学生阅读选择活动背后的影响主体，探寻的是哪些人是导引者、分享者、激发者，哪些则是限制者、规训者、负影响者？他们的取向、情感、态度、文化偏好如何影响了学生的选择方向？这些影响是通过何种方式介入学生阅读过程的？在不同的情境中，他者的导引又有怎样的差异或冲突？本文区分了现实情境（学校、家庭、媒介）中多个重要他人群体对学生阅读的多方影响和差异。学校情境中校长、教师的取向对学校阅读文化构建有重要导向作用，教师群体的推荐差异影响学生阅读选择的质量和层次。而在校外，媒介情境中隐在导引者如编辑、作者及网友等对学生阅读具有导引差异和导读中的耦合与冲突；家庭中的重要他人存在阅读观和导读方式上的误区，如教育期望与阅读启蒙之间的关联状况等。由于存在影响学生阅读的多个重要他人群体，聚合

---

① 本文是浙江省教育科学规划项目（2013）"家·校·媒介互动中重要他人对学生阅读的导引研究"阶段性成果之一（编号：SCG155）。

校内校外、在场与隐在影响者的合力，使重要他人发挥积极的"正能量"导引作用，成为学生阅读的引领者、激发者、催化者、陪伴者和共读者非常重要。

关键词：重要他人　阅读导引　知识控制　取向　偏好　阅读文化

Abstract：Significant others are closely associated with students' reading choices. There exist strong influencers to students' reading activities in primary and middle schools. By way of analysis on latent influential subjects behind in students' choice of reading activities, in order to explore who are leaders, sharers, promoter, who are restrictors, discipliners, negative influencers, how their value orientation, emotions, attitudes and cultural preferences have influence on students' choices direction? Which ways these influences are through to intervene students' reading process? What discrepancies or conflicts the others' influences are manifested in different contexts? This article discriminate the influential effects and differences of many significant others in real situations (schools, families, the media) on students reading, such as the effects of principals' and teachers' value orientation on the construction of reading culture in schools, the reading recommendation difference among teacher groups. In the media situation, absent reading-guiders also impact on student's reading activities. People like publishers, writers and on-line friends have difference influence upon student's reading choice, guidance conflict and so on. Parents are significant others in the family, their reading guidance and misunderstanding, and associations between their educational aspirations and reading enlightenment and so on. There are plenty of important groups significant others impacts on student's reading behavior. Thus, getting together all significant other's forces (include inside and outside school，present and absent others），make them play positive guidance，get them become leader，arouser，promoter，accompanist and sub-reader in student's reading activities are very important.

Key words：significant others；reading guidance；value orientation；preference；knowledge control；reading culture

一、阅读导引：他者何以重要？

中小学生的课外阅读，是自我选择的结果还是他者介入的结果？阅读选择过程是否存在强有力的影响者，即重要他人？学生喜欢读课外书或不喜欢读，是哪些因素在起作用？喜欢读哪一类，不喜欢读哪一类，或者"反向"阅读甚至不读，又是什么因素在起作用？我们讲课外阅读开卷有益，而"择卷"更重要，那么帮助孩子"择卷"的人是谁？他们是如何影响孩子"择卷"的？

通常我们将阅读活动看作个体化的活动、私人化的活动，认为学生的课外阅读选择是学生个体选择、自我选择的结果，而笔者对江浙沪十余所中小学校①和家长、学生的具体调研过程中，更多地了解和感受到的是基础教育阶段学生阅读选择的特殊性。在中小学生自我选择意识相对较弱、阅读独立性发展尚不完善的情形下，来自他人的影响非常显著。因此本文经过调研试图分析，他人对学生阅读选择是否具有直接或间接的影响？影响的途径方式是怎样的？影响的深度和广度如何？着力于关注对学生阅读选择起到较明显作用的他人，即

---

① 本研究采取分层随机抽样的方法，发放问卷 900 份，有效问卷 820 份；访谈包括从事相关研究工作的专家学者、教师、学生及家长，主要调查学校包括上海松江区、闵行区、徐汇区，苏州吴中区，杭州西湖区等地的中小学 10 余所。

"重要他人"与学生阅读选择的相关性，这些"关键人物"对孩子精神世界的建构起到了哪些作用，作用的持久度、广度以及深度如何，个体的精神成长过程中，镌刻了哪些人为建构的印迹，与哪些群体或个人之间有紧密的关联，给予了怎样的精神滋养、怎样的知识启蒙，形成了怎样的阅读情趣和代际冲突，怎样的互动造成的选择倾向与偏好。本研究试图分析的是阅读选择中的人为性、主体性的因素，以及主体间关系对少儿阅读选择的构建作用。

关于"重要他人"（Significant Others），美国社会学家米尔斯（Mills，C.W.）最早提出了这一概念。威廉姆·塞威尔（Sewell，W.）随后提出了"有意义他人"的概念，认为个人的认知、情绪乃至教育成就与"有意义他人"相关，这种有意义的他人影响并不是一种学校组织的系统和矩阵，也不是某种确定的社会情境，而只是某些个人的影响因素，而且主要是三种人的影响作用，即父母、教师和同伴朋友。① 我国也有相关的论述，如顾明远主编、上海教育出版社1992年出版的《教育大辞典》（第6卷）中认为，重要他人是"对个体的自我发展（尤其是在儿童时期）有重要影响的人或群体，即对个人的智力、语言及思维方式的发展和对个人的行为习惯、生活方式及价值观的形成有重要影响的父母、教师、受崇拜的人物及同辈团体等"（顾明远，1992：462）。吴康宁认为，重要他人是指对个体的社会化过程具有重要影响的具体人物（吴康宁，1998：244）。本文应用的"重要他人"概念，是指在中小学生课外阅读选择过程中具有重要影响力的个体或者群体，由于自身的主体特性、角色位置、互动关系及情境因素，他们对学生的阅读取向、偏好产生了关键性影响和重要导引作用。

在中小学生的阅读活动中，是否存在强有力的影响者？如果有，谁可能是阅读选择中的重要他人？从笔者在中小学的实地调查中发现，少儿在阅读兴趣以及书刊的选择上，明显受到他者强有力的影响

---

① 参见谢维和. 教育活动的社会学分析 [M]. 北京：教育科学出版社，2007：82.

（见表1）。

表1　他者对学生阅读选择的影响度分析（小学1—3年级）

重要他人的影响度		A. 不读	B. 读一部分	C. 读大部分	D. 都读	总　计
教师推荐	频数	9	57	85	50	201
	百分比	4.5%	28.5%	42.4%	24.6%	100%
家长推荐	频数	6	35	66	94	201
	白分比	3.1%	17.6%	33%	46.3%	100%

　　从以上数据中可以看出，小学低年级学生在课外阅读活动中，明显受到家长和老师的影响，影响程度达到96%以上（读一部分+读大部分+都读的比率合计数）。2009年第六次"全国国民阅读调查"中，也反映出同样的状况，如家长"喜欢且经常看书"会直接影响孩子对阅读的喜爱程度，有95.1%的儿童因家长喜欢且经常看书而喜欢读书。由此可以看出，处于中小学阶段的孩子，其阅读的建构过程不是自发自然的过程，而在很大程度上受到所处环境中与之有特定连带关系的他者影响。对学生阅读产生影响的可能是一个个体，也可能是一个小群体，或者是一个机构中的核心人物，由于影响者自身在阅读选择中的地位、角色或者影响力、交往密切度等因素，他者成为孩子阅读启蒙中的"重要他人"，对孩子阅读的方向、兴趣、偏好及至阅读深度产生特定影响。如受欢迎的人物、有权威的人物、有亲和力的人物、有魅力的人物等。他们是孩子阅读生活中的唤醒者、鼓舞者、促动者、激励者，当然从影响的负面效果看，也可能是辖制者、规约者甚至破坏者。他们的介入，对孩子阅读的内容、形式、趣味方向都产生了直接或间接的作用。

二、导引者：重要他人是谁？

　　学生阅读选择中存在关键影响者，而这些影响者是哪些人？在具体分析学生阅读选择的影响时，不能简单归因于家庭因素或者学校因素，而需要综合考虑学校、家庭、媒介的叠加影响，因为课外阅读作为沟通课内与课外教育的桥梁之一，是具有复杂性的，其中学校校长、教师、父母及亲朋，以及媒介中的出版商等群体，都会以不同方式介入学生的阅读选择活动中来，各类人物的影响力都是存在的，并且在现实中呈现出影响强度的变化，影响者内在的矛盾困惑，影响者之间因为取向、情感等因素出现的导引差异和冲突，以及在学生不同的年龄阶段，阅读导引都会呈现出群体影响力的差异和变化。如学校中的重要影响者校长、教师、学生等；家庭中的密切接触者如父母、亲戚等；媒介中的阅读推广人、作家、网友等。而由于重要他人群体处于不同的角色位置和情境中，他们的阅读导引取向、态度、偏好以及影响度、影响方式都是有差异的。

在家庭情境中，家长群体是少儿阅读在家庭情境中的重要影响者。家庭中的重要他人主要表现为情感性引导、属于关系密切型，这一类重要他人在实际中由于家庭文化背景、文化资本占有量大小以及家长教养方式、教育期望等方面的因素，有较大的差异。从情感性关系上分析，家长群体由于与孩子直接而密切的情感联系，对孩子的阅读影响是深入而持久的。这种影响，也包括正向的和负向的影响。从正影响来看，民主型的家长，能够在家庭中培育良好的亲子关系，孩子在亲密的家庭关系中由于情感上的依恋、关爱和喜欢及亲密的互动等因素，很容易受到家长的影响，形成阅读同步和取向上的同一，特别是在小学低年级阶段，家长和教师的影响力是最突出的。

> 每天晚上给儿子讲故事，儿子无数次伴着童话故事入睡，他渐渐爱上了童话，产生了童话阅读的依赖感。有一回去开家长会，有心的语文老师以课件打出他们班孩子作文里的一些片段与句子，当然也有儿子写下的充满童趣的句子。那一刻，我觉得儿子这一代是幸福的，他们的童年里有童话陪伴，他们的童心在最纯真的岁月里跳动。（黄耀红，2010）

从负影响来看，家长与孩子由于代际隔阂、取向差异形成的关系紧张，也会直接影响到孩子的阅读认同，造成阅读选择中的矛盾和冲突。孩子是不是真的不爱读课外书呢？我们认为的孩子不阅读现象，实际上是孩子不阅读我们认为有价值的、指定的书、指定的阅读形式和载体。这种状况的形成，一种是因为推荐方式和推荐内容上的问题，如语言、态度以及推荐的内容本身引起孩子的阅读排斥，另一种是由于其他群体的重要他人具有的阅读吸引力超过了我们的力度，造成孩了的阅读倾向转移。例如媒介人日渐增强的影响力，高年级孩子日渐受到同龄人的影响，都削弱了家长以及老师的影响作用。因此，重要他人自身的态度、偏好以及取向，都极大地影响着少儿的阅读行为以及精神成长方向。

另外，不同家长类型在影响上也具有明显的差异。如民主型、亲和型的家长与强权型、冷漠型的家长，对孩子的阅读选择产生的影响效果就截然不同。家长如果表现为权威与控制，对孩子的阅读强行干涉，孩子就会表现出直接的冲突，或者是屈从中的反抗，采取"被动"的抵制策略，转而认同其他人如同龄朋友的阅读选择，排斥家长的阅读规制。

在校外情境中，媒介文化对阅读的影响力，则显著体现在"媒介人"的阅读推荐和导向上。如专家、网络推荐人、书中人、作者、编者等，表现为两种重要他人。一是潜在的、非在场的重要他人。如未见面的作者、编者、网络推荐人、专家。二是在场、曾经有过交流的重要他人。无论是在场的还是潜在的媒体重要他人，都因为媒介传播介质本身的迅捷和影响力的扩大化效应，对少儿的阅读选择产生深刻、持久的影响。而从新媒介迅猛发展对阅读文化的渗透和强力影响看，20世纪90年代以来，传媒在技术上的快速更新、规模上的急速膨胀，使媒介群体对大众文化具有了前所未有的影响力。当传媒与市场进一步携手合作，共同步入工业文化的制造中时，就在大众的视野中网织了现代文化世界消费狂欢的美丽图景。为了实现文化的商业逻辑和娱乐逻辑，多数媒体人、出版商、书评人通过广告的温情植入以及畅销运作的谋划，成功完成了对小受众（少儿）的"娱乐阅读引导"和"快乐儿童启蒙"。

当然媒介群体中除了许多迎合商业文化口味的文化制造者之外，还是有部分媒体人在困顿中的文化坚守，抵制阅读启蒙的低俗化、娱乐化趋向。如《儿童文学》、《读者》、《青年文摘》等刊物的编辑群体，他们的文化取向、守望心灵的从容和优雅的品位，对少儿读者产生着深刻的影响。

> 《读者》所分享的，是看待人生的一种视角，一种心境，一种姿态：用微笑诠释生活，以温润体味人性。澡雪而精神，便有了从容前行的潇洒步履。（富康年，2010：9）

三、学校情境中的阅读导引者

在学校情境中，存在多个重要他人群体对学生阅读选择的影响，从不同地位角色的他者来看，包括权威型的重要他人，如校长、教师等，主要通过教学、学校活动等对学生的阅读选择产生影响力，同时也包括同辈群体中的偶像型重要他人，如学生同龄人中的同学、朋友、小群体中的偶像等，都会对学生的阅读选择产生直接或者间接的影响，正向或者负向的作用力。

而学校中的重要他人群体，一方面因为在取向、情感、态度等主体性因素上的不同，如校长、教师在阅读观、文化观上的差别，常常体现出不同的阅读选择倾向，对学生的影响度就会有相应的差别；而另一方面，校长、教师在学生阅读导引过程中不同的情感态度以及与学生的交往互动频繁的程度，也常常是影响学生阅读选择的重要方面。在学生的同辈群体中，重要他人的影响力主要体现在小群体的互动活动中，小群体中学生间的交往越频繁，情感越密切，相互的阅读影响力越强。

（一）教师的阅读观与阅读推荐差异

1. 阅读观：课程路径依赖

教师是导引学生学习和拓展阅读视野的重要影响者，而由于长期固化的课程思维和限定的课程制度，教师在指导学生的阅读引导中也日渐形成了一定的教学惯性和阅读导引上的课程路径依赖，这在一定程度上造成了学生的阅读选择局限。

首先，在学校情境中，教师本身特定的角色位置，使教师成为影响学生阅读的权威型重要他人，能够通过教学过程和对学生的学校生活管理来渗透自己的阅读标准、选择阈限，以主控的、垂直的方式介入学生的选择过程。这种影响力尤其体现在教学中，教师讲授过程内在隐含的阅读评价、偏好倾向、关注重点等，都会以潜移默化的方式融入学生的选择活动中，左右个体的选择倾向。而教师的阅读评价，在现行考试评价体系的框限下，常常产生取向上的偏离，阅读评价在"应考是唯一检验标准"的规约中，"能够被考到的内容，才是应该阅读的内容"成为老师们不得不默认的评价标杆，于是"阅读评价"就在现实中转换成了"考试评价"，产生对考试、课程的路径依赖。这种抽离了阅读情趣、生活关联的机械分解分析式的语言教学，关心知识的输入而不是知识的建构，关心知识的考试应用而不是问题意识培养和解决能力。久而久之，也就消解了教师的教学热情和创新意识，教学不断遵循着既定的"应考"模式进行，符合考试标准的"套路"沉淀下来，形成了教师的教学惯性和既定模式，课内阅读与课外阅读之间架起了明显的隔离带，因此一些教师也就认为："课外阅读是家长的事，我们只要教好课内的就很好了。"在这一教学惯性作用下，能够与课程内容相关联的阅读素材，往往是部分教师重点强调、多次提及和经常推荐的"拓展训练"内容，而与课程距离较远的，即便具有人文性和实践价值，也会很少提及。因此，考试导向形成的"课程路径依赖"，强化了教师的"考试阅读教学观"，阅读推荐往往与课本中的内容相关联，或者是直接与考试相关的内容，教好课程本身，教好词、句、段落分析就可以了，"学生遭遇的都是'固化'的真理，缺乏'人气'的知识，一堆'死'的符号。学生在成长过程中经常会出现的困惑、好奇、问题、期望、兴趣以及许多潜在的能力等，在学科设置和教学中得不到体现。"（叶澜，2006：252）于是出现了"读得少，写得少，耗时多，效率低"的问题，孩子背课文很熟很快，但写不出作文来。因此注入式教学的"分析法+题海训练"的模式教学，使读书变成了只读教科书，消解的是学生的阅读积极性，主动思考的意识，孩子缺乏阅读兴趣和深度阅读的动力。如学生 E 在读书推荐中表达出的对应试教学的苦闷：

> 我向大家推荐一本杨红樱写的校园小说《神秘的女老师》。我很羡慕红官学校六年级的学生。他们有一位这么棒的好老师，带他们进入了一个童心的世界，可是我们呢？在大城市里生活的我们有很大的学习压力。我们为了要考一个好初中，不停地补课、做作业、复习、读书。连一点休息的时间都没有，都成了一个"学习机器"。我觉得蜜儿有一句话说得对：为了分数和名次，一个个鲜活的生命把自己变成学习机器。感受不到天高云淡，对于大自然的美丽，视而不见。他们不要阳光，不要温情，他们只要分数和名次，迷失了自己。我觉得这一本书写得很好、很真实，体现了我们心目中的学习。（Sherry，2009）

其次，对于教师本身来说，应试阅读惯性的形成，也进一步固化了教师的学科边界意识，原本相互融通和关联的问题被拆解、固定成不同科目的内容，知识的碎片化和学科封闭性操作，不利于师生共同去探索问题的核心结构，也就降低了教师对学生知识传递的影响效度。而在欧美，小学生的阅读注重的是教授基本的阅读方法，课内阅读与课外阅读是贯通的，甚至没有专门的语文课本、阅读教材，课内就是通过教师的积极引导来督促学生读大量的资料，扩展视野，搭建基本的阅读框架的：

> 有人看好 Phonics①，是因为觉得它实际上就是学单词。其实，Phonics 不仅仅应该作为背单词的工具，它更是一种阅读入门的方法。既然是方法，就要在阅读中反复地使用。有人说，北美的教育体系中前 3 年就是教孩子学会阅读的基本方法。现在回头看安妮的学习过程，还真是这么回事。现在想想北美 3 年级及以下学生没有教材的原因也许正在于此：没有教材，也意味着都是教材！如果把美国学前班中和 Phonics 学习有关的材料、书籍定义为教材，那一尺厚也装不下！（安妮鲜花，2010）

最后，教师教学惯性的延续，教师的阅读偏好、态度、情感等，会以潜移默化的方式影响学生的阅读倾向，造成学生阅读视野的局限。作为学生阅读活动中的权威型重要他人，教师的阅读倾向性至关重要，学生会无意识或者有意识地模仿和延续教师自身的阅读态度：

> 关于老师的研究结果显示，校方虽然常要求老师看书及专业期刊，但老师们却经常只看自己教的书。既然老师只会谈读书却很少看书，学生也会模仿这种态度。问题的关键在于，讨论书的人必须自己真的看过那本书。但我们必须面对一个很难接受的事实，即大多数老师很少看书。一半以上的老师表示他们之前一年只看了一两本专业书刊。（吉姆·崔利斯，2009：26）

---

① Phonics 是以英语为母语的国家教孩子学习阅读的基本方法，通过学习 Phonics 技能进行大量阅读，扩大 Vocabulary（词汇量），提高 Fluency（阅读流利性）和 Comprehension（阅读理解能力）。参见：《Phonics 与阅读能力》：http://baby.sina.com.cn/edu/11/0311/2011-11-03/1216194497.shtml.

如一些学生读的书，教师本身没有读过，就难以用自身阅读时的体验、感受、思考来调动起学生的阅读兴致和阅读热望，充满生活情趣的阅读内容缩减为教科书中的字词句段，不仅影响的是学生的阅读视野，更重要的是影响了学生的思维扩展和灵动的思考能力，这种思考力上的缺陷对学生的负影响是终生的、持久的，知识传递上的单向度造就了思维方式上的单向度，创造能力由此受到削弱。

在教师的教学活动中，课程观作为教师对课程最本质、最核心的观念和认识，是影响教师课程实施、课程进程的最基本因素，教师具有怎样的课程观，就会形成怎样的教学设计和教学行为，产生怎样的教学效果和影响效应。不同的课程观在教学实践中，是有截然不同的教学过程和影响效度的。传统的课程观认为课程是封闭的、预设的、固定的知识体系，因此教学就是在稳定、统一的课程圈中持续的知识输入过程，学生只是接受既定知识的容器，在选择内容上局限于课本教材本身，容易形成学生定向的思维和程序性的"普适"知识、静态知识。而后现代的课程观则认为，课程是多元的、动态的、生成的、师生共同探索的知识建构过程，课程内容也不仅仅是教材本身，而是在问题探索中不断吸纳、整合多种相关资源形成的知识群，是开放的、不断更新和增量的动态知识域。如美国课程学者小威廉姆·E. 多尔曾提出课程的"4R"理论，认为课程具有丰富性（richness）、回归性（regression）、关联性（relevancy）和严密性（rigor）（Doll, W. E. Jr. A, 1993：7）。丰富性是指课程具有内在的疑问性、干扰性和多种可能性，因此课程具有不确定性、模糊性等；回归性是指课程没有固定的起点和终点，任何课程要素或课程事件都可成为课程的开端；关联性是指课程不是封闭的，而是与外界一切都可发生联系（小威廉姆·E. 多尔，2000：250–261）。由于课程具有这些多元、不确定和变动的特征，课程就是在不断变化的情境中，师生针对问题进行对话、交流的结果，教师不再是知识的单向输入者，而是课程的发现者、创造者和开发者。但也正因为教师要从单纯的知识传导转型成为知识的开发人，其中知识本身具有的开放、多元、情境变化等因素，都增加了教师驾驭课程、协调课程的难度，因为知识的多变性和不确定性已经具有极强的增量效应，多元性也就带来了可变性和干扰素，这是实践教学中的难题，因此以新的课程理念吸纳多种课外资源时，试图体现知识本身的"未竟性和非常态性"时，教学挑战性也就成倍地增加。操作较好的教师，能够利用课内有限的时间，把握学生学习的思维节奏，汇通穿插相关的多元内容，既起到补充教材本身局限的作用，又能把握引入的度（数量、节奏、时机等），以多元的阅读素材激起学生的阅读兴趣，起到开阔视野的作用，但又不会冲击课程本身的学习：

> 韩军（中学语文教师）在教学中有过这样的案例：在教学《背影》时，利用三节课时间，让学生学了14篇文章。怎么学呢？第一节课，精讲少讲，剩下两节课做什么？让学生看书。不看课本，看韩老师给他们补充的与《背影》类似的14篇文章，学生自由阅读，自由讨论。结果呢，实验下来，学生读得兴致勃勃，讨论得热热闹闹，从课上读到课下，讨论到课下，欲罢不能，有的学生还为阅读过的所有文章都洋洋洒洒写下了批语。可见，解决语文教学高耗低效的问题，不是搞各种修修补补的改革，而是要从根本上解决问题。教师能把一篇文章分析上几个课时，那怎么就不能用这几个课时，让学生再读些文章呢？（小薇老师，2011）

2. 教师阅读状况及影响度

从教师自身的阅读状况分析，教师的读书已经成为被挤压的阅读空间，阅读尚未成为教师的内在需要，而教师自身的阅读总量呈现下降的趋势，不同教师的阅读状况也有差异。在学校情境中，教师是学生阅读选择中的重要他人，学生的阅读在很大程度上受到教师的导引影响。一方面，教师的态度、情感、取向和文化偏好会潜移默化地影响学生的阅读选择；另一方面，教师自身的阅读素养也直接影响着学生的阅读意识和阅读视野，教师在读书上的广度和阅读量的大小，也会直接影响到学生的阅读层次和阅读质量。而在中小学中，教师自身的阅读首先遇到的问题是教师遭遇的职业压力，阅读没能成为教师自身的内在需要，这是导致多数教师出现阅读疲惫和阅读量锐减的原因。

从实际的调查中发现，教师阅读的多数是教学方面的参考书，提升个人素养和扩展视野的其他书籍很少涉及。主要原因在于教师工作负荷重，工作压力较大，考核指标体系向分数、应试倾斜，导致了教师的阅读疲惫，削弱了阅读的兴趣和愿望。《中国教育报》的专题调查表明，半数以上的教师每天读书时间不足半小时，平均每人每年读书不到 6.69 本，教师阅读的种类中教学参考书占绝大多数，50% 以上的教师个人藏书量在百本以下（金志明，李伦娥，2001：04-13）。而本研究的实地调查中也反映出，中小学教师的工作时间严重超出国家的规定，劳动强度之大令人难以置信。如有一些学校的作息时间表，教师的工作时间从早上 5：50 开始到上午 11：25 为止，中午从 12：00 到 5：15 为止，晚上从 5：40 到 9：10 为止共计 15 个小时（朱永新，2004：333）。因此，当学校中渗透了社会中的选拔机制、竞争机制等时，反映在校内的就是教育的淘汰制和竞赛制，学校无法透过阅读的熏染推动文化传递上的普及，教师工作时间超长，疲于应付名目繁多的竞赛、教务，常常处于一种超负荷的状态。而当考试成为衡量教学成效的标尺时，业余大量的阅读还不如钻研考题更能直接满足教学需要，因此均衡的、深度的阅读很少成为教师的内在需要，多数教师阅读的主要是杂志、流行读物以及教学实用系列书。

> 教师白天工作太累，有些工作与语文教学关系不大，但也必须做，像班主任、其他一些学校杂事、教务工作，还有这个比赛那个比赛的，这个检查那个检查的，所以老师没时间（阅读）。像做班主任，就像保姆一样的，很多事情都需要管得很细致，老

师的角色就是"警察加保姆"。（访谈 Y 老师，2010 年 9 月 25 日，上海 D 中学）

而教师阅读缺乏内在需要的原因，一方面是因为教师的教学、教务压力导致的阅读疲惫和无兴趣，这是外环境的干扰因素；而另一方面则是教师的内因素，主体的自我发展需求程度上的不同，形成的教师阅读内需上的差异。一些教师对自我发展的要求值较高，就有较强的阅读拓展需求和兴趣，而一些教师自我发展的内驱力较低，在阅读上也就放松了综合均衡的、深度的阅读追求。

还有一个是自我发展需求问题。如果你想自己更好地发展，就会自我施压，如果只是兴趣的话，那么一空闲下来去娱乐肯定比拿本书坐下来读要好，关键是能不能给自己施加压力。（访谈 Y 老师，2010 年 9 月 25 日，上海 D 中学）

（二）校长与校园阅读文化

1. 阅读文化构建：形式化与濡化

在中小学中，校长作为学校的管理者，是师生各项活动的策划者、制定者、引领者和规约者，校长的价值取向和目标导向，体现在学校宏观层面的标准设置、政策制定中，直接影响到教学层面的具体目标订立和实现。而在学校的文化建设上，校长是学校文化构建的核心领导者，其文化理念直接影响到学校文化的建构，校长引领怎样的学校文化，构建怎样的校园文化氛围，倾向怎样的学校文化品位，就会形成怎样的校园阅读文化。因此，校长作为学生在阅读活动中的重要他人，是在学校宏观层面给予的导向性影响，主要体现在对学校阅读文化的催化、激励、鼓舞以及取向的方向性把握上。校长作为导引者，导引的不是具体的课程目标，首先也是最重要的导引，是对师生价值取向和文化信念上的导引，建立师生在知识选择上合理而恰切的评判标准，通过营造学校的文化氛围来催化师生的文化认同，培育学习共同体的基本意识。

而在不同的学校，由于校长具有不同的学校文化理念和取向，呈现出学校文化的差异，这种差异也就渗透和展现在校内的阅读文化上。部分校长除了重视学校基础的硬件建设和制度建设，也更重视学校的深层次内涵发展，关注学校的特色资源建设以及文化品位的提升，表现在阅读督导上，比较重视学生阅读的学校，各种阅读活动比较频繁，类型也比较丰富，能够从多层次、多角度和多类型的校园阅读活动上形成阅读良性循环"场"，激发师生的阅读热情和阅读的内在需求，提升学校的文化品质，使教师在阅读上的投入和引导作用也体现得比较明显。

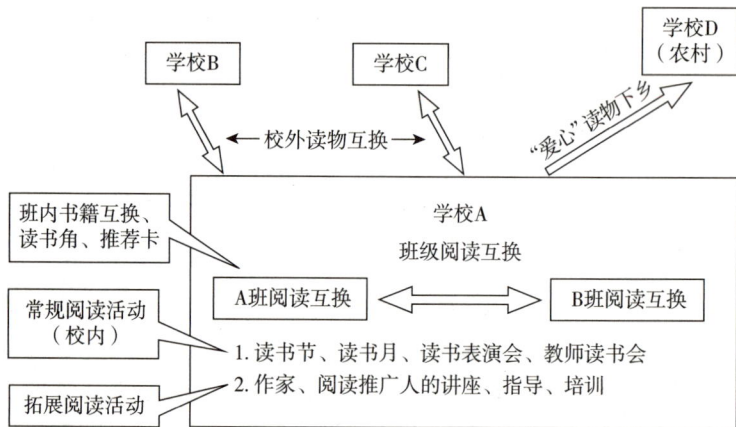

图1　多层次、多类型的学校阅读文化

学校的氛围很好，每学期学校都有的读书节（一个月），也叫读书月，进行得都很深入。不仅是读，还有读后的交流和深化，比如让学生读了之后用课本剧、故事扮演，请同学分成不同小组，一组演课本剧，一组讲故事，一组把内容做成幻灯片给大家看等，也常常将阅读以主题班会的形式表现出来。把它打通到学校其他活动中去。（访谈 Y 老师，2010 年 9 月 25 日，上海 S 小学）

在学校多层次、多类型的阅读活动中，阅读就不仅仅是个体的私人化的行为，而是多个群体、多人互动的阅读"场"，从重要他人对学生的阅读影响来看，就会呈现出多个重要他人的多元影响力，包括师生互动、生生互动、教师之间互动、教师校长间的互动、教师专家间的互动、专家学生间的互动、学校群体间的互动等。多群体的阅读互动能够使学生通过群体间的频繁交流、多个重要他人的共读影响、情感浸化等获得群体内共享式阅读的乐趣，对学生产生持久和迅速的作用。像在学校举办多项阅读活动如常规的读书节、读书月、读书表演会、教师读书会等，进行校级读物互换活动、"爱心书"下乡活动，请知名作家到学校进行阅读指导、开办各种阅读讲座，请阅读推广人到学校进行阅读引导和培训，督促教师推广班级读物互换活动、学生的阅读推荐卡制作等，其中的阅读活动深入学校的各个层面，包括全校活动，班与班的活动，班级内的活动，还拓展到校外，实现校外的阅读交流，如校校阅读互换活动、捐献给农村学校的"爱心"书下乡等，形成了多层次、多类型的阅读渗透和文化熏染，从而能够使学生时时浸润在阅读活动中，强化师生的阅读意识和阅读习惯，并带动同类学校的阅读活动，产生较持久的影响力。

另外，从校长对教师管理的方式差异看，一些校长在管理理念上具有人本管理意识，实现管理权的下移，给予教师更多的专业自主权、学生参与学习的自主权，就会激发和导引出教师自身的阅读热情和课程拓展愿望，调动出教师内在的专业发展需求，这对于学校阅读文化的提升是至关重要的，也因此对学生的阅读素养和自主阅读选择给予了最直接的促动和强化。

我们学校的管理都是重心下移，大队部推荐，然后班长推荐给班里的学生，让学生自己管理自己。阅读课，1—5 年级都有，每两周一次，35 分钟，效果很好，采用的形式也很多，他们上这个课学得比较轻松，大家很有兴趣的，因为主要是让学生自己讲读过的书籍感受。（访谈 S 老师，2010 年 9 月 25 日，上海 G 小学）

而当部分校长看重学校的硬件建设和常规教学管理，淡化阅读对师生的综合素质提升作用以及营造学校文化氛围的意义，就会忽视学校的阅读文化建设，对师生的阅读活动形成负影响，阅读活动呈现出形式化、表层化的现象。校级层面的阅读推动效果不佳，主要是因为校长仅仅将阅读活动当作了学校的一种参评竞赛活动，进行比赛评分的环节导致了形式化的阅读状况，因此表面化的阅读活动繁荣并不能产生真正的阅读效应，书香校园、读书节等活动不能激发师生内在的阅读需求，而成为应付检查的举措，就难以形成学生的阅读兴趣和习惯。

要让教师阅读，校长自己先得是一个读书人。一些学校的读书活动之所以坚持不下去，往往与校长自己不爱阅读有关系。现在有不少学校，班额大，教师课时多，校长只想着教师上好课，拿出成绩，根本不在意教师是否读书。甚至有校长反对教师阅读，原因是让教师多上课多批卷更实际。（茅卫东，2007）

2. 阅读测评体系：角度与效果

首先，多数校长尚未关注阅读的效果评价和激励机制，这是学校对学生阅读影响力减弱的原因之一。从校长本身的角色位置来说，其管理定位决定了校长在师生阅读活动中的介入方式和影响角度。校长不是具体的阅读督导人，但却是全校师生阅读活动的总策划者、总评估者，学校阅读文化的推动者，因此对师生的阅读有导向性的、根本性的影响，校长是否对阅读活动有总体的思路和策略，有相应的激励机制和推动的规划重点，是会直接影响到师生阅读选择行为和阅读效果的。在当前的中小学中，学生的阅读活动在应试体制的偏向下，校长对提高学生阅读量的积累是关注的，而对阅读效果、阅读测评则缺乏相应的举措，对应当具有怎样的阅读体系从概念到操作上是模糊的，因此，阅读选择上的随意性较大，缺乏恰当的激励机制。这种状况使学校对学生阅读的影响力减弱，学生更容易受到同龄人和媒介中的重要他人影响。如某校的阅读推荐卡的评奖制度规定：

好书推荐卡和阅读心得卡设计要求

一、活动主题："展现阅读成果，分享阅读快乐"。

……

四、评选标准：阅读卡内容占60%，设计形式等占40%。

五、奖励：评选出优秀"好书推荐卡"和"阅读心得卡"，学生发获奖证书及"精神储蓄卡"奖励，家长发"优秀家长"证书。（萤火虫，2009）

从阅读推荐卡的评奖标准就可以看出，阅读推荐除了内容上的恰切外，艺术设计的要求占到了40%，而还有些学校，评选时对学生推荐的内容并不关注，而将评奖的重点放在了卡片的艺术设计上，这与提升学生的阅读能力，促进学生的阅读兴趣的目的有了明显的距离，导致许多学生和家长为了获奖，将注意力主要集中在了设计上，原本激发阅读的活动变成了"卡片创意大赛"，阅读本身的乐趣和分享共读的过程就被形式化的美术卡片替代了。显然，学校特别是校长的阅读测评体系是否到位，是否真正促动了阅读共享的乐趣本身，是关键的因素。

在调查中，多数学校主要是通过各种活动如读书节、读书会、读书表演会、好书推荐卡制作以及主题班会等来激发学生的阅读兴趣的，但对学生的阅读习惯养成、阅读效果测评和激励机制并没有清晰的概念和比较切合实际的措施。多数校长和教师认为课外阅读引导是家长的责任，与学校的具体教学活动没有直接的关系，因此，观念上就存在一定的误区，在课内课外泾渭分明的思想导向下，很难在实际教学规划中纳入课外阅读的评价体系，这是学生阅读收不到实效的原因。叶澜教授认为，由于近年来基础教育关注的是知识性和工具性，强调的是近期的、可测量的考核和评比，重视的是"考"、"评"、"赛"、"查"，存在认识上的狭窄化、短期化的倾向（叶澜，2006：219）。因此，这种价值偏向就难以将阅读回归到学生精神成长的轨道上来，对阅读持久性和阅读"质"的测评就会被削弱。而在国外，欧美的中小学课外阅读是与学校教育紧密衔接的，在学生的阅读督导上，认为教师和家长具有同等的作用，实际操作上，也非常强调学生阅读过程中学校与家长的沟通和衔接，学生持续阅读习惯的养成，家校共同的激励、监督和指导，以及共同的过程监督和奖励：

> （加拿大）对学生每天的阅读时间要求不高，一般就是 15分钟。但是，要保证连续多少天一直在读。比如，女儿上一年级后，学校每年都举办一个 200 Nights 的阅读活动：在规定的时间内完成 200 个晚上阅读的所有学生（每次至少 15 分钟，给一个记录单，家长负责记录并签字），学校会在校图书馆的一本新书上盖上一个有该学生名字的藏书签（Bookplate），作为奖励。
>
> 学期快结束时，学生带回来一个公共图书馆的暑假 50 Nights阅读活动的通知。下学年开学前完成 50 个晚上的阅读（也是要求每次至少 15 分钟），就可以参加公共图书馆读书会的颁奖典礼，并且可以领取一个如上图的奖牌！孩子们对于得到这个奖牌也是非常的期待！（安妮鲜花，2009）

持续阅读对学生阅读习惯的作用，以及导向深度阅读，避免浅阅读影响的意义，是有价值的。因此，如果校长能够通过教学规划、学校活动等来逐步培养学生的阅读习惯和兴趣，对阅读过程有相应的规划和评价，有一定的激励机制，就会激发学生的阅读兴趣、积极性和主动性，使学生通过阅读督导形成良好的持续的阅读习惯，通过奖励措施使学生获得阅读的愉悦感受和成功体验。在媒介入侵的现实状况下，如果学校不能够让学生体验到阅读中的乐趣，感受到阅读中的情感交流和人际互动的愉悦，就会使学生的兴趣转移，严重削弱学校的影响力。许多学生迷恋网络游戏和网上不良小说，一方面是因为媒介自身的技术手段能够给学生在阅读中声音、色彩、图像和文字共同的刺激，这种多元立体的新媒介阅读给予了学生单面文字阅读所不能给予的新鲜体验；另一方面则是我们的教学在面对媒体的挑战时，导引方法和教学过程上依然单调，加上积极评价的薄弱，使学校教育的吸引力明显减弱。如学生在网络游戏中得到的肯定和鼓励程度，已经远远超出了我们教学活动中给予每个学生的及时鼓励，这种现状导致的就是学生日益远离优秀读物，因为在冷冰冰的、无情感体验的阅读活动中，学生感受不到人际互动中所应该有的温情、快乐、关怀和对话，反而是在游戏中的每一点进步，都会得到程序设定的奖励积分和赞许的"笑脸(^_^)"，得到晋级的乐趣。当然也有一些学校的校长在阅读评价和激励机制上进行尝试，尽力导出学生的阅读快乐体验。如南京某小学的校长制作的网上"阅读银行"[1]，就导入了阅读过程中的评价和激励系统，通过网上阅读答题的"积分奖励"，使学生体验到每一次阅读的快乐和进步的感受，让学生读出主动、读出快乐、读出成就感：

　　在"阅读银行"里输入自己的学号，页面就会出现"在线阅读"、"在线答题"、"最新推荐"和"积分奖励"4个板块。"在线阅读"部分充分利用网络资源的优势，链接了从学校电子

---

[1]　校长解释说："所谓阅读银行，是指通过在线阅读和答题的方式获得积分并赢取相应的奖励。"

图书中精选出来适合不同年龄段学生阅读的图书，学生只要点击书目就可以在线阅读。"在线答题"是为学生制作的一个阅读评价激励系统，学生在阅读推荐的书籍后可以通过网上答题来检测阅读效果，并得到相应的积分。学生们的积分累积到一定数量，就可以到教导处换取相应的奖品，比如笔记本、文具盒、钢笔等。网上答题最大的功能就是激发学生的阅读兴趣，富有童趣的画面、有趣的题目、不断增多的积分都是依据孩子的年龄特点，为促使他们主动阅读、愉快阅读而设置的。"最新推荐"板块则是向学生介绍新鲜出炉的优秀作品，让学生及时了解第一手的图书信息。

四（3）班的成一鸣发现了自己喜欢的《汤姆·索亚历险记》，他打开"在线阅读"读完后，5个问题一口气答完。"我得了满分！"成一鸣开心地说。（董康，2007）

在这里，校长就是阅读评价和激励的策划者和推动者，通过对学生阅读系统的过程管理，并应用催化阅读行为的激励机制，稳固了学生的阅读兴趣、热情和阅读持久性。

四、媒介情境中的导引者：运作与多元推介

在课程知识的传递上学校是权威、核心，而对于介于社会与学校之间的课外知识、课程拓展知识来说，则呈现出多方主体介入的状况，在知识的传递和选择上，受到多元因素的复杂交互影响，其中媒介以其特有的方式和前所未有的影响力，冲击着课外阅读的多个层面，渗透在课外阅读活动的各个环节。2009年公布的第五次国民阅读调查结果显示：除了报纸、杂志阅读率较高外，互联网阅读率为36.5%，排第3位，比2005年的27.8%提高了8.7%；图书阅读率为34.7%，比2005年的48.7%降低了14%（第五次国民阅读调查，2009）。网络阅读已经超过了纸本图书阅读，仅次于报纸、杂志居于

第三位，可见现代媒体在阅读领域中日渐深度介入的程度。媒体被称为社会的"第四种权力"，在我国自 20 世纪 90 年代初开启的媒介文化时代已经进入了更加多元和遽变的阶段，三屏阅读的大众化与传统阅读的小众化也在不断地改变着学生的阅读生态环境。而从媒介自身的技术优势以及传播广度、深度来看，媒介重要他人介入学生的阅读活动，与学校情境中的他者有着不同的方式和特点，呈现出多元化、多层次的复杂状况，不仅存在显在的重要他人，更存在隐在的重要他人，不在场的重要他人；既有媒体的主控者如编辑、出版商等，也有致力于儿童阅读启蒙的阅读推广人，包括学者、专家，以及教师、家长等个体及群体，呈现出多元交汇、多重影响的状况。在媒介情境中，隐在重要他人的"不在场"影响力往往超过了学校及家庭"在场"的影响力，成为影响学生受众阅读的主要力量。如调查中当问学生喜欢读什么样的书时，选择"插图、语言很美"（13.3%）、"故事很有趣很幽默"（34.0%）、"书是名著或作者是名作家"（13.3%）的合计比例达到了60.6%，这说明了媒介重要他人如编者、作者以及插图、封面设计者等人对学生的共同影响是非常显著的。隐在的重要他人虽然不在场，但却会以语言陈述、广告宣传、图像表达、个体知名度等因素渗透到学生的阅读倾向中，影响学生的阅读选择方向。

（一）隐在的他者：畅销运作与阅读制造

在媒介情境中由于 20 世纪 90 年代以来市场化进程的推进，现代传媒所具有的双重性变得更加显著，出版界多个团体的出现，各个团体多元化的运作，不同利益群体之间的竞争以及媒介人自身取向上的差异与矛盾，使他们在童书推选上呈现出复杂的心态，在要人文还是要商业利益，要艺术性还是要娱乐性之间摇摆。而当商业性和商品化的导向不断渗透"文化制造"和"消费文化"的出版意识时，时尚启蒙、快乐启蒙就走向了出版前台，众多媒介人往往看重的是能够带来利益的"可消费读物"。媒介人通过引进洋童书的风潮、同质化阅读制造以及娱乐化的阅读导向，通过精致包装实现"经典化"、系列化的"阅读流行"，都体现出了媒介人对学生读物筛选的影响力，学生阅读的是否经典、流行，是否有"价值"与时尚性，主要还在媒介人的主控之中，媒介人的出版导向深刻地影响着当前学生亚群体中的阅读潮流，媒介重要他人的出版取向也直接影响到学生阅读选择的取向。

1. 商业童书的运作者：过程与实现

（1）引进风潮：请读"邻居家的故事"

在媒介文化时代，我们的文化正日益被各种现代传媒所型构和诱导。而现代传媒对儿童阅读的深度影响，则需要我们追根溯源，去分析传媒架构文化的现存机制，媒体运作者的取向所产生的文化导向引动的文化生产、发行和循环的过程。具体来说，媒介人中的出版商作为学生阅读选择把关的首要群体、"缺席的在场者"，是潜隐的但却非常重要的童书推荐人，最基本阅读范围的圈定者，他们的筛选取向、偏好直接决定着学生阅读选择的可选范围以及阅读的广度。而近年来，出版商在选书中，对国外引进版情有独钟，冷落国内本土版，引进版雄霸市场，形成"十本童书九本洋"的状况。国外童书作品是否对学生的阅读选择产生了深刻的影响，从国外作家作品在我国的销售状况就可以看出。《哈利·波特》的作者 J. K. 罗琳十年来在中国内地拿到 9 550 万元的版税成为最具影响力的作家，排名第二的是奥地利作家布热齐纳，他的《冒险小虎队》，在我国获得了 3 000 万元的版税（蒋庆，2010）。国家新闻出版总署的统计数据（2009）也显示，国内引进出版的儿童绘本多达 600 余种，但原创不足 20 种。这使家长和孩子在融融的氛围中阅读的是"邻居家的故事"，而很少了解"自己家的故事"。

童书引进的狂潮，首先是因为国外童书的销售是名利双收的事，出版商既因为推动中西文化交融获得赞誉，又能够因为引进版收益可观而获得不菲的利润，这是促动出版商不懈引进的驱动力。这里的筛选标准，显然并不主要是从阅读的对象——学生需求来出发的，而是从出版者自身的出版利益和团体竞争的角度出发的。将注意力集中在国外版的引进上，是因为引进版版权清晰、经济收益更高，见效更快，许多国外版在"外国名著"的宣传包装下，更容易销售，销售量的上升，有了骄人的销售业绩，也就提升了自己出版集团的"核心竞争力"，这是导致不断引进，各个出版社重复出版国外作品的原因之一。其次，出版商对引进版的青睐进一步削弱了国内原创的力量，原创作者在缺乏创作支持体系和培育土壤的现实下，或者降低质量表现出功利性的快餐创作，或者退出原创队伍，转向他业，这些因素都造成了原创作品的贫弱，引进版的急速繁盛。国内原创作品很难进入小读者的视野，常读"邻居家的故事"就成为一种众人默认的阅读常态。如对国内原创绘本的评价，是"题材单调、技法单一、说教味重"。那么为何会出现这种情况？首先是国内很少有专业绘本画作者，从事儿童绘本的作者，90%都是兼职作者，从事广告设计、美术编辑之余来做绘本（吴越，2011），在商业利益的驱动下，出版商并不会耗费成本培养作者，特别是那些没有知名度且还在起步状态的初创作者，这是绘本难以出现优秀作品的原因。我国绘本有影响力的作者熊亮①，为了保证作品的质量一年只画两本，但他也认为，多数画作者在没有出版支持的状况下，很难坚持作品的质量和风格上的统一与完美：

> （抽版税，是入行之初最艰难的事）熊亮坦白地说，"我刚入这行当时，手头还有经商时存的一点积蓄，否则没法生活，熬不下来的"。但刚入行的年轻画师都急等钱用，想想自己这书的市场前景难以估计，他们一般还是会先拿了稿费维持生计。在这个行当里，他见过不少年轻画家无奈离开，也见过很有天赋的作者不愿进来。

---

① 熊亮，中国原创绘本作者。作品《荷花回来了》获"2008 年中国最美的书"，《家树》获 2008 年台湾"好书大家评"年度最佳童书，《原来如此》获全国图书装帧设计银奖、插图银奖，《小石狮》获 2005 年台湾《中国时报》"开卷"最佳童书。

给小孩编个故事绝不是想象中那么容易，不仅题材和情节要新鲜有趣，还要营造整本书的情绪、节奏、氛围、戏剧效果，给孩子回味。"1 500 元，让你写个故事，你肯花工夫去写吗?"（吴越，2011）

对作者缺乏足够的支持力度和培养途径，从编辑到作者快餐式的创作流程直接造成的结果，就是内容上的粗糙重复，绘图上的造作浮华，这是原创绘本不能主导阅读流行的根本因素之一。

而在引进版的洪流中，一方面是对西方启蒙文化的直接吸纳而同化的快慰，另一方面则是引进过快导致的消化不良。其间更夹杂着因为读"邻居家的故事"而产生的本土阅读陌生与本土文化的相对疏离。尽管我们有着想象中的"文化平等对话"，期望阅读文化获得中西合璧的对等交流与互补，但依然难以抗拒单向性"文化植入"的事实经历。而在日日读着"邻居家的故事"的阅读启蒙中，我们的本土文化遭遇西式叙事挤压而日渐式微，传递着"民族身份的焦虑"。在出版者的引进版限制下，无论教师、家长和学生，都被日渐框定于国外读物的择优思维，不知不觉中传递着引进版读物的系列，如《清华大学附小副校长给孩子们推荐的书》：

推荐书目：

1—2 年级：必读：1. 猜猜我有多爱你（绘本）2. 逃家小兔 3. 我爱我爸爸（绘本）4. 红鞋子 5. 爷爷一定有办法 6. 安徒生童话选（拼音读物或绘本）7. 格林童话选……选读……

3—4 年级：必读：1. 活了一万次的猫（绘本）或森林大熊（绘本）2. 几米作品——森林畅游或月亮不见了 3. 夏洛的网（［美］怀特著，任溶溶译，上海译文出版社）4. 时代广场的蟋蟀（［美］乔治·塞尔登）5. 长袜子皮皮（［瑞典］林格伦）6. 爱的教育（［意大利］亚米契斯）7. 犟龟（［德］米切尔·恩德）选读……（窦桂梅，2011）

家长读了校长推荐的书目后，看到绝大多数都是国外引进版童书，表达出自己的忧虑：

> 评论：5 楼发表于 2009-12-7 00：13
> 只看该作者，读完这些书，孩子将来充其量就是个香蕉人。
> (xz315，2011)

而本土的作品阅读量显著减弱，造成最直接的问题就是孩子缺乏母语意识和文化上的归属感。

（2）同质化、娱乐化的出版导向，造成阅读的单一化、肤浅化

在现代媒体的多重技术渗透下，我们的阅读文化已经不仅仅局限在家长、教师小范围中的熏染和督导中，媒体强大的信息传递能力和文化导向能力，已经使媒介人具有了操控文化方向的"超权力"，媒介主控者能够运用自己的传媒工具实现在学生阅读选择影响上的强传递和方向性导引。"电子媒介以其强有力的符号暴力摧毁了一切传统的边界，文化趋向于同质化和类型化，媒介文化传播凝聚成一个动力学过程，将每一个人裹挟其中。媒介文化变成了我们当代日常生活的仪式和景观，这就是我们所面临的现实的文化情境。"（道格拉斯·凯尔纳，2004：3）在现代文化商品化过程中，媒介人的导引方向往往是消费主义的路途，如何刺激和支配家长和学生的书刊消费，是其运作的核心。这种文化被消费的过程，使童书出版同质化、娱乐化成为一种必然。在利益刺激的状况下，书籍只是商品的一种，如何降低出版成本、化解出版风险、实现畅销获取高额利润，是众多出版者主要考虑的因素。在这种经济利益驱动下，一方面，诸多出版人与作家携手，制造畅销童书，不断主推畅销书的多部系列套书，制造畅销风潮。而过多系列书的出版，作家的"短平快"式的写作使作品成了同类主题的改编，严重影响到了作品的价值和创新程度。"作者快写，出版社快出，零售商快卖"是常见现象。另一方面，则是部分出版人与职业写手合谋，共同翻抄仿照、模仿跟风出版畅销书，使盗

版、仿版泛滥。据统计，畅销书占国内出书总量的 6.7% ，而利润更占了图书市场利润的 68.9% （吴埔，2006：4）。这些状况共同造成了童书同质化现象的产生。如在杨红樱系列书最畅销的时期（2004），杨红樱的书占到了童书市场的一半。一位民营书店经理说："杨红樱三年不写书，我们卖什么？"有评论家对"马小跳"系列书的分析："这些故事从头至尾没有多少发展，除了马小跳年龄渐长，故事其实只有数量上的增加而已。"（陈香，2008）

家长在网上给孩子买了杨红樱的书后评论说：

> 家长 A：（杨红樱的）这本书中的故事情节和《五三班的坏小子》有雷同的部分。"新版女生日记"不是和旧的"女生日记"一样嘛！除了封面不同之外没有什么区别，搞什么噱头呀！
>
> 家长 B：这本书同非常系列升级版《非常女生》重复内容多，谨慎购买。这是当前许多作家生财之道，杨红樱尤甚。（zhangwei1971，2009）

许多书具有相似的书名，封面、内容，如表2。

表2　童书同质化状况

原　书	作　者	系列书（或仿版书）
《淘气包马小跳》	杨红樱	《马小跳爱科学》、《马小跳爱数学》、《马小跳爱语文》、《马小跳漫游丹麦》、《马小跳漫游埃及》、《马小跳漫游意大利》、《马小跳漫游美国》、《马小跳漫游希腊》、《马小跳漫游德国》、《马小跳漫游英国》、《马小跳漫游日本》、《马小跳漫游澳大利亚》、《马小跳漫游俄罗斯》

续表

原 书	作 者	系列书（或仿版书）
笑猫日记系列	杨红樱	《虎皮猫，你在哪里》、《塔顶上的猫》、《樱桃沟的春天》、《幸福的鸭子》、《能闻出孩子味儿的乌龟》、《那个黑色的下午》、《保姆狗的阴谋》、《想变成人的猴子》、《蓝色的兔耳朵草》、《小猫出生在秘密山洞》、《樱桃沟的春天》、《一头灵魂出窍的猪》、《球球老老鼠》、《绿狗山庄》、《小白的选择》
非常系列	杨红樱	《非常爸爸》、《非常妈妈》、《非常老师》、《非常女生》、《非常男生》、《非常事件》、《非常搭档》、《非常小女生和小男生》
《窗边的小豆豆》	黑柳彻子	《小豆豆频道》、《小时候在想的事》、《丢三落四的小豆豆》、《不可思议国的小豆豆》
	多位作者	《一年级的小蜜瓜》、《一年级的小朵朵》、《一年级的小豆包》、《三年级的花太狼》、《一年级的小豌豆》、《一年（3）班的小樱桃》

　　而这种同质化出版、克隆图书的结果，并不关注阅读的人文性和均衡性，从童书出版的第一环节就窄化了学生的阅读范围，单一的阅读导致学生知识视野上的局限，对学生阅读形成了直接的负影响。由于有创意、有思想的作品不能进入学生阅读视野，畅销书并不能真正回应学生的心灵饥渴，反造成了阅读上的贫乏与单调。

　　另外，除了同质化的阅读制造，童书的娱乐化导向非常显著，造成了学生深度阅读的缺失。道格拉斯·凯尔纳曾对媒体的文化属性有深刻的阐释，他认为，"媒体文化是一种产业文化、商业文化的形式，其产品就是商品，试图吸纳那些对资本的积累感兴趣的大公司所创造的私营利润。"（道格拉斯·凯尔纳，2004：2）媒介人从文化商品化、资本化出发，产出的作品主要满足的是消费的需要、资产增值的需要，反映在童书的生产中，娱乐化、快感粗浅的作品出现就在所难免。如某出版集团总裁对出版界主业辅业颠倒现象的阐述：

> 读书报：随着新一轮出版集团上市融资热潮的来临，出版业主业和辅业关系又一次被人们关注。有观点认为，出版集团是靠主业赚名，辅业赚钱。还有人提出，一些出版集团的主业份额在减少，辅业才是支柱。更有人认为，个别出版机构只是借着出版的名义上市融资，而主业已经名存实亡。

> 王建辉：近年来在出版界确实一直有主业与辅业之争，这是出版集团化运作后出现的一个新情况。我也确实听到负有相当责任的老总们有关"主业赚名辅业赚钱"的说法，也确实是当前出版业的一种现象。（吕慎，2009）

一旦出版定位是辅业利润为主，关乎人文、关注学生均衡发展的阅读体系就会打破，主流的文化娱乐化浪潮延伸到学生的阅读之中，童书的娱乐元素、幽默搞笑元素就成了书籍出版、影视主播的重点。这种娱乐定位，利用大众对教育的关注，将家长、学生视为最给力的消费者，以多种方式"媚儿童"制造畅销卖点，导引学生的快感阅读、感性的文化消费观，使魔幻、鬼怪、搞笑读物日益繁盛，不断改变着学生的阅读生态环境，学生在媒介人的合力鼓噪和诱导下，满足于无深度的阅读快乐，沉迷于"趣味消费"的影视、网络阅读的包围之中。如某些引进版中，并不是经典作品居多，而是游戏性很强的图画类书、魔幻类书，2001年推出的"哈利·波特"系列，2002年引进的法国魔幻小说"魔眼少女佩吉·苏"前三卷，2003年和2004

年引进的德国"彩乌鸦"系列丛书八册等都是此类。出版定位应当是以儿童的需要为出发点的，但问题是儿童本位、关注儿童的需要、兴趣并不等于是"媚儿童"，将儿童的快乐阅读定位在简单的搞笑、幽默上，刺激好奇的恐怖、玄幻上，就已经远离了儿童快乐的本体，不做引导，只是迎合，就走向了肤浅导读的迷途。

2. 推介方式、力度与策略

由于现代传媒日益强势的文化权力，媒介人从学生阅读活动的初始就深入影响和改变着学生的阅读方向和偏好。媒介中的部分核心个人及群体，以媒介特有的文化传递（传播）优势、特定推荐途径、广告效应以及销售策略，从不同渠道、不同地点以不同方式实现对课外读物的过滤、筛选和偏好导引，成为学生阅读选择中的重要他人。而现代传媒本身具有的多元性与复杂性，对学生的阅读导引是多方面的，一是体现在媒介主控者的单向控制，如出版者的书刊选题控制，哪些题材可以发行，哪些需要禁止或者剔除；二是具体操作者的销售策略和重点推荐的方式与途径，如通过商业运作进行的广告植入、书籍销售（阅读、下载）排行榜、邀请名家或推广人进行书评、包装"青春作家"提升书籍影响力等；三是注重推出书刊导语的力度、包装度和可读性，来实现对流行读物的掌控，对学生和家长书籍选择的诱导和深入的影响力。

（1）经典的引力获得与伪经典包装的繁盛

2009 年曹文轩的《草房子》突破了 100 次印刷，年销售量达到 40 多万册，曹文轩纯美系列的书每年至少都要重印五六次，最少的年发行量也超过了 10 万册（章文焙，2010）。蔡葵评价说：

> 《草房子》描写人物与传统小说偏重情节和环境，多在行动中刻画人物的描写方法不同，它善于写人物微妙的情感关系，表现心灵的颤音和丝丝缕缕的酸楚和慰藉，强调人物的抒情性和心灵化，仿佛它并不是为写人而写人，而是以人物来抒情。（蔡葵，1999）

可以说，曹文轩的作品主要以纯美和诗意来展现对儿童心灵世界的诠释和理解，是融人文性和艺术性为一体的经典童书作品。而经典著作在当今消费主导、娱乐文化的氛围中，能够依旧对学生产生有效力的影响，原因何在？经典作品的影响力来自哪里？只依靠作品本身的质量是否就可以获得学生和家长的高度认同？通常我们认为，经典作品本身具有高品质和知名度，不需要其他推荐宣传就能够获得小读者的认同，而一直负责曹文轩作品系列的江苏少儿出版社副总编辑章文焙则认为，优秀的作品不仅要有高的质量，同样需要宣传策划，主力推荐，才能使优秀的作品真正进入学生的视野，获得深入的阅读影响力。

曹文轩的作品有一定难度，这就需要成年人来引导。我们和江苏新华发行集团共同开展了"人文进校园活动"，有计划地组织作家进校园，直接和小读者交流。曹文轩多次到中小学校和师生们交流，也多次在中小学语文教师培训班上讲演。他充满激情的讲演，他对儿童文学作品深入浅出的解读，吸引了所有的孩子；很多学校的老师主动在阅读辅导课上讲解曹文轩的作品，引导孩子阅读。深圳南山央校的李庆明校长亲自向学生朗读《草房子》和《青铜葵花》，江苏溧水实验学校的校长更是通读了曹文轩纯美系列的所有作品，甚至能背诵许多段落。（章文焙，2010）

可见，出版社负责人作为隐在的重要他人，重视对经典作品的宣传与推广，通过各种活动加强作者与校长、教师、学生之间的直接接触和交流，既增加了经典作品、作家的亲和力，又通过作者与学生、作者与其他重要他人（教师和校长）之间的沟通，加深了对作品的理解和推荐成功的可能性。从人际互动对阅读选择的重要作用来看，这种活动化的推荐，往往比单调的图书分发更有深入的影响力。传播学者米德认为，传播影响力不仅来自语言符号，更来自表意符号，如传播者的表情、语调、姿态等，因为建立在人际互动基础上的阅读活动，渗透着重要他人情感、态度和人际交流的快乐感受，更能增强他者对学生的推荐引力。

而相比于多数经典作品的推荐乏力，一些质量平平甚至低劣的作品，经过出版商精心的商业包装、多途径的运作获得了"经典"的名衔，实现市场畅销的繁盛，侵蚀着学生的阅读环境。如对《精灵守护者》的过度推荐："与《暮光之城》、《哈利·波特》齐名的金字塔尖之作！席卷日本各项文学大奖！"对《小狼人系列》的推荐："荷兰孩子人手一册的超级畅销书！"《萝铃的魔力》："出版数月加印数次，百万萝迷疯狂追捧！"

形成这种"伪经典"的原因，一是评论的偏颇。一些编辑或者阅读推广人的书评已经滑向了售书推销的体系之中，市场销售额成为筛选的指针体系和标准，通过夸张的宣传和吸引眼球的"畅销排行"来制造伪经典的卖点，获取高额的利润；二是在文化商业化、消费化的产品制造加速中，作家的作品本身缺乏沉淀和推敲，造成了低质量作品的泛滥，重复仿制品的繁盛。在系列化、成套化、多卷本的文化工业生产线中，出版者绑架作者速成"文字"而不是作品，急速、浮躁的写作姿态打碎了曾有的语言从容和文字灵性，媚俗、搞笑、跟风的内容在快速拼贴中完成，知性的优雅和思想的深度湮没在粗浅文字游戏的众人狂欢中。而封面的精美包装、插图的时尚化依然无法掩盖内容的空洞贫乏。

我从来都是站在一个旁观者的角度看待郭敬明，无爱无恨。这本书却让我失望了。商业化的文字是不能赢得读者的心的——郭敬明是个成功者，这谁也不能否认。1983 年出生，仅靠自己的努力就能身家过亿，这不是假把式。可能是商业运作的原因，他的文字不像以前那么干净透明了。

帮同学买了 2 本，(《虚铜时代》) 1.0 我看了，写得还可以，2.0 里面的内容我不说，净是厚度都少不少，赶稿赶得很急吧？越来越排斥郭某人了。(menglei200501，2010)

作家重要他人在畅销盛况中的迷醉，为销售而进行的文字制造，也必然以自身浮躁的语言表达再一次加深学生浮躁的阅读心态，盛装下的系列出场、时尚刺激的推荐语，依然不能改变浅文字在心灵上的隔膜，在熔铸精神力量上的贫弱。

（2）推荐的多元策略与影响深度

首先，是媒介重要他人关注报道和推荐语的作用，注重语言表达和推介的切入点。出版者常常通过电视、网络、报纸广告等，利用新闻报道、名家推荐、本书（作者）跟踪报道等不断制造畅销书，通过广告或者报道的重复讲述、重复强调等产生心理暗示，潜移默化地影响学生关注、选择当前的流行畅销书籍。如对《冒险小虎队》的着力宣传："重要报告：到 2009 年 1 月 1 日止，《冒险小虎队》在中国市场销量 2358 万册！里面附有三种功能的解密卡！"有些书还未上市，首先使用前期广告刺激学生的阅读好奇，制造阅读期待：

> 英国图书馆女皇杰奎琳·威尔逊超级畅读作品："最跩女生团"系列！
> "不认识 Jacqueline Wilson？你 OUT 了！作为"最跩女生团"的独立缔造者，被誉为英国"辣奶"、"图书馆女皇"的 Jacqueline Wilson，将于暑期呈现作品！"作品系列包括："帅妞崔西"、"女孩不坏"、"辣妈替身"。

而优秀的作品在恰当的推荐表达中，也才更能走入学生的视野，引起他们的关注，产生经典的吸引力和影响力，如编者对梅子涵作品《撑起伞来等啊等》的推荐：

> 它像一个盘子，搁着值得去闻的很多味道。淡淡间，飘逸开来，把你抚摸。让你笑起来，也让你流出泪。让你理解了一点很浅的道理，却发现又是那么深的天理。这样的味道，后来会出现在你的生命里，会在你长大的脚印中看见。（李燕，2009）

其次，是利用多层次评价体系，强化推荐的影响力。为了加深主力推荐的力度和影响广度，媒介人常常采用更加多元多层次的书评评价体系，如通过畅销书排行、销售量排名、下载率排行、访问量排名等来增加学生对主力推荐书籍的认同程度和喜爱程度。其中部分评价是客观理性的，而部分评价则脱离理性推荐走向了娱乐推荐，通过广告力度、充分频次、词汇的煽动性来不断制造该书的人气指数："该书销售……万册！"好评指数"五星级图书！"统计购买人数"本月……千人购买！"好评率"该书获得……次读者好评！受关注度直线上升！""本年度最畅销书！"等等，来得到家长和学生的关注，提升书籍的影响力和关注度。另外，随着网络互动程度的提高，媒介人也通过网上交互平台进行多元互动，在平台中设置专家解答、留言点评、网址链接等加强重要他人与学生、家长的交流程度，提高推荐的影响效度。

最后，以封面设计的图像语言刺激学生选择。封面设计是否影响学生的阅读选择？国外学者基斯（Kies）曾作过研究。他改变新出版读物 *Lois Duncan Thrillers* 的封面设计，来测试学生以及相关成人（书店老板、图书管理员及老师等）是否受到封面变化的影响？结果显示：设计时尚的封面更吸引人，也更受人青睐（Kies，C，1995，October）。由于封面设计对学生感性的阅读选择、随意性的阅读选择有比较明显的影响，因此媒介人更愿意在童书的印刷装帧、包装外观上下工夫。装帧华丽、封面时尚、印刷精美的书更多呈现在童书市场上。套书、精装、典藏、全书的系列豪华版、大开本都蜂拥而至，呈现出童书市场上的繁荣盛典。但我们从童书本身的人文价值和艺术含量上分析，适度包装和恰切的美工点缀，对提高学生艺术感受力和情趣阅读是有利的，而一味追求奢华的包装和套系的考究，给予学生的并不是正向的积极影响，反而消解了文字本身的内涵和意义，并不会给孩子带来图文并茂的美文佳图享受。

3. 阅读推广人：角色定位与推荐评价

在媒介情境中，阅读推广人是影响学生阅读活动的重要他人之一，他们之中既包括专职的阅读推广人，也有兼职或者来自民间的阅读推广志愿者，如编辑、作家、专家，以及来自民间的教师、家长和学者等，多群体、多层次的推广者的出现，使影响学生阅读活动的他者呈现出多重复杂的状况。不同的推广群体由于各自的取向与偏好不同，对学生的影响也有差异，既存在正向的影响效应，也存在负向的影响效应；既有商业化的推销式推荐，也有民间群体的自觉分享式启蒙。

而当我们分析阅读推广人的影响价值和效应时，关注推广者的推介取向是重要的方面。专业性的阅读推广人，对其专业评价能力的衡量倒在其次，重要的是对其推介的倾向性进行探查。首先一些阅读推广人自身的角色定位决定了推介的倾向性。如一些推广人本身就具有复杂的身份，既是编辑又是促销者，既是作者又是推广人，既是出版商又是书评人，这种多重角色的共存，导致推荐中的必然偏向，为了推销和扩大发行，往往忽视书评的客观性和公益性，成为仅仅围绕商业利润循环的营销推荐。而在润笔费、车马费的诱惑下，职业书评人常常速成"广告书评"也是常见现象。

在阅读推荐本体的意义上，推荐应当是客观评价，讲究语言的技巧和修辞上的魅力，是为了唤起孩子藏在内心深处的阅读期待和渴望，但为刺激销量而过分强调书籍的"杀伤力"，以煽动性的推介语、夸大其词的广告轰炸来获得"眼球效应"，则已经背离了推荐本体的意义。因此，以商业营销为目的的推荐，在"消费童书"的运作循环中进行的"有价"评论和推销，一方面导致学生迷恋流行读物、时尚读物，造成阅读的窄化和浅化；另一方面也造成了家长、教师对推介者的不信任，对童书阅读本身的疑虑：到处都是"魔幻"、"探险"、游戏书，阅读这些书究竟有什么意义？可见，阅读推广者如果站在营销者的位置上，以商业化倾向取代公益性诉求，产生的影响不仅是童书市场上的紊乱，更会加剧家长和孩子之间的冲突：孩子对广告宣传的刺激性推荐并不具有免疫力，往往是媒介人主推什么，孩子就会跟随媒体流行去阅读什么，而家长对于媒介人极力打造的阅读泡沫并不认同，就会激化家长与孩子之间的阅读冲突。

而关注学生深层次阅读的推广者，已经开始参考国外的分级阅读体系①，尝试对学生不同阶段的阅读需求进行分层，对应学生各个年龄段的读书特点有针对性地推荐。如南方报业传媒集团在广州成立的"南方分级阅读中心"推出"南方分级阅读"图书，按六年制小学的不同年级划分成六小套，每套 30 本；民间阅读推广人阿甲，也在自己的"红泥巴村"网站上介绍自己的《分年龄、分年级（小学）推荐书目》，在新浪亲子论坛中与家长互动，谈论分级阅读的内容：

> 分年龄、分年级推荐书目推荐人：王林、阿甲、萝卜探长
> 【三年级推荐】国际大奖小说(注音版)——《亲爱的汉修先生》
> 本书曾获得 1984 年纽伯瑞儿童文学奖金奖。这本书或许能给你的作文能力提供很大的帮助！五年级男生雷伊因为着迷作家汉修先生的书，给作家写了一封信。雷伊在信里给作家提了九个问题。奇妙的是作家竟然给雷伊回了信，也给雷伊提了十个问题，读了雷伊的记述，你会和"亲爱的汉修先生"一样笑出声来！（筱音爸爸，2005）

又如，媒体与作家共同举办的原创绘本沙龙，关注对本土文化魅力的挖掘和表达，网上家长评论说："这个主题不错，也许国外的绘本非常了解孩子，但只有中国的作者才最了解我们当下亲子关系的模式和问题，因为我们生活在其中。"

---

① 分级阅读在国外是按照学生不同年龄段的心智发育程度进行的阅读划分和设计。国际上通常采用阅读专家弗赖（Fry）和乔尔（Chall）的可读性公式来评估难度。阅读专家罗格（Rog）和伯顿（Burton）则根据字数和词汇熟悉度、印刷形态、故事可预测性、插图和文字的对应等将阅读材料分成 10 级来进行阅读测评。参见：中国教育报：http://paper.jyb.cn/zgjyb/html/2010-04/01/content_27099.htm.

【丰子恺儿童图画书奖　原创绘本系列沙龙】：亲子阅读中的本土魅力

本次原创绘本沙龙请来的三位嘉宾，分别可以代表原创绘本的三种形式：新锐创意派、本土生活派及传统经典派。

熊磊——新生代本土原创绘本的领头人之一，正声儿童艺术发起人，探索利用水墨、剪纸等方式对孩子进行中国传统美学思想的熏陶；

保冬妮——儿童文学作家，曾任《超级宝宝》杂志主编，花婆婆绘本馆创始人，是儿童文学作家中关注绘本并身体力行的代表人物；

姚媛（艾斯苔尔）——小书房主创人之一，致力于图画书的研究与推广，后创办毛毛虫绘本馆，挖掘并推广了包括《小蝌蚪找妈妈》、《九色鹿》等作品在内的系列大陆早期图画书作品。（丰子恺儿童图画书，2011）

民间阅读推广人则是不同职业、不同地域的阅读启蒙者形成的志愿者群体，以他们自身的思考、实验的热情和探讨的愿望，共同促动阅读启蒙的变革：

我们都是普通的大学教师、中学教师、学者、编辑，我们分处在中国的北方和南方，我们或早已相知或原不相识，而有了共同的名称——"新语文读本"人。我们聚集在一起，是为了通过《新语文读本》，发出我们自己的声音，显示我们的存在。（钱理群，2010：171）

（二）网络中的互动者：分享、互助与潮流

在媒介情境中，网络空间中的人际互动的影响力日益增强。据统计，截至 2009 年 12 月，我国网民人数已经达到 3.84 亿人，普及率达到 28.9%。① 网络不仅改变着我们的娱乐方式，而且不断重构着人际间的交往方式，网络环境下不在场的重要他人，不仅改变着个体的阅读途径、阅读内容，而且也依托网络交往平台形成了特定的互动推荐方式，这种以隐在多个他者为核心的推荐活动，呈现出多元、多重影响的状况，既有互助分享的交互影响，也存在潮流制造下的媚俗化的推荐。从不同群体来说，既包括教师群体的推荐，也包括家长群体以及学生群体或个体的推荐，呈现出网络环境中的多元性与开放性。

1. 论坛及博客：推荐共享与同伴互助

论坛与博客是网络中各群体重要他人进行阅读互荐的有效平台，其中论坛是多人互动互荐的场所，论坛成员间在讨论中接收到的推荐信息往往是多个，推荐主题也并不确定，而是随意讨论中的推荐，但因为论坛本身的形成是兴趣型的，成员往往都对推荐的主题有积极的交流意向，因此相互间受到的影响也会较深：

> 买书买了大半年，家里存了大概 200 多本绘本，我幸运地发现了新浪育儿博客，发现了阅读圈子。我那个兴奋啊，如获至宝，每天上下班路上都用 iphone 不停地在新浪育儿博客潜水，找到组织了，每天头都抬不起来了。(橡树湾，2011)

从个体在博客与论坛中的角色来看，由于网络平台的互动特征，使参与者互为信息受众，每个个体都具有双重身份，既是信息的推荐者，也是信息的接受者，因此在阅读推荐的网络传播过程中，个体之间互为重要他人，这种自由交互的信息沟通，使每个参与者接收到的推荐信息更丰富、更广泛，而且参与者讨论得越深入细致，对各个成

---

① CNNIC（中国互联网络信息中心）2010 年发布的《第 25 次中国互联网络发展状况统计报告》数据。

员的影响也就越深入。

图 2　网络博客中的阅读推荐

在这里的阅读共享中，包括两种类型的推荐：一种是以权威型重要他人为核心的推荐，如阅读推广人、作家、教师在博客或者论坛中发起关于阅读的主题讨论，并提供推荐书目供大家参与讨论等；另一种是以普通互动者为核心的推荐，如家长、学生等在自己的博客中的推荐，或者是在阅读论坛、购书网站上的互动评论等。而教师在网络中的教师沙龙、博客等，会给多位教师提供交流阅读体会的平台，在自主自愿的参与中，主动建构的推荐和讨论能够产生思想交融的深度阅读价值，共读分享的阅读乐趣：

以个人博客为平台，我随即组织了麓山之友教师沙龙，我们选择性地组织共读一本书。读书会是一个很好的平台，它让阅读不仅仅停留在个人的思考与探索上，而是在师长的引领和同伴的交流中进一步获得自我的确认和心智的拓展。这样的聚会，老师们完全基于个人志愿，读书时大家一起读书，谈自己的思考与困惑，不读书时聊聊天，不一定是解决问题，重要的是在每个参与者的心中敞开一道理想的读书空间。林语堂曾这样说过，趣味好比放电，要摩擦才能出来。读书也一样，彼此交流，等于是把大

家的阅读所得汇集到个人头脑中了。（刘铁芳，2010：288）

在这里的沙龙推荐，推荐的书类包括多类综合性的书籍交流，如教育实践技巧类书籍、教育综合类书籍、发展性阅读书籍等，涵盖了教育实践问题、教育理论与理念，拓展性的书籍包括了文史哲类的经典书籍，给予交流者的，不仅仅是读一本书的体会，更有彼此间不同视角的分析，不同观点的争鸣，并且能够在共读的氛围渲染中，强化参与者的读书内动力，实现群体性推荐共读的深度影响力。如教育在线论坛（2012 年 1 月 10 日数据）中，会员达到 395 099 人，发帖总数 6 546 573 篇，并办有网络在线阅读期刊如《教育在线周刊　悦读》、《啃读者》等；《关注中国小学生基础阅读书目的价值》等多篇关于小学生阅读推荐问题的探讨文章。[①] 通过在线教育论坛中多人的交流、书籍推荐的交互影响，实现了跨地域教师、学生的阅读互动，以"共读"、"互荐"实现了学生阅读、写作探讨的深度影响。

在论坛讨论和博客交流中，共享程度的提高也加强了重要他人阅读推荐的影响效度。由于交互式平台不存在传统媒体中单向信息传递的限制，而是多元共享、交互渗透的网络系统，受众不再是无话语权的沉默者，而是互为主体，他者与他者之间、个体与群体之间、核心人物与参与者之间有着高度的信息共享，信息的交流是双向甚至多向的，这使参与者之间交互推荐和交互影响的程度提高，有了更强的推荐效应。

另外，网络平台的互动交流，产生的是"积极的受众"，相互的影响度也比单向垂直关系中的影响显著。在论坛中，参与者多是因为对少儿阅读非常重视或者有研究兴趣的成员，因此主体性和兴趣性决定了重要他人的主动性、能动性、积极性，个体具有自主参与和主动选择议题、主题的自由，互动意识强烈，因此推荐的主动性和接受的

---

① 教育在线论坛. http://bbs.eduol.cn/bbs_index.html.

积极性都很高，对讨论主题表现出积极地参与性与介入性，因此彼此间的交互影响显著。如许多亲子论坛或者读书论坛、购书论坛中，一些家长在阅读某书后，写出几百到几千字的书评，对书的内容、书中方法在实际教育中的应用、对自己阅读取向的改变，等等，都以深入的叙述影响到其他家长及学生的选择：

> 记得那个神秘的小哈利，
> 从刚刚踏上 9.1/4 火车，
> 探寻神秘的魔法石，
> 而后，又走进神秘的密室，
> 正义地对抗着邪恶的力量，
> 他给了我们这些哈密们精神的力量，
> 渐渐的，我们爱上了哈利，
> 我们不会忘记哈利对付那些食死徒时的凛然，热血，
> 也不会忘记我们一同走向火焰杯，历经种种艰险，
> 在凤凰社里，我们在恐慌中，感受了爱的温暖，
> 在混血王子中，我们又和哈利第一次被神秘的爱所震动，
> 让我们在回味中，细细品味，
> 在幻想中，寻求寄托，现在，我们又要和哈利一起启程了，
> 一同迎接新的挑战，感受不一样的哈利。（SAM，2007）

……就是这样的你，凭借着顽强的毅力与坚定的信念创作了风靡全球的《哈利·波特》，在我们享受这场文学盛宴的时候，我们不禁要问，是怎样的执著与坚持让你挨过了生命中最为艰难的岁月？又是怎么的灵感让你创作出百般神奇的魔法世界？莫非你曾置身于其中？抑或是为了生存你曾将灵魂出卖给了撒旦换得日后的成就！我们不得而知……但不管怎样，我们希望你是幸福的，你让全世界这么多人分享着你的快乐与幸福，你的灵魂是无比高贵的，真心地谢谢你，我敬爱的罗琳，愿你也能够快乐地生活并继续你的创作，让我们把对哈利所有的期许全部倾注于对你

的祝愿。如果我们能做些什么，我们愿在哈利的世界沉睡⋯⋯（cherry3218，2007）

在卓越亚马逊书评上，《哈利·波特与死亡圣器》的学生评论达到了171页，1 704条（2012年1月数据），这些深度的评论对其他学生的选择产生了直接的影响。在当当网上，《朗读手册》的评论也多达1 759（新版+旧版共计数：933+826）条（2012年1月数据）。可见，网络论坛里的评论，首先对重要他人本身的取向、态度产生了影响，特别是一些有引导作用的亲子阅读指导书，对家长、教师的童书选择进行了深度的引导，从自己的阅读感受、阅读效果、理论分析和实践操作等多方面进行了叙述，具有直接的说服力和可信度，从而改变着其他家长的阅读观和选择方向。

藤蔓青青：⋯⋯《朗读手册》，此书拥有一个更为宽大的格局："如何让孩子爱上阅读"。于是，推广儿童阅读的这本书，无可避免地必须直面"阅读的价值"这一关键命题。⋯⋯（书评长达1300多字）

妈妈波斯菊：自2006年买了第一版的《朗读手册》后，一直按书中的指导坚持给儿子朗读，现在儿子上二年级，我基本上每周朗读一本几万字的儿童文学给他听，如《小英雄雨来》、《爱德华的奇妙之旅》等；儿子自己也每周读一本，感觉儿子的理解能力和文字能力比较好，现在可以自己写300字左右的日记，会正确用标点符号和分段，想得快，写得也快，他开始学习如何写得生动一些，自己会对所读书中的一些精彩描写发出"写得太好了"的惊叹，有意识地尝试自己也写得生动一点。⋯⋯（评论达到1800字）

一木一520：⋯⋯35. 就像如果你没有患感冒，你就无法将感冒传染给别人；如果你自己不喜欢阅读，也就无法影响孩子爱上阅读。

45. 阅读影响孩子阅读能力最大的因素是家长本身对阅读的态度，以及在家里孩子是否可以随手取得书。

39. 唯有书的内容非常有趣，孩子们才会舍弃电视，把时间用来阅读该书。孩子和大人一样，都喜欢那些可以吸引他们一页一页看下去的小说。……

（3 300 多字的评论，列举了 46 条，详细介绍了自己的童书选择观以及阅读心得）

leigh1205：《朗读手册》及时地改变了我的观念，只是每天在我的威逼利诱下给我念故事，我能感受到他并不乐意给我讲故事，读了《朗读手册》才发现自己犯了一个大错，必须马上更改，当我宣布给孩子重新朗读时，他特别兴奋，借助《朗读手册》这本朗读辅导书，我现在每天给孩子读《夏洛的网》，因为《朗读手册》给出的建议，给孩子念长篇小说，孩子很喜欢听，……真诚推荐此书。（共 415 字）（leigh1205，2011）

2. 网络阅读的推介者：潮流与媚俗

随着网络日渐深入现代生活，阅读行为和方式也被网络所重构，网络阅读已日渐成为阅读的主要方式之一。CNNIC《第 27 次中国互联网络发展状况统计报告》的数据显示，截至 2010 年 12 月，我国网民达到 4.57 亿，而网络文学使用率达到了 42.6%，用户已达 1.95 亿，比 2009 年增长 19.9%。而从阅读的途径看，通过电脑、手机及手持阅读器等多介质进行的网络阅读，使这种阅读活动更加普及和快捷，比起传统的阅读万式更具便捷性。网络阅读的迅速渗透，不仅改变着成人的阅读方式，更改变着少儿的阅读行为，其中通过网络导引和改变少儿阅读的他者，就尤其显得重要，他们包括哪些群体和个人？在网络信息鱼龙混杂的现实下,对学生的阅读选择起到了怎样的影响?

从网络他者对学生阅读影响的不同途径看,互联网的隐在重要他人主要包括两类:一类是各网站的策划者;另一类是不在场的同龄人,如网友、博主等人。网站策划者的影响力主要是通过网页中的广告宣传实现的,如通过综合性网站、网上书店上频繁更新的"本网畅销书排行榜"、突出在线阅读人气数、强调该书点击率、下载率等引起学生受众的关注;另一种是通过 QQ、MSN、微博等网上交际平台进行的阅读推荐讨论活动。而当网络读物通过多媒体的制作,融合了文字、插图、Flash 动画以及视频插播等技术后,对阅读内容的诠释、解读上有了进一步的拓展,在融汇思想性和艺术性上有了更完美的体现,网络中的重要他人正是以这些变化来吸引学生,使他们更喜欢看网上的读物而不是传统的书籍,网络阅读现象在小学高年级有一定的发展,而在中学生中更为普遍,中学生用 MP4、手机等进行的阅读频率更高,如学生阅读的电子版书籍。

图 3 学生的网络阅读

这种虚拟阅读,对学生的影响是双重的,既可能通过多媒体阅读获得了生动、全面的理解和艺术的熏陶,也可能因为媒体的商业化炒作,只得到了低俗、空洞的浅阅读。

网络阅读推荐的影响效果,是网站运作中网站策划者与投资人的携手,为了吸引家长和学生的注意力,频繁制造从视频到读物的全程"阅读风潮",让众人在多重诱导、时尚阅读的推动中不知不觉认同、追随媒体制造的各个阅读"亮点"。在电视和网络发展的初期,影视动画出版曾经与纸质出版形成竞争，相互争夺对受众的影响力，而随着互联网和影视业步入成熟期，网络及影视媒介人已经形成了更多的竞合关系，影视媒介人制造的影视剧、新闻快报"流行点"，由网络媒介人以及书刊出版商共同"跟风"，相关内容转载到各大网站或者由出版商出版纸质本；网络媒介人捧红的网络文学，则由影视媒介人改编成影视剧，形成网络文学的"影视版阅读风潮"；传统报业集团出版的畅销书流行书，会迅速传递给各个主流网站或者阅读网站，由他们再"主力推荐"，多媒体包装制作，形成二次阅读流行。如当前影视热播的穿越剧，基本来自青少年阅读的网络文学作品，如《步步惊心》等。但网络上的推荐者中，各媒介群体为了商业利润进行的宣传诱导，加之网络自身的开放性、随意性，缺乏传统传播方式的规范和过滤机制，也常常会导致网络阅读推荐中的负影响，如纯娱乐性的漫画、卡通、魔幻、武侠类、恐怖类内容，许多书包含了低俗、暴力和色情的内容，加之多媒体制作的画面刺激，动态冲击效应，学生自身缺乏分辨能力，就会迷失在感性的猎奇阅读中。

五、家庭情境：导引方式与教育期望

"你或许拥有无限的财富，一箱箱的珠宝与一柜子的黄金，但你永远不会比我富有，因为我有一位读书给我听的妈妈。"

——［美］吉姆·崔利斯

（一）家庭阅读文化：导引现状与误区

1. 亲子阅读：谁是在场的重要他人？

在学生的阅读中，家庭成员是最初的导引者，孩子阅读启蒙的第一影响人，在小学低年级段，家长对孩子的阅读影响更为明显和持久，因而家长作为第一层次的重要他人，他们的阅读取向、方式和态度等，都会对孩子的阅读行为产生深刻的作用力。国外学者通过大量的调查和实验表明，不仅家庭背景因素如家庭经济状况、父母职业和受教育程度等对儿童阅读发展有影响，而且家庭文化氛围对孩子的阅读发展也有重要的影响力。如克拉克（Clark M. Young）的研究显示，家庭拥有读物的数量与儿童阅读能力之间存在较高的正相关，儿童能获得的阅读书籍的数量可以在较大程度上解释儿童阅读能力的个体差异。Senechal 的研究也表明，父母早期给孩子读故事、与孩子共同阅读图画书可以促进孩子口头词汇获得，提高孩子阅读兴趣及阅读能力。（舒华，Richard Anderson 等，2002：2）国内舒华、李文玲等人对家庭文化氛围进行了包括家庭文化资源（家中书刊数量）、亲子文化活动、父母自身的阅读状况、父母与孩子共同参加的阅读活动四方面的考察：去书店与图书馆的频率、亲子共读状况、儿童独立的阅读频率等，父母的受教育程度，抽取 1 年级和 4 年级小学生共 574 名进行分析，结果显示，家庭文化背景与儿童初始阅读呈显著相关，家长对小学孩子的阅读都有明显影响（舒华，Richard Anderson 等，2002：2）。那么我们进一步分析，在家庭文化背景的诸多因素中，哪些方面是最核心的影响因素？人的因素（家庭成员）？还是物的因素（文化资本量和质上的影响）？

在实际的调查中发现，在孩子的家庭教育中，许多家长虽然对孩子的阅读重视程度很高，却在阅读观念、导引阅读的方式及态度上存在误区，认为孩子阅读选什么样的书、书的多少很重要，但往往忽视了家长主体自身参与的核心影响力，家长成为孩子阅读启蒙"在场的缺席者"，这是造成家长阅读导引影响力减弱或者产生负影响的首要原因。如家长 D 的观念：

> 亲子阅读？在孩子小的时候（小学入学前）有过，上了小学，他自己会读了，还需要家长读给他听吗？我觉得不必要了吧，一般都是买了书让他自己看。

但许多相关研究表明，亲子阅读绝不只在学龄前有作用，而在小学阶段依然对孩子的阅读习惯、阅读偏好以及阅读深度有着直接的影响力，这种影响的有效性将是长期的、持久的。

表3 家庭共读与少儿阅读量的相关度分析

一学年的读书量	≤5本	5—10本	10—30本	≥30本
家长拿出书与你一起读	13	66	74	93
	5.3%	26.7%	30.1%	37.9%

如从J小学的调查数据分析，家长很少与孩子共读的情况下，孩子一学年的课外阅读量只有5本左右，而家长参与共读的条件下，孩子的阅读量上升明显，5—10本的达到了26.7%，而10—30本的达到了30.1%，30本以上的达到了37.9%，可见，共读对扩大孩子的阅读量、稳定孩子的阅读习惯有显著影响。

因而，在家庭文化资本、家长受教育程度相似的情况下，家长的态度、情感和与孩子的互动程度更重要，更能直接影响孩子的阅读选择、阅读偏好和阅读的持久性。许多家长认为亲子阅读是在孩子学前教育期间的活动，当孩子上了小学之后，往往认为亲子阅读没有必要而放弃了家庭中的亲子共读活动，这是家长对孩子阅读影响力降低的主要原因之一。而在现代传媒以多种方式途径对孩子进行强力渗透的媒介文化氛围中，家庭阅读氛围的缺失，更加速了孩子阅读方式和阅读行为的改变。究其原因，一方面是现代传媒的多形式阅读，深刻改变了延续多年的口传式阅读，在媒体视频、电子书以及有声读物的强势介入下，家长的亲子阅读受到削弱，亲子阅读不再有过去的吸引力和影响的深度；另一方面则是学校教育的专业化，客观上常常使家长将阅读提高等同于孩子在学校的语文学习，认为教师是引导的主要责任人，期待教师在孩子阅读方面给予督促和提升，而降低了自己的家庭阅读意识和阅读支持程度；"父母们把孩子送到学校时，总喜欢说：'老师，孩子全交给你啦，拜托啦！'他们的潜台词就是'孩子成长的责任就与我无关啦'。"（朱永新，2008：115）当家长将阅读启蒙的期望都寄托在教师身上时，也就同时给予了自己不需要承担孩子启蒙的理由，由此家庭中的启蒙者、"讲故事"的重要他人的缺席，是造成孩子阅读选择偏颇、阅读效力降低的原因。

而从家庭人际交流的角度看，亲子共读本身不仅仅是阅读文字的行为，更是通过阅读，融洽家庭关系、弥合家庭亲情的有效途径。缺失人际沟通的单纯文字阅读，既无法实现阅读深入个体内心世界的可能，也无法导引孩子理解书中阐释的情感，因为阅读感受往往是以书为中介，在人际交流的过程中获得的一种体验和感受。在一些家庭中，阅读资源很多，童书经典也不少，但依然无法引起孩子阅读的兴趣，书籍成为家庭书架上的美丽缀饰，这里启蒙者无法发挥影响效力的原因，主要还是在于阅读中作为主体的"人"的缺失，阅读感受中人际"共读"体验的缺失。有些家长还用录音或者网络下载的"有声故事"给孩子进行阅读的启蒙，但这种剥离了家长与孩子共读体验、乐趣的阅读，缺失相互间温情交流的机械启蒙，并不能引起孩子真正的阅读好奇和长久的阅读兴趣。[1]

既然在家庭阅读影响的诸因素中，"人"的因素是非常关键的因素，重要他人的态度、观念导入是非常重要的，那么我们再进一步从另一个维度考察，在家庭中，哪些家庭成员是起到实质作用的阅读导引者，是孩子阅读的重要他人？首先我们来看来自网上《2011 儿童阅读调查报告》的调查数据（表4）。

---

[1] 这里的分析主要是在家庭文化资本相近的状况下进行的分析，而在家庭文化资本、父母受教育程度差异较大的情况下，阶层文化的影响力比较显著。

表4　谁经常陪孩子一起看书①

爸　爸	44.36%
妈　妈	92.84%
爷爷或奶奶	17.62%
姥姥或姥爷	18.10%
保　姆	1.36%

从中可见，家庭阅读中母亲的参与度，占到了92%之多，母亲是影响孩子阅读的重要他人，这里母亲的影响，一方面，因为母亲对孩子的家庭教育和学习状况投入较多，母亲的家庭角色使她更倾向于参与亲子共读；另一方面，也反映了父亲在阅读导引上的影响力相对较弱，这种重要他人在性别比例上的差异，一定程度上也会造成孩子阅读类型上的不均衡。通常母亲更愿意选择一些情感性的故事、历史方面的、传统经典的故事，而父亲更愿意选择具有知识性、科学探索、思维能力提高方面的书，这在一定程度上也容易造成孩子阅读的非均衡发展。因而，如果父亲能够更多参与孩子的阅读互动，成为在场的重要他人而不是在场的缺席者，对于推动孩子的均衡阅读很有利。

2. 推荐还是共读？理念与方式

在家庭中，孩子阅读兴趣、习惯以及阅读品位的形成，非常依赖家长的阅读观念及情境创设，也更依赖于家长与孩子的互动方式、互动程度以及情感关系等。家长在孩子阅读中的参与程度、情感投入程度，都极大地影响着孩子的阅读兴趣和习惯养成。家长作为这样的导引者，重要的阅读启蒙人，无论是采取阅读推荐还是亲子共读，都会

---

① 2011儿童阅读调查报告.新浪网. http://baby.sina.com.cn/z/yueduhuanjing/index.shtml.

对孩子产生相应作用，而从"共读"和"推荐"的影响效力来看，共读的影响效力要大于推荐的效力，这种影响力在小学低年级的学生中表现得更加突出。共读之所以能够催化孩子的阅读意愿，增强阅读兴趣，主要还在于共读中渗透着家长的情感导入，也包含着人际互动带来的愉悦和分享乐趣、共同体验的感受等，如读《幸福的种子》家长的体会：

> "读书是享受书"，说得多棒！现在的孩子一上幼儿园就开始学那么多东西了，我们做家长的何必再给孩子那么大的压力？如果你能从孩子一出生就开始给孩子讲故事，我相信比任何的早教都有意义。"孩子是用耳朵来听故事的"，有的家长说我买了那么多书孩子都不爱看我能怎么办？呜呼哀哉，你自己都不读怎么指望你的孩子读?！想一想吧：孩子坐在你的腿上，你搂着你的宝贝，一起享受着美妙的故事是多么惬意啊！（逗号，2009）

从家长与孩子的情感密切程度分析，家长与孩子的情感联系密切，也容易将阅读看成彼此情感交流的途径之一，愿意构造融洽的亲子阅读氛围、采取亲子共读的方式较多。其中贯穿于亲子阅读过程之中的情感因素，如家长对孩子的关爱、欣赏以及期待等，通过阅读实现的与孩子的心灵交流和平等的对话关系，是促进孩子阅读深入的重要因素。"你（父母）和孩子的关系越亲密、越自然，你对他的影响就会越广泛，你能够改变、改善、帮助他的地方就越多。"（张文质，2010：235）家长情感的介入以及融洽的阅读心理场的形成，使阅读不再是一种平面词语单向传递的过程，而是家长与孩子情感交流、思想互启的家庭文化塑造过程。这种渗透着情感和爱的阅读推荐与共读，会给孩子深切的感受并留下影响终生的印记，成为家长与孩子共同体验感受、思考的家庭人际互动过程，这里，情感是孩子阅读提升的催化剂和驱动力。

"也许你有很多珠宝，也许你有很多财富，但是你永远不会比我富有，因为我有读书给我听的妈妈。"一年多前看到这句话时，我就心头涌上一阵感动，并暗下决心，一定要让我的孩子将来长大也能回忆满满，每个夜晚，他依偎在我的怀里，在床头台灯下，共享美好的阅读时光。（橡树湾，2011）

而在另一方面，从家长导引的方式看，不同类型的家长，由于育儿观念、教养方式及情感密切程度上的不同，对孩子的阅读影响效果和程度也是不同的。权威—控制型的家长，往往采取限制性的阅读方式，指定孩子读自己选择的书刊，在阅读方式上体现出家长与孩子的疏离，很少有亲子共读的时光，容易引起孩子的阅读逆反；而亲和型的家长，由于平时与孩子的关系密切互动频繁，更容易采取亲子共读的方式，与孩子一起体验阅读的乐趣；其他类型的如放任型和疏远型的家长，则很少过问孩子的阅读状况，不了解孩子的阅读水平和兴趣需求，对孩子的影响力很弱。如有不少家长感叹："自己忙于工作，回到家就感到很累了，也就很少抽时间和孩子聊天、一起读书交流，时间长了，才发现孩子只爱看电视、上网了！"而各个类型相比，亲和型的家长对孩子产生的正向、积极的影响最为明显，也是孩子阅读中的导向性重要他人，放任型和疏远型的家长，往往会对孩子的阅读产生消极的负向影响。[1]

---

① 美国心理学者 Baumrind（1971）将父母教养方式划分为权威型、专制型和容许型，我国研究者左占伟、石岩将其分为接纳型、中间型和干涉型［参见：张丽华. 1997. 父母的教养方式与儿童社会化发展研究综述［J］. 辽宁师范大学学报：社科版（2）］。邱雯婷将之分为专制型、民主型、溺爱型、放任型（邱雯婷. 中学生逆反心理与父母教养方式的关系研究［D］. 西南大学硕士论文，2008.）。本文依据重要他人与学生的关系密切程度以及干预程度，将父母的教养方式分为权威—控制型、权威—亲和型、疏远型和放任型。

（二）重要他人的教育期望与阅读倾向

当我们分析造成学生阅读倾向的差异时，不仅重要他人的教育观念、教养方式是影响因素，而且影响者的教育期望也是影响因子之一。不同家庭家长的教育期望不同，就会带来不同的阅读倾向，即使通过学校教育，这种差距也并未减小，而只是以教育的隐性分层进一步发展和维持着这种差距。社会学家鲍尔斯也指出："儿童对于不同学校教育形态的反应似乎是主要依赖于经过家庭所发展出来的人格特质、价值与期望的形态。"（鲍尔斯，2009：236）不仅家庭重要他人以不同的教育观念和方式营造了不同的家庭文化氛围，而且因为家长对孩子的期望值不同，造成孩子的阅读选择差异和阅读的持久性不同。

1. 教育期望的差异性

从重要他人教育期望的阶层差异分析，中上阶层的家庭首先在孩子的未来发展预期上具有高的期望值，这种高期待决定了家长在给孩子的阅读选择上具有综合性和多样性。"中上阶级倾向于发展出长期性的视野，而劳工阶级则大都停留在短期性的范畴。"（姜添辉，2002：271）不同家庭中重要他人对孩子的成就期待不同，影响到孩子阅读选择行为的诸方面，一种是长期的综合素养养成，另一种则是短期的功利性阅读应用。如中间阶层的家庭既考虑到孩子自身的阅读兴趣，也会考虑到孩子阅读的全面性和均衡性，采用多种方式方法扩大孩子的阅读视野，以及孩子阅读习惯的养成，选择的阅读书刊通常覆盖面广、类型多样；而大众阶层的家长，对孩子的阅读期望值较低，比较关注阅读的短期效应，因此在给孩子的阅读选择上体现出较多的功利倾向，不会太重视阅读的综合性和全面性。

这也就体现出了家长对孩子有着两种不同倾向的期望，即学业成就期望和个人素养期望。中上阶层的家长，对孩子全面的阅读素养更为关注，而大众阶层的家长希望通过提高孩子的学业成绩，改变现在的阶层位置向上流动时，就对孩子的学业成就有着强关注，对个人的素养教育期望值降低。体现在阅读选择上，就是功利化的阅读内容（如教辅书、作文书等应用性的书籍）占了主导。这种选择，实际体现的是家长对孩子未来的职业选择和身份地位的忧虑。

而从社会因素来看，社会竞争的加剧，对学生学业成绩的片面追捧，又进一步增强了家长功利性的阅读导向，造成了多数孩子的短期阅读行为。这里社会的"近视阅读"导致的是家长的取向矛盾，取向矛盾也反映在家长的教育期望上，影响了孩子的阅读倾向。家长在孩子的阅读导引过程中，不能够从孩子自身的特点、兴趣出发，进行未来发展的均衡阅读导引，而是只能根据社会竞争的要求限定孩子有关学业提高和未来职业倾向的框架，这种家庭阅读阈限，就造成了对孩子的负影响。

具体来说，一是家长不得不呼应应试体制，出现"子女升学焦虑症"，使阅读范围局限在教科书和教辅书上，造成孩子阅读视野受限。应试导向要求的是对课文的熟悉程度，对各种题型熟练应付的能力，这是直接造成教科书崇拜的原因。在这里，形成的阅读误区就是：读书＝读教科书。而家长在孩子课外阅读的选择上，强化教辅书的选择，就是教科书崇拜的必然和延伸。家长的矛盾在于，既要考虑孩子的综合发展，又要极力提高孩子的应试能力，获取优质的教育资源，保证孩子今后的学业优良和求职成功。在考虑到社会竞争压力的严酷后，依然会把着力点放在孩子的应试能力培养上，这是造成阅读选择狭窄化的原因之一。

> 儿子今年六年级了，小升初成了悬在头上的剑。纵观分析了儿子的情况，想上好学校有两条路：一是奥数考高分，二是参加各种比赛拿奖牌。但是，这几天一直在跟儿子生气，情绪几近失控。
>
> 说到这里，我不由得抱怨，不是控诉现在的小升初政策。正因为他们取消了考试，弄得家长无所适从，才会报这种班那种

班，才会参加这个比赛那个比赛，才会削尖脑袋打听这个中学有什么考试，那个中学有什么考试，这根本不是给小学生减负，而是增负。而且也给家长增负，家长要八仙过海各显神通，看看谁认识教委主任吧。看看现在的小升初，没有标准，我们这些普通人家的孩子只好拼命去读奥数，参加比赛，我这个当妈的只好恶声恶气地逼着儿子读奥数了。（美丽木棉和橡树，2009）

2. 启蒙的误区：期望偏差

从家长教育期望的变动性上说，家长在孩子学业不同阶段上的期望是有差异的。在孩子小学低年级段，一定程度上还能够注意到孩子的综合培养，阅读面的拓展，而到了小学中高年级，就演化成了学业成就期望主导的局面。前后阶段家长教育期望的变化，也在一定程度上说明了社会文化制度对家长的控制性影响，家长不得不屈从于应试的选择。

一方面，兴趣培养的褊狭破坏了孩子真正的情趣培养。当前多数家长送孩子参加名目繁多的兴趣班，如舞蹈、绘画、各种乐器培训班等，从表面上看，都是为了孩子拓展兴趣，学得多种技艺，丰富个人的修养和艺术品位的"趣味"引导班，但从兴趣班的实际效果看，则往往背离了兴趣培养的初衷，考试体制规约下的技能培训，获得级别证书就是技艺高超的凭证，考试加分的砝码，因此家长都会不遗余力地为孩子多报各种班，以自己孩子各种技能培训获得某项特长的几级几级为荣耀，给孩子升学加分打下坚实的基础。兴趣班的考级评价导向，一方面使兴趣班本身的价值评价越来越功利化，情趣提升功能早已弱化或者退化，而考证培训机制得到了极大的强化，许多孩子在枯燥单调的技能强化下失去了对艺术领悟的敏感和趣味体验感受。

现在的学校和家长都"疯"在起跑线上了，想当然地"折磨"孩子。一个亲戚的孩子（女孩），读小学二年级，放学先去琴行弹 1 小时钢琴，回到家 6 点半。吃完饭洗澡，开始做作业时已经是 8 点了。作业多如山，什么小状元、倍速、一课三练、语文报数学报、画画写日记，一直忙到 10 点半或 11 点，上床睡觉时已经 11 点了。还要学才艺，绘画、钢琴、围棋、书法，等等。这样的学习生活，生生把"孩子气"给磨没了，一个个从二三年级起就神态如老人了，懒洋洋的，对什么都不感兴趣，连"玩"都不会了，实在可怜。（绚若波斯菊，2011）

另一方面，各种兴趣班严重挤压了孩子的阅读时间，削弱了家长对孩子阅读活动的影响力。从实际调查来看，家长送孩子去的兴趣班，主要是音乐、美术、外语、奥数等方面的课程，基本不见有关孩子阅读方面的提高课程，这也必然导致家长和孩子忽视阅读培养的重要性，即使家中有许多经典读物，因很少有时间阅读导致使用率极低，也就形同虚设，成为书架上的装饰品。

而当家长对孩子的高期望值转化成为现实的教育观时，"超前阅读"、"过度启蒙"就是具体化的家庭启蒙现象。

家长非常重视孩子的早期阅读启蒙，问题是启蒙应该是怎样的启蒙？

超前阅读或者说过度启蒙，一是指让孩子阅读不适合他年龄阶段的读物，甚至是成人读物，使孩子难以消化，导致负影响的现象。如小学低年级就推荐看《三国演义》《红楼梦》等名著，《绿山墙的安妮》等成长小说，《边城》等并不符合孩子年龄需要的读物，孩子不能理解，也不可能从中获得高度的认同和体验，产生的影响就是逆向的。二是指家长过于强调从当前的阅读中获得某种现实可用的技能或知识的现象。如要求孩子在阅读中识多少字、读多少篇，完成多少抄写等。这种实用化、功利化的阅读取向，过度的知识性启蒙，只是通过阅读增加了孩子的知识积累和基本技能，却并不能提升孩子的思维品质，导引真正的阅读兴趣。从启蒙的本意来看，启蒙本身包含两方面的含义，如《辞海》中的解释："开发蒙昧、教育童蒙，（1）使初学的人得到基本的、入门的知识。（2）指通过宣传教育，使后进的人们接受新事物而得到进步。"（辞海，1979：1574）这里启蒙既包含知识的传递，也包括通过教育开启悟性，思维提升的意义。而当家长的阅读启蒙僵化在日复一日的知识、字词、套作文的枯燥训练中时，已经失去了启蒙本身给予孩子智慧和思维活性的可能。在"望子成龙"、"望女成凤"的心理中，家长在多学早学，超前学习的宣传中感染的子女学习焦虑症，表现在阅读上就是早读多读多写多识字，"不要让孩子输在起跑线上"，而起跑线上的片面灌输，又怎么能够给孩子活跃的思维、创造的灵性和热情，去完成随后的漫漫跋涉？家长更需要关心的应是怎样的启蒙是适度的、合乎孩子心智发展的？从而去尽力避免喂养式阅读对孩子独立思维力的破坏。适当的阅读积累和阅读广度，首先影响的就是孩子的文字理解力和学习后劲：

> 而一旦到了四年级，学习上的分化很大程度上和文字理解力相关。再往上，孩子的语文成绩尤其是作文成绩，和阅读量的关系就越来越明显。所以很多老师说到了五六年级，孩子们小时候的欠账就都看出来了，但很多已经无力弥补。（安妮鲜花，2010）

结　　论

显然，从以上现状的分析来看，重要他人对中小学生的阅读活动有着显著的作用，重要他人主体性的因素、情境化因素及互动关系等，是分析学生阅读选择变化状况的重要影响因素。具体表现在以下几个方面。

第一，需要关注不同情境、不同类型重要他人的差异性和冲突状况，这种差异在一定情境下也表现为阅读导引冲突。

在同一类型重要他人中，由于自身取向的矛盾以及观念上的变动性，对学生的影响也具有双重性，可能是正向积极影响，也可能是负向消极影响，需要具体分析。不同类型的重要他人由于所处社会位置不同，所具有的取向、情感、偏好和介入方式是不同的，甚至重要他人群体之间也存在对立与冲突，对学生阅读选择的影响效力不同。因此，要确定重要他人对学生阅读选择的影响状况，需要针对具体情境中特定类型的重要他人进行具体分析，才能有效揭示产生特定影响的内在因素。

权威—控制型的重要他人如行政管理者、教师、出版人、家长等，介入方式通常是单向控制式，具有控制性和支配性，往往对阅读进行支配、干涉，能够使部分学生产生阅读顺从，但由于过强的控制性和阅读辖制也会导致学生的阅读抵制。权威—亲和型的重要他人具有内在的威信、威望，通常能够以亲切、柔和的态度，注重阅读互动中的沟通、关怀和鼓舞，是少儿阅读中的促进者、关怀者、导引者，孩子的心理认同度较高，具有很强的影响力。在同类型重要他人群体或者个体中，由于重要他人自身的文化价值判断和角色本身的规约，使他们在对学生的阅读推荐活动过程中呈现出矛盾性和冲突性，如家长群体和教师群体的影响也常常体现出双重性，家长和教师面对社会竞争压力表现出教育的焦虑，常常会在功利阅读与人文阅读之间摇摆，既希望孩子读综合发展的优质图书，又不断逼迫孩子阅读教辅书、参加各种培训班考级班，造成许多孩子的阅读排斥，甚至是反向阅读。媒介群体在出版筛选过程中，也存在文化坚守与文化商品化之间的矛盾，当为了实现市场竞争的成功时，就会呈现出取向上的偏离，打造娱乐性和实用性的读物给学生。

第二，由于重要他人存在多元互动的状况，使我们不仅需要重视单个的重要他人个体的作用，更需要重视和关注重要他人相互之间、重要他人群体内部以及群体与群体之间互动状况对学生阅读的影响力，包括互动程度的量以及质上的影响度。

如依托网络的多元互动是多个重要他人的多层次关系的交互作用，是多个群体或者个体形成的互动网络，在网络中可能只是通过不在场的连接点实现阅读活动的网际互联，有些可能并不具有情感连接的密切度或者互动交往的频繁度，但通过互动网络的不同个体"节点"互联，有些甚至是网络社区讨论，仍然对孩子的阅读产生了较强的影响力。影响者既可能是在场者，也可能是不在场的导引者。偶在影响型是重要他人与学生个体偶然的一两次交往（联系）产生的影响。在这种类型中，有些重要他人与重要他人之间、重要他人与孩子之间的交往频度并不高，但却对孩子的精神生活形成了深远的影响，如某些阅读推广人、某些网络中人。这类影响者主要有两种类型：一种是权威性的重要他人，如一些编辑、作者，因为自身的知名度、在儿童阅读领域的权威性等，会对学生产生直接的影响力。另一种则是偶然相遇型，如有些家长或者同龄的学生，在聊天中或者在网络论坛中，偶然性的推荐，虽然互动的次数非常少或者仅有一两次，但因为推荐者的推荐力度、阅读理解深度等，同样会产生明显影响。

第三，不仅需要关注直接的、显在的重要他人的影响力和影响效度，还需要关注潜在的、不在场的、间接的重要他人的影响意义。

虽然在场的重要他人如教师、家长等人对学生的阅读活动有强影响力，但隐在的、不在场的重要他人（媒介人如出版商、记者、作家、编辑等，官方群体如行政人员，网络中人如网友、论坛成员等）同样对学生的阅读选择有着强影响。

如媒介重要他人虽然不与学生直接接触，但常常通过间接的方式如阅读排行榜、畅销书排行、广告植入、阅读率评价、出版量评价、下载率排行、点击率（访问量）、专家推荐、售书签名、主力推荐、重点关注、留言认同、包装偶像、链接度、及时报道等获得较高的影响力。特别是媒体商业运作中的评价体系如人气指数、好评指数、购买比率、购买人数统计、在线阅读人数、好评率、受欢迎指数、受关注度、星级指数、评论数量等，都很容易对家长和学生的选择产生重要影响。

启示与期待

既然重要他人对学生的阅读活动有着强影响力，如何增进重要他人的正向积极影响效力，化解负向消极影响，就是值得我们深思和关注的核心。通过关注或者改善重要他人主体性的因素如情感、态度、取向及多元互动影响状况等，使重要他人成为学生阅读活动的激发者、促动者、感召者、正向导引者，通过他者有力度的引领，使学生从阅读中得到真正的人文滋养和情趣培育，具体来说，包括以下几方面。

第一，在学校中，期待通过阅读观念的更新、阅读文化的构建，使校长成为学校阅读活动中的引领者、激发者，提升重要他人的导引力度和影响强度，改善学校的阅读文化氛围。

在学校情境中，校长虽然不是影响学生阅读最直接的重要他人，但却是最主要的方向性导引者、措施上的催化者和过程中的促动者。校长在学校宏观层面的政策制定中，是否关注阅读对学生发展的重要性，是否将阅读看作是塑造和提升学校文化品位、改变学校文化氛围的重要方面，则对学校的阅读文化有着至关重要影响。首先，期待校长自身阅读理念的更新，以及对阅读文化构建的积极持续关注。其次，校长成为分级阅读体系[①]应用的推动者是非常重要的。当校长从观念上重视和了解分级阅读的重要意义和价值，将分级阅读的理念贯穿在学校的测评制度中时，才能真正对学生的阅读活动产生积极的强导引力。校长只有从观念上重视分级的效力，通过分级体系推动教师关注不同年龄段学生的阅读需求，才是真正关注学生本体的学习需求。

第二，从教师方面来说，教师具备融通的课程观、阅读观，注重

---

① 目前国际上通常采用阅读专家弗赖（Fry）和乔尔（Chall）的可读性公式来评估难度（参见：中国教育报：http://paper.jyb.cn/zgjyb/html/2010-04/01/content_27099.htm）。

阅读导引中自身的情感态度以及与学生互动的作用，是增进教师对学生阅读的导引深度和广度，强化教师引领力量的重要方面。

从阅读与课程本体之间的关系分析，融通的课程观就是整体性的阅读观，教师具备了融通的课程观，打通课内课外的壁垒，将课外的"源头活水"注入到课内，才会增强教学本身的吸引力和教师的影响力。融通的课程观，或者称为整体性的阅读观，是将课内教学与课外拓展视为一体，注重的是课内课外的连接，以课内的"点"去带动课外阅读的"面"，这里教师需要关心的不是知识量的累加，而是知识广度和深度的拓展。而从融通性的课程观本体上的要求看，融通也必然指向了课程的综合性和跨学科的性质，教师只有充分认识到整合性阅读的意义和价值，才能有效导引学生的阅读走向纵深，获得导引时的效度和力度。

第三，在家庭情境中，家长成为孩子阅读活动的"在场者"非常关键。以"共在"的方式、共同的参与与发现，作为阅读的"陪伴者"、"叙事者"、"共读者"，通过阅读实现家庭人际交流和温情陪伴的共同精神之旅，就能够改善孩子的阅读状况，发挥家长的积极影响效力。

当家长能够作为孩子阅读的"在场者"、"参与者"，以温馨的亲情陪伴、积极的态度与孩子"共读"时，家长才能以亲情的力量最大限度地唤起孩子的阅读激情，并在共读的过程中，获得共同的心灵成长经历。在实际调查中发现，家长由于阅读观念上的误区，减少甚至放弃了亲子阅读，成为孩子阅读的"旁观者"，这极大地削弱了家长对孩子的影响力。因此，重构亲子"共读"的场景，以"在场者"口传语言的"叙事者"身份，陪伴孩子进入书籍构建的精神世界，获得共同体验精神漫游的乐趣和分享中的喜悦，是家长获得强引导力的重要方面。

第四，期待构建连通家庭、学校、社区的多层次阅读网络，汇集多个关键影响者的力量，形成导引合力，共同生成强化正向影响力的阅读情境。

　　在阅读实践层面，依托多个个体、多个群体的力量，形成多层次的阅读互助团体、共同营造阅读文化氛围，是增强多个重要他人引领力的有效途径。强化社区中的在场互助，通过重要他人相互间的沟通和理解，分享阅读理念，共商导引策略方法，实现现场指导和在场交流。这里发动的参与者是多类型的，既包括家长、教师、学生，也包括社区中心的文化督导者，如文化宫、社区图书馆人员等，形成的是家校互联、家家互联、家社（社：是指社区）互联、校社互联的多元共读互荐阅读场域。另外，通过网络汇集更多的阅读导引人，推动不在场的阅读互助，增进多个隐在重要他人之间的交流，产生影响合力，形成一定的阅读导引网络，将会对学生的阅读活动产生积极的强效应。

　　第五，媒介人作为文化传承的重要筛选者、导引者，在学生读物的文化选择路向和文化特色表达上有着重要影响力，如果媒介人能够从传播导向、内容选择上主动把握筛选的尺度、择优的标准，贴近学生的内在需求，就既能够催生时代呼唤的文化气质，也能够使传媒集团获得长期效应，实现良性发展的循环。

　　从传媒自身的发展和影响力来说，关注传播的内在价值需求，秉持优选的尺度和各自的风格，既能够使传媒各集团获取长期效应，避免内部各集团的恶性竞争，也能够增强媒介人导引阅读文化的力度。由于当前传媒产业运作、文化商品化的倾向，传媒内部各群体之间、个体与群体之间也不断出现取向冲突和价值选择困境，这种价值多元和出版混乱的状况，也严重损害了媒介人在受众面前的形象，一些家长不愿意孩子读课外书、看动画片的原因，就是因为这些作品中充斥着肤浅搞笑、低俗暴力的内容。因此，传播者作为重要他人，秉持自身的文化追求和应有的文化选择，抵制商业利益诱导下的短期价值效应，而以积极健康、有深度、有文化内涵的作品导引阅读文化，才会实现持久、长期的效应，增强自己的文化吸引力和影响度，获得更多稳定的受众群和内涵式发展的可能。另外，从内容筛选上看，编者如能对本土作品主动进行挖掘，打造本土特色精品，是有助于提升媒介人构建品牌、保持长久影响力的重要方式，也是给予学生文化自主意识和文化自信的重要基础。

参考文献

cherry3218. 2007. 卓越亚马逊商品评论哈利·波特与死亡圣器［EB/OL］. ［2007-11-02］.

Doll，W E，Jr. 1993. *A post-mordern perspective on curriculum*［M］. New York：Teachers College Press. http://www. amazon. cn/review/R32KEBMX8A70WL.

Kies，C. 1995. Coverart，consumerism and YA reading choices［M］. In *Eyes on the future*：*converging images*，*ideas and instruction*. Selected readings from the Annual Conference of the International Visual Literacy Association，Chicago.

leigh1205 等. 2011. "朗读手册（新版）"的全部评论［EB/OL］. ［2010-02-12］. http://comm. dangdang. com/review/reviewlist. php？pid=20633120.

llssmm521. 2009. 家长心声：小升初成了悬在头上的一把利剑［EB/OL］. ［2009-11-16］. http://mama. kid. qq. com/t-2591-1. htm.

menglei200501. 2010. 卓越亚马逊商品评论小时代 2.0 虚铜时代［EB/OL］. ［2010-01-16］. http://www. amazon. cn/review/R3V74C3SPU822Y/ref=cm_cr_rdp_perm.

SAM. 2007. 哈利波特网上评论——征文：哈利爱哈密［EB/OL］. ［2007-10-24］. http://www. amazon. cn/review/R3322T9T6D2KVP.

Sherry. 2009. 好书推荐［EB/OL］. ［2009-03-06］. http://www. zww. cn/zuowen/html/49/331608. htm.

xz315. 2011. 清华大学附小副校长给孩子们推荐的书［EB/OL］. ［2010-07-15］. http://club. baby. sina. com. cn/thread-2113774-1-1. html.

zhangwei1971. 2009. 卓越亚马逊商品评论新版女生日记［EB/OL］. ［2009-05-16］. http://www. amazon. cn/product-reviews/B0011CGGW2？pageNumber=4.

安妮鲜花. 2009. 加拿大如何培养孩子阅读习惯［EB/OL］. ［2009-12-10］. http://blog. sina. com. cn/s/blog_5ff19a290100g0vp. html.

安妮鲜花. 2010. 美国用什么教材进行阅读启蒙［EB/OL］. ［2010-09-28］. http://blog. sina. com. cn/s/blog_5ff19a290100lh8b. html.

安妮鲜花. 2010. 入学准备：自主阅读很重要［EB/OL］.［2010－06－30］. http://blog. sina. com. cn/s/blog_5ff19a290100juw7. html.

鲍尔斯. 2009. 不平等的教育和社会分工的再生产［M］//张人杰. 国际教育社会学基本文选上海：华东师范大学出版社.

本尼特. 2007. 文化与社会［M］. 王杰，等，译. 桂林：广西师范大学出版社.

蔡葵. 1999.《草房子》启示录［EB/OL］.［1999－09－30］. http://www. gmw. cn/01gmrb/1999－09/30/GB/GM%5e18195%5e6%5eGM6－3004. HTM

蔡葵. 2010. 评说《草房子》［N］. 中华读书报，2010－01－27.

陈香. 2008. 杨红樱作品销3 000万册却争议不断，［EB/OL］.［2008－10－17］. http://www. chinanews. com/cul/news/2008/10－17/1415313. shtml.

陈学勇. 2009. "杨红樱现象"的回顾与思考［M］. 博览群书，2009－03－07.

道格拉斯·凯尔纳. 2004. 媒体文化［M］. 丁宁，译. 北京：商务印书馆.

第五次国民阅读调查［N］. 中华读书报，2009－04－29.

丁钢. 2003. 价值取向：课程文化的观点［J］. 北京大学教育评论（1）.

董康. 2007. 南京小学生上网体验"阅读银行"［N］. 教育周刊，2007－10－10.

逗号. 2009. 和孩子一起亲子共读就是在播撒幸福的种子［EB/OL］.［2009－03－21］. http://product. qinbei. com/comment/32128.

窦桂梅. 2011. 清华大学附小副校长给孩子们推荐的书.［EB/OL］.［2011－07－15］. http://club. baby. sina. com. cn/thread－3004943－1－1. html.

丰子恺儿童图画书奖. 2011. 亲子阅读中的本土魅力［EB/OL］.［2011－04－29］. http://blog. sina. com. cn/u/1743917963.

富康年. 2010. 读者卷首语［J］. 读者（9）.

顾明远. 1992. 教育大辞典（第6卷）［M］. 上海：上海教育出版社.

黄耀红. 2006. 没有童话的童年［J/OL］.［2006－11－10］. http://blog. sina. com. cn/s/blog_4b572820010006dr. html.

吉姆·崔利斯. 2009. 朗读手册［M］. 沙永玲，等，译. 海口：南海出版社.

姜添辉. 2002. 资本社会中的社会流动与学校体系［M］. 台北：高等教育出版公司.

蒋庆. 2010. 中国作家富豪榜出炉［EB/OL］.［2010－11－15］. http://news. xinhuanet. com/gangao/2010－11/15/c_12774267_3. htm.

金志明，李伦娥. 2001. 中小学教师读书大型专题调查［N］. 中国教育报，2001－04－13.

李燕．2009．"子涵童书"系列：撑起伞来等啊等［EB/OL］．［2009-01-07］．
　　http：//www.gmw.cn/01ds/2009-01/07/default.htm．

刘铁芳．2010．教育生活的永恒期待［M］．长沙：湖南教育出版社．

吕慎．2009．文化价值对出版业科学发展至关重要［EB/OL］．［2009-05-20］．
　　http：//www.cjcb.com.cn/news_SpecialTopicShow.asp？id=1038．

马和民．2010．走向对话与支持的教育共同体［J］．南京社会科学（3）．

迈克尔·W.阿普尔．2006．教育与权力［M］．曲囡囡，译．上海：华东师范
　　大学出版社．

茅卫东．2007．让教师踏上书的阶梯［N/OL］．［2007-11-20］．http：//www.
　　360doc.com/content/09/1105/13/351680_8437731.shtml．

美丽木棉和橡树．2009．小升初政策高压下的母子关系［EB/OL］．［2009-11-
　　11］．http：//blog.sina.com.cn/s/blog_4fc41f830100fdfh.html．

钱伯斯．2007．打造儿童阅读环境［M］．许慧贞，蔡宜容，译．海口：南海出
　　版公司．

钱理群．2010．语文教育新论［M］．上海：华东师范大学出版社．

舒华，Richard Anderson，等．2002．家庭文化背景在儿童阅读发展中的作用
　　［J］．心理科学（2）．

吴刚．2002．知识演化与社会控制——中国教育知识史的比较社会学分析
　　［M］．北京：教育科学出版社．

吴康宁．1998．教育社会学［M］．北京：人民教育出版社．

吴墉．2006．图书跟风因何大行其道［M］．书摘（4）．

吴越．2011．没有积蓄别画儿童书？［N/OL］．［2011-05-16］．http：//whb.
　　news365.com.cn/whshx/201105/t20110516_3037453.htm．

橡树湾．2011．亲子阅读渐入佳境［EB/OL］．［2011-03-23］．http：//blog.
　　sina.com.cn/s/blog_6f97791d0100qjm8.html．

小薇老师．2011．儿童读书，从"阅读主题"开始［EB/OL］．［2011-04-14］．
　　http：//blog.sina.com.cn/s/blog_7d2edb000100syf1.html．

筱音爸爸．2005．分年龄、分年级推荐书目［EB/OL］．［2005-07-04］．http：//
　　club.baby.sina.com.cn/thread-1179529-1-6.html．

谢维和．2007．教育活动的社会学分析［M］．北京：教育科学出版社．

许迪南．2011．幸福的种子［EB/OL］．［2011-11-06］．http：//product.
　　dangdang.com/product.aspx？product_id=20163031&ref=search-1-pub．

绚若波斯菊. 2011. 现在的学校和家长都"疯"在起跑线上 [EB/OL]. [2011-04-18]. http://blog.sina.com.cn/s/blog_7d74925c0100qkgv.html.

叶澜. 2006. 新基础教育论 [M]. 北京：教育科学出版社.

萤火虫. 2009. 小荷_ 新浪博客好书推荐卡 [EB/OL]. [2009-11-06]. http://blog.sina.com.cn/s/blog_621fc6fa0100g7xa.htm.

约翰·霍尔. 2004. 文化：社会学的视野 [M]. 周晓红，等，译. 北京：商务印书馆.

张贺. 2010. 中国作家富豪榜照出什么？[EB/OL]. [2010-11-17]. http://news.xinhuanet.com/fortune/2010-11/17/c_12785725.htm.

章文焙. 2010.《草房子》突破一百次印刷的启示[N]. 中华读书报，2010-01-27.

周怡. 1994. 代沟现象的社会学研究 [J]. 社会学研究（4）.

周勇. 2000. 教育研究的文化学路向 [J]. 教育研究（8）.

朱永新. 2004. 诗意与理性 [M]. 北京：人民教育出版社.

朱永新. 2008. 过一种幸福完整的教育生活 [M]. 上海：华东师范大学出版社.

关系排斥：家长参与和农村居民高等教育机会获得的不平等
——一项基于转型县的人种志考察

Guanxi Exclusion in Rural China: Parental Involvement and Students' College Access

谢爱磊（Xie Ailei）

上海交通大学高等教育研究院

Graduate School of Education, Shanghai Jiao Tong University

白杰瑞（Gerard A. Postiglione）

香港大学教育学院

Faculty of Education, The University of Hong Kong

内容提要：自 2008 年 12 月起至 2009 年 12 月间作者在中部省份某县进行了实质性的田野工作。通过文献法，访谈法，田野日志的综合应用，作者对来自不同家庭背景的家长对参与子女教育的看法与相关策略进行了考察，并以此为基础来探讨为何在大陆农村社会内部，市场化改革强化了来自干部、专业技术人员以及新型的经济精英（经理人员、私营企业主、个体工商户）家庭子女的大学入学优势，而来自农村社会的一般农业劳动者，其大学入学弱势仍然明显。

关键词：市场转型　高等教育机会　关系排斥

Abstract：Market reforms have re-stratified rural China, maintaining advantages for cadre households and creating space for an emergent economic elite, both with better college access than peasant households. Most research suggests that economic and cultural resources are predictors of rural students' college access. This study, based on intensive fieldwork in two townships and three villages of a county in central China, argues that there is an increasing tendency of rural parents to involve themselves in their children's education, and that this involvement has also become a determining factor in college access for all rural groups. Moreover, parental involvement includes a process of capital conversion, similar to that described by Bourdieu, but is mediated by how households capitalize on rural transition from a planned to a market economy.

Key words：social transformation；college access；guanxi exclusion

导　言

20 世纪末期以来，中国高等教育事业获得了跨越式的发展，越来越多来自不同家庭背景的学生开始有机会进入各类高等教育机构学习。随着市场化改革的推进，有不少研究者注意到社会资源与地位分配机制的重大变化给中国社会所带来的分层现象，并初步探讨了这种现象给农村居民的高等教育机会所带来的影响。他们发现，市场化改革虽然促进了高等教育机会的总体扩张，但是，新增高等教育机会的分配并不公平。从研究结果来看，它强化了来自干部、专业技术人员以及新型的经济精英（经理人员、私营企业主、个体工商户）家庭子女的大学入学优势。而来自农村社会的一般农业劳动者，其大学入学弱势仍然明显。在厦门大学 2004 年针对中国大陆 34 所高校的调查研究中，研究者发现，来自干部和私营企业主家庭的子女，其大学入学机会要远远高过来自一般农业劳动者家庭的子女。

由中国社科院陆学艺主持的"当代中国社会阶层结构研究"课题组将中国社会划分为 10 个阶层。在农村社会内部，一般农业劳动者比例有 70%，另外 30% 由干部、经理人员、私营企业主、个体工商户等 9 个阶层组成，其中干部、专业技术人员以及经理人员、私营企业主、个体工商户这类随着市场化改革而崛起的新型的经济精英，其比例不过 9%。但是，这两类精英的子女在大学入学机会上均要明显好过来自一般农业劳动者家庭的子女。随着市场化改革的不断推进，一个迫切需要我们回答的问题是：这种新的机会分配格局，其背后的动力机制到底是什么？为何在农村社会内部，干部与技术人员以及新型的经济精英能够帮助自己的子女获取高等教育机会上的优势？

文献及解释：国家、市场与教育机会

教育机会的不平等分配及其解释是教育社会学研究领域一个历久弥新的话题。在西方的教育社会学文献以及深受其对教育不平等问题解释路数影响的中文文献中，家庭及其在"市场"中的地位被看作是个人地位竞争的主要起点，家庭中各类资源的多寡被看作是理解个人教育机会的主要解释性因素。大陆独特的制度与文化背景，也使不少研究者敏锐地注意到国家的再分配机器及其对普通人教育机会与生命历程的深刻影响。

中华人民共和国早期的社会实验及其后来的发展提供了理解国家机器对个人教育机会与生命历程可以如何施加影响的绝佳素材。相关的制度安排以及一系列的政治运动，对个人的教育机会以及生命历程产生了巨大而又深远的影响（Hannum，1999：193 - 211；X. Zhou，2004）。国家的资源再分配制度是影响普通人教育机会的第一重因素。在针对社会主义国家的研究中，泽林尼（Szelenyi，1978：63 -

87）和周雪光（X. Zhou，2004）曾提出，社会主义国家的资源分配原则遵从一定的政治考量，国家机器总体的政治考虑与目标塑造了资源分配的基本逻辑。从国家发展的总体进程来看，东部发展先于西部；工业城市以及政治中心的发展先于处于政治权力边缘的农村。在教育资源分配的基本格局中，东部城市以及政治中心一直被置于优先的境地。在优质教育资源的分布格局中，我们清晰可见一个从东部到西部或从城市中心出发，依行政权力而衰减的等级框架（杨东平，2006）。这样的资源分配格局对普通人的教育机会产生了深远的影响。例如，来自城市户籍的学生，其进入重点大学和普通大学的机会均要好过来自农村户籍的学生。杨东平等人的研究甚至表明，城市住民而非农村居民是高教扩张的主要受益者（杨东平，2006）。

不过，自20世纪70年代末期以来，中国大陆开启并施行了向市场制度转型的一系列政策措施，这些措施及其影响对上述解释范式提出了一定程度的挑战。首先，上述解释范式过于看重中央在教育资源分配中的绝对影响力，而随着市场化改革而来的中央向地方的适度分权，实际上弱化了中央对地方教育资源分配的影响力。在改革前就已经获得优势的东部与城市地区可以借力已经累积的资源优势在新的市场竞争中将西部与农村地区抛在身后。这也是为什么尽管中央一直强调并着力统筹与均衡东、西部，城、乡之间的教育发展，但东部与城市地区的教育资源优势、居民的教育机会优势仍然存在的原因（W. Li，Park，& Wang，2007：27-43）。其次，新中国成立以来一直存在、随着市场化改革更为显性地存在的社会分层现象也提醒我们注意，家庭及个人的相关竞争策略也是影响个人教育获得的重要解释性因素。舍此，我们便无法解释为何在某一单一区域的农村社会内部，在类似的教育资源约束状况下，农村社会的某些人群，例如干部与专业技术人员，其子女的教育机会要高过一般农业劳动者。

韦伯认为，西方社会的市场制度，将个人之间的地位竞争转化为以各种资源为基础的竞争，个人在地位竞争中的结果越来越取决于其家庭在市场中的地位（Runciman & Matthews，1978）。个人赖以竞争、家庭用以投资的各类资本可以是有形的经济资本，也可以是无形的文化资本（Ball，2003；Bourdieu，1986：241-258；Collins，1971：1002-1019）。针对大陆的研究表明，家庭经济资本的确是高等教育机会的重要解释性变量。例如，王伟宜等人的研究表明，低收入家庭子女更多地就读于层次较低的公办高校，家庭收入较高的子女，在民办高校和独立学院中也享有一定优势。而且这种优势在高等教育大众化与高教成本分担的语境中愈发明显。文化资本指代个体所掌握的各种有关规范、风俗、传统以及品位的知识（Bourdieu，1986：241-258）。学校系统所传递和沉浸其中的是处于统治地位的群体所珍视的文化，来自优势群体家庭的子女，由于从小置身这样的文化氛围中，更能适应学校的学习与风格，其获得成功的概率要远远高过来自地位低下的其他群体家庭的子女。父母的受教育程度，可以被看作是家庭文化资本存量的重要指标，大陆学者的相关研究显示，父母受教育程度较高的家庭，其子女的高等教育机会要高过父母受教育程度较低的家庭，父母为大学毕业生的学生，其进入重点大学学习的机会要高过其他家庭。（王伟宜，2006）

上述理论从地位竞争的角度提出了教育机会的可能性解释，它们让我们意识到以家庭为单位的资源对个人教育获得的重要影响。不过，这种解释也有其问题所在。资本的提法本身蕴含了"资源"与"投资"的双重含义。而相关研究太过强调资源贮量的结构性约束，对家庭投资的过程方面所进行的讨论则付之阙如。这使得它们关于资本的抽象论述缺乏一定的历史感，忽视了作为投资者的家庭所置身于其中的制度与文化背景。同一类资本和不同的资本在不同的历史和文化条件下会有不同的价值，它取决于一定场域的特性和游戏规则（Bourdieu，1986：241-258）。以经济资本的投资为例，当学校选拔的标准注重学生的学业成就时，家庭的经济优势就可以通过如购买舒适的住房、提供好的营养条件等方式给孩子创造良好的智力刺激环境转化为子女的学业优势；也可以通过诸如购买高质量的学校教育、私人咨询与辅导服务，从而为孩子营造良好的学习氛围等方式转化为子女的学业优势（Massey，2003）。而当学校的选拔不甚公正，滋生腐败时，家庭的经济优势则可以通过贿赂、走后门等方式直接转化为子女的入学机会（文东茅，2006）。具体的制度和文化背景及规则决定了何种资本具有教育投资的价值，或者具有多少价值，也影响到了不同的家庭到底要怎样将自己的文化和经济资本优势转化为孩子的学业成就优势，而也正是这点赋予了家庭投资的"策略"含义。"投资"与"策略"双重隐喻让我们将目光转向家长参与这一家庭资源运作的过程维度。

理论框架：家长参与、资本转化与社会资本的不平等

当前对农村社会内部高等教育机会分层现象的两种解释路径依然让我们无法对普通家庭如何运作家庭的资源从而帮助子女获得大学入学方面的优势有更为清晰的认识。以再分配制度为基础的解释，尽管有助于我们认识宏观制度对个人教育机遇的影响，但却对家庭、对自身已有资源进行动员的能力关注不足。以地位竞争为基础的解释，尽管有助于我们考察不同家庭动员各类资本为子女争取教育机会的能力，但却很少关注不同家庭动员各类资本的过程以及这些微观层面的社会行动过程与宏观的文化背景和制度有着怎样的关联。因此，在解释传统的再分配制度以及新型的经济精英如何帮助自己的子女获取高等教育机会上的优势以及一般农业劳动者所面临的劣势时，我们需要一项新的议程：在转型时期相关的制度与文化背景下，在制度与个人的互动中对家庭资源的过程维度——家长参与——进行研究，并以此来考察普通人的教育机会与生活际遇。

从最宽泛的意义上说来，家长参与教育的过程包含家长所参与的与孩子的学习相关的所有活动与努力（Desforges & Abouchaar，2003）。不过，在以西方为背景的研究文献中，它主要包含：（1）以家庭为单位的活动，例如监督、管理孩子的课后时间，辅导孩子的学业等；（2）以学校为单位的活动，例如参与家长会活动等；（3）社

区中的活动，例如保持与其他家长的联系，联合对孩子实施监督等活动（表1）。研究者认为，家长的参与活动提供了将家庭的经济与文化资源转变为对子女而言有教育意义的资源的重要途径。

表1　家长参与的分类与含义

类　型	含　义
抚育	提供住宿，保障健康，保证营养与安全，具备与孩子沟通的技巧
沟通	家校沟通
自愿活动	在学校中或班级中帮助开展有关活动
家庭辅导	帮助家庭作业，帮助进行相关教育选择
决策	参与家长会或学校管理活动
社区活动	捐资助学

改编自 Kreider, H. 2000. *The national network of partnerships schools: a model for family-school-community partnerships*. Cambridge: Harvard Family Research Project.

在本研究中，根据社会资本与教育间关系的研究，将家长对学校教育的参与抽象化为一个资本转化的过程，视其为家长动员家庭内部、家校之间或者社区之中的网络将自身的经济和文化资源向对子女的教育而言有积极意义的社会资本的转化过程（Coleman，1988；Lareau，1987：73-85；M. Zhou & Kim，2006：1-29），并在此概念基础之上，构建本研究的理论框架。

社会资本寓意社会行动者从其个人的关系连接中所可能获得的潜在收益。它内在地包含了三个基本的要素：一为网络连接；二为带有目的和一定行动选择的行动者；三为潜在收益（Bourdieu，1986：241-258；Coleman，1988：95-120；Lin，2002；Portes，1998：1-24）。在教育研究的相关文献中，家长可以动员与投资的关系网络，既可以包含家庭内部的网络连接，也可以包含家庭与学校的连接，甚至还包含在社区中保持与其他家长的连接（Shavit & Pierce，1991：321-330）。这些网络连接是社会资本投资的基本结构（Bourdieu，1986：241-

258；Burt，1992；Coleman，1988：95 - 120）。它们在性质上有
"强"、"弱"之分，不同的关系网络所传递的资源类型会有所差异
（Granovetter，1973：1360-1380）。例如，家庭和社区中的强关系
网络，可能意味着父母对孩子学习事务的更多关注（如辅导孩子的
家庭作业、控制孩子看电视）与社区中良好的有利于孩子成长的规
范的形成（Coleman，1988：95-120），而与学校的弱关系连接则
有可能意味着家长与教师之间可能的信息流转。所有这些也意味着
对不同类型关系网络的运作与投资可能会带来不同的社会资本
收益。

　　不同社会阶层获得社会资本的能力有一定程度的差异。一方面，
资本的转换意味着社会资本的获得需要以行动者已有的文化资本与经
济资本的储备为前提（Bourdieu，1986：241-258）；另一方面，资本
的转换也意味着社会资本的获得依赖行动者对关系网络进行动员进而
顺利实现经济资本或/和文化资本向社会资本转换的能力。需要指出
的是，尽管我们特别强调普通家长对社会网络的动员及其通过这种动
员实现的家庭文化和经济资本向社会资本的转化，但是并无意否定社
会资本的独立性和本源性——社会资本并非完全派生于经济和文化资
本。所强调的是，作为独立的社会行动者，家长需要依据社会场域的
特性，来判断何种资本最有价值，并依据这种判断来将自身的优势资
本转化为此一场域内最有价值的资本，而社会关系网络提供给家长们
将文化和经济资本转化为社会资本的可能性。

　　资本的储备强调的是社会结构的约束性，其含义与林南提出的地
位强度命题基本一致：行动者的初始位置越好，其获得和使用好的社
会资本的机会就越高（Lin，2002）。而关系网络的运作强调的是行动
者的能动性，即便行动者的初始位置一般，其依然可以通过关系网络
的运作，来获得将自身有限的经济和文化资本向社会资本转换的机
遇。当然，对社会关系网络的动员本身也体现出一定的阶层差异。一
般来说，社会行动者更有可能成功动员的是强关系网络而非弱关系网
络，而强关系网络则意味着同质性而非异质性（Lin，2000，2002）。

对于本研究而言，这意味着作为社会行动者的家长，其更有可能运作并成功动员的是家庭内部、社区内部、单位内部或者亲属关系等强关系网络。而对于弱关系，尤其是由地位不同的行动者（如来自弱势社会背景的家长和身为中产的教师）连接所形成的弱关系网络，其动员存在一定的难度。

在一定的历史和文化背景下，个体到底选择和动员何种关系网络，以及如何动员各种关系网络，还有赖于特定的制度和文化背景下各种关系网络所具有的独特的资本潜力以及不同行动者对其的认识（Bian，1997：366－385；Fei，X，Hamilton，G，& Wang，Z，1992；Gold，Guthrie，& Wank，2002）。对于中国社会中"关系"现象的研究表明，在工作找寻过程中，中国人倾向于使用私人性质的强关系网络——而针对西方社会工作找寻过程的研究却表明弱关系网络有着更为重要的意义（Bian，1997：366－385；Granovetter，1973：1360－1380）。至于各种缘由，存在两种竞争性的解释：一种解释视"差序格局"为中国人际关系网络结构的基本特征，并视"亲疏远近"为国人动员社会关系网络时要考虑的基本要素。研究者认为，熟人、关系亲近的人往往是普通人最愿意求助的人。另一种解释视中国的市场转型与制度变迁为私人关系使用的解释性因素。例如，在工作找寻过程中，对私人关系的依赖，其原因可归结为劳动力市场的不健全而非其他；外国公司在工作投资的过程中过分依赖私人庇护关系，其诱因也可归结为法制结构的不完善（Hsing，1996：2241－2261；Smart & Smart，1998：103－129）。不过，也有研究者认为，上述两种论断都未免过于片面，对于私人关系网络动员的偏好可能是文化与制度综合作用的结果（Bian，2002）。对于关系网络动员偏好的分析提请我们注意，在分析家长动员社会关系网络的过程中，需要区分两类性质的关系网络连接——一类为正式的，由各类法律以及各层面（国家与学校）的正式规定所定义的家长与学校之间的网络连接；另一类则为非正式的，家长与学校之间所可能存在的私人关系网络连接。前者可能更多地由法律与正式的规定所界定，后者可能更多地由文化、不成文的规则以及作为行动者的家长的行为所塑造。不同社会背景的家长到底会选择动员何种关系网络连接以及如何动员这些社会关系网络，既有赖于他们对这两种关系网络在资本转化中意义（亦即家长将家庭的文化资本与经济资本向社会资本转换过程中的作用）的认识，也有赖于他们对于自身行动可能的策略与成功可能性的理性考量。而这两个过程，又都被制度和文化所塑造。

　　基于上述理论方面的考虑，进行了如下的研究设计。

研 究 设 计

　　家庭资源运作的过程维度，让我们将目光转向家长参与的概念与资本转化的相关理论，转向普通家庭为争取子女的教育机会而做出的策略性选择，并以此来理解为何在农村社会内部，干部与技术人员以及新型的经济精英能够帮助自己的子女获取高等教育机会上的优势。作为一个动态过程，社会资本的动员内在地包含了投资与策略这两个基本的内核。对这一过程的理解需要了解制度赋予了不同类型的网络连接何种资本潜力以及不同家庭对其的理解，也要理解一定文化背景下家庭对不同网络连接可动员性以及动员过程的理解。

　　在本研究中，采用的是人种志方法。采用这一研究路径有几个基本的原因。首先，本研究强调对于某一具体的社会过程的了解，它将家长参与概念化为一个父母动员关系网络将家庭的经济资本和文化资本转换为对子女的教育而言有意义的社会资本的过程，还特别强调考察来自不同类型家庭背景的家长如何动员不同类型的关系网络。对于过程性社会现象的认识与理解，人种志方法是一种较为适合的方法（Emerson, et al., 1995）。其次，研究者认为，在动员社会关系网络的过程中，家长需要对不同类型关系网络在资本转换中的价值有所认识，这种认识既是文化和制度的产物，也是他们主观认知努力的结果。因此，本研究特别强调获得对家长观点的诠释性理解、了解家长观点背后的社会和文化背景，而人种志方法恰有助于我们获得此种理解（Hammersley，2004）。最后，本研究还特别强调家长"参与学校教育"这一行动本身的建构性特质，主张：家长对于自身"参与"行动的社会意义的主观建构（例如，不同类型行动成功与否）会影响到他们后续的"参与"行为和其他相关社会行动。无疑，人种志方法所主张的诸种策略——例如与研究参与者的长时间接触、积极投身研究参与者的社会世界等——将有助于了解不同家长对其行动意义的社会性建构（Emerson，et al.，1995；Fetterman，2000）。

　　本研究的具体实地调研工作在 2008 年 12 月至 2009 年 3 月，以及 2009 年 8 月至 12 月间展开，持续时间为 7 个月。基于时间、经费以及方便同参与者进行深入交流方面的考虑，选择了中部某省所熟悉的转型县作为调研地点。转型县位于该省中部，面积超过 1 800 平方公里。2009 年时，该县共有 96 余万人，其中 88% 为农村人口，散布在当地 22 个乡，256 个村。正式的田野工作，从当地的一个宜姓（虚构的名称）村落开始，之所以选择从这一村落开始调研工作是因为笔者在这里居住过相当长一段时间，熟悉不少当地人，有个初步的人际关系网络。而主要的田野工作又是以家长为主体的入户访谈，这样的人际关系网络应当有助于笔者调研工作的展开。后来为期 7 个月的田野工作也基本上是以宜村为中心，辐射周边两个地理距离并不遥远的村落（吴村与葛村）和一个乡，联系与各类家庭的也基本上是前期所建立或后来在此基础上所拓展的人际关系网络。在田野工作的后期，尽管再有机会使用不断拓展的关系网络扩大笔者入户访谈工作的范围，却没有这么做。其基本原因是，通过入户访谈所获得的资料已经饱和——亦即尽管受访家庭在不断增加，新的数据却不能够带来新的发现。这一点可以坚信，在宜村以及吴村与葛村所访谈的家长，其所面临的社会结构性压力与可能拥有的行动选择自由应当与转型县其他村落的家长基本相似。在文本上，坚持田野工作是在一个县而非几个村落展开，部分原因也在于此。如此坚持的另一个重要的原因则是教育系统本身以及学生流动的跨边界性。曹诗弟（Thogersen，2002）等人曾将中国近现代学校制度在农村的建立看作是一个国家权力不断向乡土社会推进的过程。农村学校的地理布局与行政权力分配的逻辑基本一致——每个村（或几个村）有小学，几个村再共有一所或几所中学。这也意味着，一旦进入中学，学生需要离开自己所在的村落，到乡一级的中学就读；在升入高中之后，就可能需要离开所在的乡，到县城中学就读。这样，当谈及家长动员关系网络建立与其子女所在的学校的网络连接时，其网络拓展的范围一般应当是超越了一个村或者乡的界限。在文本上，坚持自己所开展的田野工作是基于一个县的另一个重要原因是，所有关于该县的可获得的确切的文本与统计资料都是以县为单位。这也意味着，可以获得的能够帮助我们最直观地了解转型县的社会和经济发展状况的资料，其描述的基本单位是县而非村和乡。

转型县经济发展的状况可以说是中国发展大背景下的一个缩影。1978 年开始的农业去集体化进程以及对外的开放带来了当地经济的持续增长、非农经济的发展，以及社会财富的迅速增加。与社会财富同步增长的还有收入分配的差异和地位分配机制的重大变化。转型县居民社会分层的基本状况符合不少研究者对中国农村社会结构的基本分析（表2）。市场制度的确立的确带来了经济资本与人力资本投资回报的上升以及新型的经济精英的崛起，同时，政治资本的价值也由于市场改革的渐进性不至丧失，这让干部等社会管理者的社会地位优势仍然得以维持（David & Wang, 2009：3-19）。

表2　转型县的劳动力人口与收入

劳动力所在部门	占总人口比例（%）	年均收入（元）
农、林、牧、渔	74.76	4 495
采掘业	0.13	4 310
制造业	6.00	5 883
电力、煤气以及水的生产和供应业	0.29	11 640
建筑业	6.59	3 983

结表

劳动力所在部门	占总人口比例（%）	年均收入（元）
地质勘探和水利管理业	0.07	9 490
交通运输仓储和邮电通信业	2.14	6 652
批发零售贸易和餐饮业	4.45	3 637
金融和保险业	0.21	9 899
房地产业	0.06	9 340
社会服务业	0.89	7 594
卫生、体育和社会福利事业	0.82	10 893
教育、文化事业单位	2.37	9 793
科学研究和综合技术服务事业	0.002	10 724
国家机关、政党机关和社会团体	1.48	10 772
其他	0.03	5 939

资料来源：县志。

在转型县的调研即部分地以此转型趋势为背景，希望在制度和社会转型的大背景下，通过了解来自不同社会背景的家长的观点与实践来回答本研究所提出的基本问题，并以此为基础来管窥更广范围内农村居民的经历（费孝通，2009）。在实地调研的工作中，主要采用的研究方法是访谈法，还使用了少量的当地文献。此外，在研究过程中，还撰写了大量的田野日志。在本研究中，文献法是了解转型县社会与教育背景、相关教育制度与政策的主要手段。主要使用了两类文献，第一类是关于家长参与的政策文本，官方的统计年鉴以及地方志；第二类是地方性的报纸以及该地方相关部门的网络报道。不同家长的学校参与，他们对可以动员的关系网络——例如家庭内部的网络连接、家庭与学校的连接地系统——的价值以及这些关系网络动员的可能性的认识都需要依赖访谈法获得。

关于访谈对象，依照《中国统计年鉴》的技术性规定，将受访的家长限定为不拥有城镇户口的、居住在城关镇之外地区的转型县居民。在访谈的初始阶段，主要采用的是开放的非正式的入户谈话。访谈对象的选取主要采用的是滚雪球的办法，且数目并未作限制，这样做的目的在于帮助自己开阔视野，并在此基础上不断聚焦问题，修正相关概念。滚雪球时，主要是指请求参与者介绍其知道的家庭接受访谈。当然，这种滚雪球的抽样方法也有不足之处——参与者所介绍的往往是自己的熟人，而关系网络连接的同质性可能会使我们接触到的参与者局限在某一特定的社会阶层。为了克服这一问题，在访谈的一开始，就努力地拓展自己的关系网络，试图去认识我们在基本研究问题中所提及的每一个社会阶层的家庭，再要求这些家庭介绍各自所知道的家庭接受笔者的访谈。在访谈的后一阶段采用的主要是半开放式的访谈，并且对受访对象作了一定程度的限制，根据目的性抽样的原则，依据前一阶段对参与者背景的掌握缩小访谈范围，将对象限定在那些能够突出社会背景差异，同时能够提供丰富个案信息的家庭。最终选定的家庭有 18 个（表3）。还对来自部分家庭的学生进行了访谈，也走访了部分学校，对教师进行了访谈，以求证信息。

表3　家长参与者的基本材料

	背　景	教育程度	子女教育状况
1	干部（乡）	3 年大专	一本
2	干部（村）	3 年大专	二本
3	干部（乡）	4 年本科	二本
4	专业技术人员（教师）	4 年本科	1. 一本；2. 一本 *
5	专业技术人员（教师）	4 年本科	1. 一本
6	专业技术人员（教师）	3 年大专	1. 一本；2. 二本
7	专业技术人员（教师）	3 年大专	1. 一本；2. 二本

续表

	背 景	教育程度	子女教育状况
8	个体工商户	高中	1. 一本
9	个体工商户	初中	1. 二本；2. 一本
10	私营企业主	高中	1. 一本；2. 高中在校＊＊
11	私营企业主	初中	1. 一本；2. 二本
12	农民（工）	未受学校教育	1. 三本；2. 职业高中
13	农民（工）	未受学校教育	1. 初中；2. 三本
14	农民（工）	未受学校教育	1. 初中；2. 初中；3. 初中
15	农民（工）	小学	1. 一本；2. 初中
16	农民（工）	小学	初中
17	农民	初中	高中
18	农民	初中	职业高中

＊：1与2代表按顺序排列的两位子女；＊＊：在校表明尚在就读，为非最终学历；其他表明最终学历状况。

在具体访谈过程中，同干部、企业主等人的访谈显得较为正式，因为他们的作息时间更为工业化时代和科层制时代的规则所影响。同他们交流的机会少，一般只能和他们见一两次面，每次访谈时间持续在半小时至1小时之间。在与他们进行交流的过程中，在征得同意的情况下，一般会对谈话加以录音，以方便后期的资料整理工作。由于住在当地，同普通农民的访谈一般都进行多次，很少采用录音的方式，几乎都是事后笔录整理。生活在农村有很多便利，可以经常地与不同的家庭进行谈话，有时的谈话只是短短几分钟，长的也不过一个小时。更长时间的谈话，内容涉及的往往超出研究所需，但是正是在这样的日常交往中，与当地居民才变为熟人，才能彼此分享最诚挚的感受。在内容上，没有将访谈话题聚焦在他们参与子女教育的某一特定阶段（例如小学、中学），而是从不同时期的参与经历谈开。这是因为，家长的基本行动策略与他们和学校系统的持续互动有关联，某一时期的互动会影响到他们对这一段经历的理解，而家长后续阶段与学校的互动，也正是基于他们先前对参与子女教育的行动的社会意义的建构。比起那些"有单位"的党政干部或者企业主，同农民的访谈稍为复杂，大部分农民常年外出打工，因此，在时间的安排上，刻意将访谈时间放在春节（2008 年 12 月至 2009 年 3 月）和农忙（2009 年 8 月至 12 月间）这两个关键时间段，在这两个时间段，他们中的大部分都回家过节或者收割庄稼，因而能够与他们进行面对面的交流。在农忙期间，访谈工作进行得稍微艰难，因为白天的大部分时间，他们都在地里干活。这样，就必须在他们较为空闲的时间找到他们——一般是清晨离家之前、中午吃饭时间，或者晚上。

在整个研究过程中，笔者还撰写了大量的田野日志。所撰写的田野日志，主要有四类：一类为略记（Jottings），主要用它来记录并存储初期访谈时所遇到的每个家庭的基本情况（包括父母职业、家庭收入、子女数目以及受教育状况、家庭条件）。当然，它也是记述每个家庭家长相关观点的重要方式。在访谈初期，为了不破坏和每个家长之间的信任关系、不在访谈时制造紧张的气氛、不让参与者感到尴尬或者不舒服，一般选择在访谈结束后回到住处记录相关内容（Bian，et al.，2001；Bian，et al.，2004；Emerson，et al.，1995）。在研究过程中，也坚持写日志（log），用来记录如何计划时间，又如何使用了每天的时间。在每周的开头，都会写下一周的计划，决定要去什么地方、访谈谁。在每天结束时，会记录下去了什么地方、访谈了谁。这些记录让对我们已经做了什么以及又有哪些没有做到有了更为清晰的认识。它经常促使我们反思应该怎样去改善入户访谈工作。当然。相关的记录也是后期分析资料时提取信息的重要手段。坚持撰写的另一类田野日志为日记（Diaries）。撰写日志主要是为了记录每天田野工作的心得与体会以及如何感受周围的生活环境。如实记录下田野工作时的种种收获，以及工作遇到挫折时的种种不平——例如，在当地的教育部门拒绝公开本当向所有人公开的信息时。在资料分析的阶段，从这些记录中我们能够清晰地认识到自己在开展此项研究时所可能有的种种态度甚或偏见，能够不断地对自己的身份加以澄清与反思。

研 究 发 现

（一）断裂的制度性连接：学校、家庭与社区

教育系统——学校系统与选拔体系　在转型县，除其所在地的市级电大在当地所设的电大教学点外，没有任何类型的高等教育机构。在其教育系统中，主要包含的学校类型有幼儿园、小学、初级中学与高级中学。其中高级职业中学 3 所，普通高中 12 所，普通初级中学 60 所，小学 324 所。在这些学校就读的人口有 15 万，占当地总人口的 16%。根据当地教育部门的统计，转型县小学的毛入学率在 2007 年时就已经达到 99.7% 的水平。高级中学学习的机会则需要经过相对激烈的竞争才能获得（表4）。可以获得的统计资料表明，在 2007 年，该县能够从初中升入高中的学生仅占当年毕业生人数的 46.2%（表5）。

表4　转型县中小学人口数（单位：万人）

时　　间	中　　学	小　　学
2000	6.19	9.46
2001	6.52	9.64
2002	6.52	9.69
2003	7.10	10.89
2004	6.66	10.19

续表

时　间	中　学	小　学
2005	6.81	9.15
2006	7.26	8.47
2007	7.57	8.32
2008	7.51	8.04
2009	7.39	7.81

资料来源：中国统计年鉴（2009）。

表5　转型县不同层次学校的平均升学率

层　次	升学率（%）
小学升初中	99.7
初中升高中	46.2

资料来源：当地教育部门统计。

在转型县，教育资源的分配呈现出一定的政治逻辑，在数量和质量上呈现出"县—乡—村"逐渐递减的分配格局。转型县义务教育阶段实行中心学校管理制度，拥有较强师资的中心初等学校或小学都坐落在当地的行政中心——县或者乡政府的所在地。这样的教育资源分配格局，在普通高级中学的选址上也有所体现。转型县普通高级中学一般都坐落在县城，或者乡政府所在地（一所中学除外），其中省级示范中学坐落在县政府所在地（一所中学除外），市级示范中学坐落在转型县几个下属乡政府所在地。

义务教育阶段的学校，原则上施行就近入学的原则。也就是说，所有的家庭都需要就近将子女送往本村的小学和中学学习。不过，由于中小学适龄学生人口的锐减，当地的教育部门开始响应中央和省一级政府的号召，撤并中小学校，并将教育资源进一步投入到当地的中心学校（例如，在访谈一所村小的校长时，校长提到，该乡当年分配的 7 名大学生中，有 4 人都被留在了中心学校，只有 3 名被分配至该乡辖下的小学）。村小和村中学规模的减少和资源投入的进一步降低也使村落中中小学校的部分优秀师资进一步流失。不少住在农村的家庭，开始想办法将孩子送到坐落在乡镇的中心学校就学。为此，不少家庭每月需支付数目不少的交通费用。不过接受访谈的家庭都觉得这笔投入值得，因为进入这些学校意味着他们的子女可以有更多进入高中，甚至是重点高中的机会。

"绩效原则"是普通高中招生的首要标准。转型县的学生若要进入高中，需要参加全县统一的中学入学考试。无疑，拥有更好师资的中心学校的学生有着绝对的更佳的竞争力。择校，亦即以补交一定费用来换取以较低分数入学的办法也是转型县普通高中招生的一条路径。这类学生被称为择校生。通过考试被直接录取的学生则被称为统招生。尽管该县在早先几年就承诺要降低择校生的规模，但是截至 2010 年时，在各普通高级中学新生中，有 30% 的学生仍然为择校生——在 2007 年与 2008 年，这一数字曾高达 50%。

转型县的 12 所普通高中之中也有分层（表 6）。在 2009 年时，这 12 所中学中有 2 所为省级示范中学（1 所为原市重点中学，坐落在农村，一所则坐落在县镇），3 所为市级示范中学。不同级别的学校当然意味着不同的升学率。学生最想进入（家长最想送自己的子女前往）的也自然是名列前两位的省级示范中学。而省级示范中学又往往意味着更高的录取分数。如果想通过择校的方式进入这两所学校，当然也意味着家长需要交纳更高额的择校费用。以进入当地坐落在县镇的省级示范中学为例，要进入这所中学，学生需要满足两个条件：一是中考的考分达到各校所设定的最低的择校线；二是交纳择校费。家庭所要交纳的择校费额度，其计算公式为：起步基准价格 +（统招分数 - 学生实际获得的考分）×价格系数。起步基准价格亦即学校要求家长所交纳的保底的基本费用，通常为 1 000 元到 5 000 元不等；所谓的价格系数，就是家长为学生少考的每一分所需要支付的费用，通常为 1 000 元。这样，假如当年某考生的中考分数为 580 分，他想进入一所重点中学。在这所重点中学的录取分数线为 590 分的情况下（并规定只有中考分数获得 575 分以上的考生才能申请通过择校的形式进入该校），那么这位考生的家庭需要交纳的费用就为 13 000 元。其计算过程为：3 000 元（假定的基准价格）+（590－580）× 1 000＝13 000 元。

表6　转型县不同高中的升学率——三所学校的对比（2008 年）

学校名称	升学率（%）
山顶中学（省级示范，原省重点）	67. 10
县中（省级示范，原市重点）	55. 70
渡口中学（市级示范，原非重点普通学校）	23. 10

注：本文中的所有学校、地点名称均为化名。
资料来源：根据各校提供的数据整理。

　　教育筛选中"分数"与"择校"双重模式的存在，使得普通家庭在争取教育机会时，面临着双重的策略选择，第一，他们需要创造条件，为子女创造好的学习条件，赢得更好的智力刺激环境，从而帮助孩子取得更高的分数，以帮助他们一级一级地进入优质的学校，最后获得高考的成功；第二，他们也可在子女成绩稍不如意的情况下，动用家庭的经济和关系资源帮助孩子进入更优质的学校。

　　模糊的三结合——关于家长参与的政策话语　法律、政策以及相关的政府文件规定了家长与学校教育之间的正式关系。在相关文献［例如《中华人民共和国义务教育法》（2006），《中华人民共和国教师法》（1993），《中华人民共和国未成年人保护法》（2006），《中华人民共和国预防未成年人犯罪法》（1999），《国家中长期教育改革和发展规划纲要（2010—2020 年）》，《中共中央国务院关于深化教育改革全面推进素质教育的决定》］中，家长参与以及其在教育中的角色以家庭教育的话语形式出现。家庭教育与学校教育被看作是有充分的理由相结合的。家庭教育与社会教育被看作是"大教育"概念中不可分割的不同部分。例如《中小学管理规程》（中华人民共和国国家教育委员会令第 26 号，1996 年 3 月 9 日发布）明确提出：

> 要广泛动员社会力量参与学校教育，通过各种途径，关心和
> 保护青少年的健康成长，形成学校教育、社会教育、家庭教育更
> 加紧密结合的新格局。

学校、家庭与社区的"三结合"被认为会有利于学生的成长与
发展。不过，在"三结合"的话语中，学校、家庭与社区三者的地
位明确：

> 发挥学校教育的主导作用，努力促进学校教育、家庭教育、
> 社会教育的协调一致，互相配合，形成良好的育人环境。（《中
> 小学管理规程》）

学校被看作是正规教育实施的唯一合法与专业的机构。而家庭与
社区则是学校教育的补充，其主要的角色在于给学校的运作提供有利
的外部环境，其参与学校教育的内容亦不涉及知识的传授，而主要关
涉德育工作。因而，社会教育与家庭教育参与学校教育的主要作用也
在于"配合"和"支持"教师和学校的工作。家庭与家长在教育中
的辅助性角色不仅体现在其参与学校教育的给定方式上，还在于其对
学校教育的服从，它被看作是应当接受学校的监督的，家长需要通过
学校的"指导"，"掌握科学的方法"和"科学的家庭教育知识"以
"提高家庭教育水平"。

有限角色——教师关于家长参与的声音　教师基本上认同上述政
策文本中有关家长参与的观点。在转型县，接受访谈的教师都说对于
家长参与，他们没有任何硬性的规定与要求，不过他们认为，家长的
参与对学校教育而言有着一定的意义。当问及在何种情况下，由于何
种原因他们会要求或者鼓励家长参与时，他们做出了详细的回答。根
据他们的回答，我们可以列出两种正式的家长参与。

其中一种可以称之为支持性参与。其首要目的在于保证学生的学业成就。教师将学校教育的中心置于学生的学业成就上。他们期望家长能够在必要时支持教师的工作。支持的第一个方面是指信息提供。例如当学生的成绩出现波动情况时，家长能够给教师提供相关的信息，以方便教师对学生成绩出现的变化进行诊断。教师期望通过家长了解学生的相关信息，从而知道学生学业成绩下降的原因。例如，在走访坐落在转型县临港镇的渡口中学时，一位班主任就提到：

> 家长嘛，就是有时候学生出了点问题的时候，成绩不太正常的时候，我们要找找（他们）。一般就是打电话，主要就是问问看，他们家里是不是有点问题，看看是不是有什么原因（孩子的成绩下降了）。比方说，去年的时候，我们就有个学生，本来成绩挺不错的，但是突然成绩就下降了，后来我就打电话去家里问啊。就知道了，原来他家里的确有事，父母关系出了点问题。（TH3）[①]

支持的第二个方面是指对学生的监管。教师希望家长能够监管孩子的行为，共同预防学生因为某些原因，例如沉迷网络、加入不良团体等而荒废学业。从以上两个方面不难看出，家长在教育中的角色主要被看作是辅助性的。例如，在信息的传递方面，家长处于被动的境地——只有在学生的成绩出现变化时，才要求他们提供相关信息；在监管方面，被认为是"纯"的学业事务，家长无须过问，而只需做好外围的"保障"工作。家长的外围性角色，在学生违规事件的处

[①] 在资料分析过程中，笔者对所有受访者都进行了编号，对于教师参与者，编号的基本规则为首位字母为教师职业（Teacher 的首字母 T），第二位字母为教师的工作地点（H 为学校名），第三位为数字，主要代表的意思是，我接触到的第几位教师。对于家长，其编码则主要由两位数字组成，第一位为字母，第二位为数字。字母即为拼音 Jia Zhang（家长）的首字母，后面的数字为家庭的顺序编号。

理上体现得尤为明显。在转型县山顶中学进行访谈时，接受访谈的一位班主任就提到自己曾处理的一个学生违规事件：

> 那个学生就是突然有好几天就不来上课了，我也不知道怎么回事。我第一天就开始去找。以为他家里出了点事。后来才知道，他去上网，不回来。我就打电话给家长说，好，你过来，把孩子领回家。直接就把结果告诉他了，让他孩子退学。（TH2）

在转型县，家长参与学校教育的官方渠道主要有家长会、成绩通知单的发送以及家访。对于通过这些方式所能获得的资源（信息或者其他干预孩子学习的机会），家长没有多少选择的余地。

成绩通知单主要的功能在于向家长通报学生的学业成绩。一份典型的成绩通知单，一般包含两个主要的部分：一部分为学生在期中或者期末考试中所获得的成绩，另一部分则为教师对学生的简要评语。对于家长而言，这样的信息往往内容有限。教师也自认为这样的通知：

> 自上而下的意味明显，家长们只能听听教师说了什么。对于其他他们可能想要知道的信息往往没有多少选择的余地。（TH1）

在转型县，能参与家长会的家长数目也非常有限。这主要有两个方面的原因：第一个原因为学校与家庭之间的物理距离——由于每个学校的学生通常来自各个乡镇或村，且不少家长常年外出打工，他们没有办法经常性地参与学校组织的家长会活动。第二个原因则和转型县学校对家长会的定位有关。在转型县，家长会的仪式意义通常要大于其实质功能——学校通常将家长会看作是表扬优秀学生、激励家长鼓励孩子努力学习的场合。一般来说，能够被邀请参加家长会的家庭，往往是那些学业成绩优秀的学生的家庭，教师们期望让家长们看到，自己被邀请参与学校组织的家长会是一种荣誉，在这种荣誉的刺激下，他们能够更好地鼓励自己的孩子努力学习。在县中所作的访谈中，一位教师就提到：

> 去年，我们搞了两次（家长会）。我们让 40 个家长来学校。老师们就向家长分析了为什么有些学生成绩好，有些就是上不去。我们还让两个成绩比较好的学生在会上作了发言。他们的家长当然感到非常光荣、开心。我想这肯定能激励家长再去推着孩子学，让他们更努力一点。（TZ1）

在转型县，学校组织的学生家访活动其对象范围通常也非常有限。物理距离通常是制约教师选择受访家庭的首要因素，教师更愿意访问的家庭往往是那些居住地离学校更近的家庭。教师家庭访问的对象还有另外两类家庭：一类为成绩特别优秀的学生的家庭——对于这类学生来说，家庭访问的符号（奖励）意味明显；另一类则为成绩出现较大波动的学生的家庭——教师们访问这类家庭的首要目的在于了解学生的家庭状况，了解学生学业成绩出现问题的可能解释性因素。在渡口中学的一次访谈中，一位班主任曾提到自己的一次家庭访问故事：

> 有个学生，平时成绩很好。我们老师都觉得他以后肯定不错的（要进入好大学）。但是有段时间成绩就突然下降了，而且下降得很厉害。我就去了他家里。去了当时就有些震惊。当时是第一次才知道，原来，他（的家庭）是个单亲家庭。（他）父亲在他两岁的时候就去世了，但他从小成绩一直很好，很优秀。他的妈妈告诉我，他很听话，那最近为什么成绩下来了，可能就是因为她生病了。然后他也很迷茫，上大学以后怎么办，家里的负担增加了，她妈妈是不是能够担负起本来就很沉重的家庭重担。知道这个事情以后，我就开始做这个学生的思想工作……（TH1）

通过对教育系统的分析，以及对相关法律文本的解释，我们基本上可以了解到：教育系统赋予了家长参与学校教育不少的空间——各类法律与政策文本都肯定了家长参与学校教育的重要意义；不过，对于家长怎样参与学校教育，法律和相关政策文本却没有作任何清晰而细致的规定。转型县的学校也没有建立多少正式的渠道让家长参与学校教育。家长的参与，一般而言，被看作是在学校主导下的，对学校教育的辅助与补充。在这种话语体系下，通过家长的参与，通过家长与子女之间，或者家长与学校之间的网络传递的资源是既定的，家庭进行网络动员的方式也是既定的。

不过，家长对此是否认同，他们对家庭与学校在子女教育事务上的分工认知如何？他们对于自己在子女教育中角色的认知又如何？他们又会采取何种策略来扮演好自己的角色？我们需要倾听家长的声音。

（二）重构家校连接：关系使用作为一种策略

一般农民：亲属关系的再生产和对教师的依赖　所有的家长都将自己参与子女教育的最基本的角色视为提供给孩子足够的营养和舒适的居住环境，他们认为，这样孩子就能获得好的学习环境和智力刺激。而假如自己能够在家并维持家庭代际间网络连接的完整性，这些就有可能办到。例如一位来自农民家庭的家长（J14）就提到：

> 我在家，做做饭，洗洗衣服，让孩子吃得好点，穿得好点，他学习应该就会好一点。我们家长能做的也就是这么多了。

他们也认为与孩子间的密切联系有助于传递给孩子自己的教育期待，给予孩子适度的感情支持，并保持对孩子的监督与管理，这些都是帮助孩子获得更好的学业成绩的必要条件。一位来自农民家庭的家长（J14）在接受访谈时曾经提到：

　　我那个时候，外出打工——和她妈妈都是。我们在上海工作。我在工地做事。她妈妈在工地帮助老板烧烧饭。她奶奶在家带她，怕她在家不学习，我就经常给她打电话，问她学习情况怎么样。跟她说，我们有多期望她能够上大学。

　　尽管所有的家长都认为，代际间网络的完整维持有着重要的作用，但是，不是所有的家庭都能够维持这种互动关系。社会背景不同，孩子与父母间的联系明显不同。通过访谈资料的量化分析，可以看出，来自干部、专业技术人员和新型经济精英（个体工商户与私人企业主背景）家庭的家长（表7），在工作以外的时间，更有可能在家，也更有可能与孩子在学习事务上保持必要的联系与沟通。尽管通过对定性访谈所获得的数据进行的量化分析并不能够作为推测更广范围的相应背景的人口的依据，但是，笔者认为这种孩子与父母间关系的态势在农村社会是非常普遍的。

　　从全国性以及该地区县级统计部门所提供的数据来看，一般的农民外出打工的可能性明显大于干部、技术人员或私人企业主与个体工商户。外面的世界很精彩，外在的经济机遇正驱使更多的农民走出自己的家乡。在同当地农村一所小学校长的攀谈中，他提及：

　　我们学校的大部分孩子都是留守儿童，他们要么自己照顾自己，要么是由爷爷奶奶照顾，他们的父母在不同的城市打工，根本没有办法照看自己的孩子。

表7　父母与子女的联系情况（单位：户）

	父母都在家	父亲或母亲在家	父母都外出打工
干部/专业技术人员/新的经济精英家庭	9	2	0
一般农民家庭	1	2	4

不过，一般农民也并非消极的社会结构性压力的牺牲品，他们是积极的社会行动者。正如不少参与者所言，他们自己外出打工，以积累家庭财富、赚取家庭生活所需和孩子学习的学费，为孩子创造更好的学习环境。例如在访谈时，有家长（J15）提到：

> 我觉得孩子学习条件总不好，打工的时候看见城市里的孩子，都有自己独立的卧室，写字台，可以看书学习。我们家连个房子都是破的。我就出去打工，做事。你看，现在我们家也造了新的房了。我给孩子做了独立的房间，给他买了书桌。我们自己的房间，我都没有粉刷。但是，孩子的房间，我都给刷上了白色的墙（让他的房间更明亮，方便学习）。

同时，他们也寄希望于祖辈，期望祖辈能够给予孩子足够的照顾与监督。但是，祖辈的监督，效果却并不尽如人意。一位参与者（J13）就提到：

> 奶奶总是惯着（溺爱）她，我们不在家，电视也给她看。偶尔说说（不许看电视）。

有参与者甚至提到，祖辈缺乏足够的知识来教育孩子：

> 奶奶不知道怎么带孩子（让她学习），也比较封建，认为女孩子不用学习，反正以后都是要嫁人的。（J14）

农民参与者深知这点所可能带来的不利影响，所以，他们中的不少人都提到，他们会经常打电话回家，期望能够通过电话给孩子足够的鼓励，传递给孩子自己的殷切期望，甚至现身说法，以自己在都市的窘迫遭遇来教育孩子通过学习获得成功对于改变个人命运的重要意义：

我就告诉他们（儿子，女儿），我在上海打工的时候，第一次去，不认识字，结果迷路了，为什么呢，因为不认识公交路牌（站点名称）。我在工厂打工的时候，像我这种不识字的，工资比人家高中的要低。我告诉他们得好好学习，跳出农门。（J14）

不少一般农民参与者还提到，为了帮助孩子的学习，他们还积极地利用亲戚之间的关系网络。他们利用亲戚之间关系网络的情形有三种。第一种为，自己外出打工的时候，将孩子托付给没有外出打工的亲戚照料。不过，家长坦言，这种情况非常受家族政治和小家庭氛围的影响：

我出去的时候，就把女儿放到舅舅家了。因为他（老公）兄弟这边不行，关系不太好。不过放到舅舅家也没有多久，不是很放心。自己的弟弟总是可以的，但是舅妈那边不行。可能觉得我女儿拖累了她。（J16）

第二种为，通过亲戚之间的交流，为孩子的学习获取有用的信息，或者直接向亲戚为孩子寻求直接的学习支持，例如有个农民家长（J15）就提到：

我舅舅的儿子在读大学，我就经常问他，孩子要怎么教啊。你是怎么弄的。这个挺好的。他儿子放暑假回家，我就把孩子送过去，让他孩子帮我辅导一下。人家上过大学的。考大学填志愿的时候，我还打电话给他，问他孩子怎么填志愿，让他帮助参谋一下。

第三种情形为，在必要时，动员亲属关系网络来与孩子的教师建立联系，他们期望这种联系能够为孩子带来一些助益——例如能够与老师就孩子的学习情形做经常性的交流，以期监督孩子的学业进展。这种情形，在孩子上高中时体现得尤为明显。例如有参与者就提到，为了能够经常了解到孩子的学习情况，他（J12）就主动通过亲戚联系过教师：

> 孩子上小学、初中的时候，学校就在门口（家附近）。（但孩子）上高中了，就远了。小学、初中的时候，（学校的）老师还算是门口人（邻居），但是高中的时候，学校太远了，老师太远了。（和老师）也不熟悉，孩子在学校干什么你也不知道。我就想找找老师，但是人家无缘无故的肯定不会帮你。我就找我的大伯，他是门口一个中学的校长，和其他学校的校长都挺熟悉（和孩子学校的校长应该也很熟），然后让他领着，见了校长，见了班主任，班主任就介绍给老师。我和班主任就经常联系，打电话问孩子的学习情况，期望他能照顾照顾我的孩子。

不过，这种私人关系动员的基本方式，在一般农民看来，实在颇费周章，而且经常需要一定的经济投入，例如要与班主任建立私人网络，按照地方的礼节，他们须馈赠"人情"，即礼品，例如烟、酒。对他们而言，这往往花费不菲：

> 我自己就抽两块钱一包的烟。但是见老师，怎么也得带点好烟吧，几百块一条，觉得太贵了，我一年才赚万把块，一家的生活费加上孩子的学费，还有邻居亲戚，哪家有什么事（结婚、生孩子、葬礼）都得花钱送"人情"啊。一年下来剩不了多少。（J13）

因此，对于一般农民而言，他们在与教师取得联系之前，总有个理性的盘算：

　　他学习要是好，那我就去学校了。看看老师，让老师多照顾照顾，但是要是不好，去了不是白去？还花钱了不是？不划算啊。（J17）

　　经济投入的压力只是家长参与学校教育路上的部分障碍。文化知识的匮乏也是限制一般农民积极行动的另一项结构性压力。例如，几乎所有的来自一般农民家庭的家长都将教育的全部希望寄托于教师，他们认为教师是专业工作者，接受过系统的培训，而孩子的成功与否，在很大程度上也只是一个简单的数学公式（J18）：

　　那他要怎么样（能不能上大学），还不主要看他自己，还要看老师，要他们加起来（才有用）。我们没有用的。

　　他们亦依赖教师在教育方面的专业技能。他们坦言自己缺乏学校教育经历，无法指导孩子的学业。有位来自一般农民的家长（J16）就提到：

　　她（孩子）上了高中过后，基本上就不听我的话了。我也不懂他们（学校）教的东西，只好拜托老师了。

　　干部与技术人员：家庭，以及与同事、朋友关系的再生产　干部与技术人员，对此颇不认同。比起一般的农民家庭，来自干部、专业技术人员或者新型经济精英家庭的家长更有可能长期在家，他们一般有稳定的职业和不错的收入，少有外出打工的压力与意愿。在这些家庭里，家庭关系保存得较为完整，父母能够在放学后监督与管理孩子的学习。一位来自干部家庭的家长（J8）就提到：

　　我发现我的许多邻居都外出打工了。他们的孩子都在家，却没有人照顾。有时候我甚至发现这些孩子深夜打扑克。许多人都上不了大学，因为他们整天就知道玩。那个时候我就在想，我必须待在家，照看孩子，多注意孩子的学习。

相较而言，来自一般农民家庭的孩子，劣势明显。尤其是那些常年外出打工的家长，由于户籍制度的限制，无法让孩子跟随自己进入城市的学校或优质学校。他们的孩子长期处于无人照料、无人管理的状况。对于那些没有外出打工或者能够让父母中的一方（一般为女性）在家照看子女的一般农民家庭，情况显然也要更有利些。不过，这些家庭依然要承受经济方面的压力，面临两难困境。一位农民家长（J16）就提到：

> 我必须外出工作，不然的话，假如我的孩子考上高中，或者考上大学，还得花钱，那就没有办法供他们了。但是，假如外出打工的话，他们就没有人管，我妈妈在家管他们，没有什么用，有很多问题，因为他们不知道怎么自己管自己。

来自干部、专业技术人员的父母，认为必要时，他们还可以给予孩子一定的学业指导，他们坦言，甚至可以依据自己的学校教育经历告诉子女如何学习、如何适应学校的生活，而这样对子女的学习帮助更大。一位干部家长曾提到自己教育女儿的经历：

> 我女儿，（上高中）那个时候第一次离家。她要独立生活了，还要自己面对同学和学校的老师。她住校，每个礼拜回家一次。回家的时候，我就问问她，学习怎么样，问问她和同学关系处理得怎样。我说她要学着和同学处理好关系。知道怎么和老师打交道……（J1）

通过家庭内部的关系网络，将文化资本转化为对子女而言有意义的社会资本，只是干部与专业技术人员为子女获得教育优势所使用的策略之一。此外，他们还经常提到动员朋友与同事之间的关系网络，并认为这些网络为孩子带来了一定的优势。他们提到，通过这些关系网络，他们能够建立与孩子教师的联系，并通过这些联系获得孩子在校的相关信息，例如，一位教师（J1）就提到：

> 我儿子上高中的时候，他的老师我就不怎么认识了。我就找我的同事，让他帮我看看有没有熟人在那里做老师。然后刘老师（一个同事）就有个熟人在那里工作。我就通过这个关系认识了孩子的班主任。后来就经常和他打打电话，问问孩子的学习情况。

通过这些信息，他们可以决定是否需要在必要时给予孩子一定的学业支持，甚至聘请私人辅导教师。一位干部家长就提到：

> 我就经常打电话给老师，问成绩。问他哪科成绩比较差。（就得知）孩子物理不行。我就问老师该怎么办，老师建议我给孩子找家教。

他们也提到，在私人辅导教师聘请的过程中，同事和朋友关系的使用有着非常重要的意义。其第一重意义在于，通过同事和朋友之间的关系网络，他们能够了解到当地家教市场的基本情况，从而准确地判断不同辅导教师的质量。关系动员的第二重意义源于该县家教市场的欠发达特征。在转型县，大部分从事辅导工作的人员为不同类型学校的在职和退休教师。被访者中，有聘请私人辅导教师经历的家长都反映说他们一般在孩子进入初中阶段以后开始为孩子聘请辅导教师——因为此时他们开始面临升学压力。从对教师的访谈结果来看，初中教师从事辅导工作的意愿稍强，高中教师由于工作以及收入稳定，从事辅导工作的意愿稍弱。在这种情况下，家长假如要为孩子聘请辅导教师，尤其是高中阶段的辅导教师，他们就需要动员关系网络。家长们认为，同教师之间的强社会关系，能够保证聘请成功的概率——因为教师会觉得无法推脱"朋友所托"，否则就可能不近人情。当然，在家长们看来强的社会关系网络也会加强他们与教师彼此之间的信任。在 2009 年 1 月，与两位携带礼物来到正访谈的教师家中，请求这位和他熟络的教师帮助寻找英语辅导教师的家长进行了简短的会话，问道：

您为甚要找 S 教师？

受访的家长回答道：

要找信得过的（老师），不然不放心把孩子给他（教），最主要的，我不认识人啊，得有关系才行，不然老师不愿意做的啊。

对于来自干部和专业技术人员家庭的家长，他们自觉与教师属于同一社会圈子，有相同的身份。因此能够较为容易地找到连接他们与教师的中间桥梁，并通过这种策略与教师建立强的社会连接系统。一位从事教师工作的家长（J6）就提到：

我是教师嘛。我的同事、朋友都是教师。我们间接和直接地都有联系啊。

另外一位来自干部家庭的家长（J2）还提到：

我们都差不多吧，都是吃公家饭的，小圈子嘛。

新型的经济精英：社区以及与教师关系的生产　家长们还谈到相互之间网络连接及其可能的价值。他们认为家长之间假如能够就孩子（尤其是处于相同学习阶段在同一学校的孩子）的学习状况进行交流，彼此就会有更多机会就孩子的学习状况与教育方法进行沟通。但是所有的家长都坦言，他们更倾向于同熟人、朋友和亲戚这些有强关系网络连接的人沟通这类问题。而当孩子进入离家稍远的初中，或者更远的高中，对传统的地缘和亲缘关系更为依赖的一般农民家庭就遇到更多的沟通困难。他们一般都回答说，随着孩子不断地升入更高一级的学校，他们与学校的其他家长之间的联系就越来越少。而来自干部、专业技术人员和新型经济精英家庭的家长则非如此。他们通过工作和经济活动结成的关系网络要更为宽广。

来自一般农民家庭的家长还谈及社区对孩子监督功能的弱化。由于外出打工而造成的社区人口大量流动使得农村一般只留下少量的年轻人与大量的老人与小孩，他们无法结成密切的关系网络，监督孩子的行为。而来自于优势阶层的家庭，由于大部分渐渐地移居到离农村稍有距离的乡，实际上形成了一个稍微封闭的居住圈。他们聚居所形成的社区，较少有家长外出打工，彼此间所形成的关系圈有利于实现对子女的监管。

学生进入学校，尤其是高中之后，与家庭和家庭所在社区的联系逐渐变少。家长对学校的直接参与、与学校的联系变得越来越重要。所有的家长都认为与学校保持一定的联系有着相当程度的重要性，他们认为可以通过这种联系与教师互通信息，让自己了解孩子在校的学业与生活状况，也可以让教师更全面地了解自己的子女。他们还希望教师能够给自己的孩子一定的关心与爱护。

不过，来自农村的一般农民家庭，却较少与教师保持联系。他们关于家校联系的回忆多局限于成绩通知单、家长会或者家访，或者是处理孩子行为问题的经验。而来自其他家庭的大部分家长则回答说，他们与教师保持了某种程度的联系，而且这些联系往往并不一定通过家长会、家访等方式实现。他们更愿意与教师保持某种程度的私人关系。认为可以通过这种关系让教师了解自己子女的学业成就状况，能够通过与教师的联系了解孩子的相关表现，并在必要时与孩子取得联系，监督孩子。他们也认为这种与教师的联系能够让孩子更觉得自己关心他们的学业，从而激发他们的学习动机。

对于来自新型经济精英家庭的家长，他们甚至表明自己会在必要时选择陪读。这类家长一般选择在孩子进入高中阶段之后、孩子需要住校时，在孩子就读的学校周边租房。他们认为这种做法有助于自己监督孩子的学业。

一位私营企业主家长（J10）还提到，陪读为孩子节约了学习时间：

> 我就让他妈妈去陪读，租的老师的房子。他妈妈给他洗衣服。

更重要的，他认为陪读还创造了为孩子提供更好的营养从而创造更好的智力刺激的机会：

> 他妈妈就在那里，给他烧饭，做点好吃的，买点荤菜，这样营养会好些。

甚至有了与老师建立私人关系的机会。而与教师间关系网络的建立，则为他们监督孩子、了解孩子的学习情况创造了机会。

> 我们就住学校附近啊，经常能碰到老师，就跟着老师问啊。老师和我也就熟悉了。孩子在学校里表现怎么样，我也就比较清楚了。

而来自一般农民家庭的家长，则坦言他们没有经济条件陪读。一个农民家长（J12）算了一笔经济账：

> 现在陪读的人多了，在学校边上租房，价格也涨了，以前大概800块一年，现在贵的要三四千。我一年收入也不过1万块。

孩子上学还要学费。没有办法做。

另外一位来自农民家庭的家长（J17），谈起孩子的学习经历，颇为愧疚也带遗憾地提起他的心酸往事：

> 我觉得我没有做好，当时孩子学习不好，肯定是营养不行，他说他上课天天打瞌睡。我当时说，我让他妈妈去陪读，他说不要了，家里比较苦（没钱），陪读了，不能做农活（赚钱）了不算，还要租房花钱。我就没（让他妈）去，结果他成绩总是上不去。我觉得是营养不好，我没做好。

新型的经济精英非常强调与教师建立关系网络的重要性，他们的观点接近干部和专业技术人员，认为有必要通过这类关系网络来了解孩子的学业信息，监督孩子在校的表现，向孩子的教师交代孩子在家的有关表现，或者为孩子寻找辅导教师。他们有强烈的参与学校教育的愿望，认为自己短期积累的财富，并不足以保证自身获得应有的社会声望，他们期望孩子获得好的学业成就。一位私营企业主（J11）提到：

> 我们不是有句古话嘛，富不过三代，国外也有句话，叫作三代才能出个贵族，要成为贵族，（光赚钱不行）要把孩子培养出来。

对于新的社会分层与流动现实在名牌大学与未来地位之间所建构的关联，他们心知肚明，强烈希望能够将自己的经济优势转化为子女的教育优势。他们有强烈的身份意识，自知较干部和专业技术人员，与教师的网络连接尚有不足，但是，他们愿意付出一定的经济代价以建立与教师之间的私人关系。一位个体工商户家长（J9）就提到：

> 他们（老师和干部）都是国家单位里的人，我们还是不一样。不过，为了孩子的学习，我挺愿意花钱的。

送礼与请老师吃饭是与教师建立私人关系的两个基本策略。与教师建立私人关系的家长说他们选择送礼的时间点是春节之后、学校开学之前。在对教师被访者进行访谈的过程中，教师也陈述如此。家长选择在传统节日前后送礼，至少表明他们将与教师间关系的建立视为一种私人关系的生产。这从送礼的内容中也可窥见一二。家长们陈述说，他们所买的礼物一般为一瓶白酒与两条香烟——这是转型县亲朋好友之间节日互访的标准礼品。可以看出，家长们希望通过在传统节日期间送礼这一象征性的社会行动向教师传达一种意象——我们彼此之间的关系为私人关系，如同亲友，彼此间有不可推卸的义务。而在开学之前送礼，只为能够顺利找到教师。一位个体工商户家长（J8）就提到：

> 我是开学前，过年后送给老师的。也不算什么。我觉得就是对老师表示尊重，表明我尊重他，也表明我和他关系很好，期望他能够多给我的孩子点照顾。

而对于一般的农业劳动者而言，这种私人关系的投资常常是无法负担的。一位受访农民（J12）就告诉我他与教师的交往经历：

> 一开始的时候——孩子刚上高中的时候我经常去去（看看老师），去的时候，带一条烟吧。一条烟200块吧。后来不去了，因为收入差了点（负担不了）。

假如对请教师吃饭这样社会性交往行动进行细节分析，我们基本可见同样的规律，家长们大多选择在节假日前后请老师吃饭。在笔者以教师同事身份参与的同类性质的宴请并进行观察的有限场合中，宴席的安排基本呈现私人关系生产的逻辑，家长们将孩子的班主任和任课教师请至宴席，并刻意安排村中或者乡中与自己稍微熟络的有名望的社会人士或者官员共同参与宴席，以彰显自己安排了与教师有着对等社会地位的人士招待他们，以示尊重。

对于来自一般农民家庭的家长，这种应酬当然不可想象。一位来自农民家庭的家长（J16）就提到：

> 一顿饭要花个 1 000 块吧。我和他妈妈一年赚剩下的（净收入）也不过几千块。一顿饭就这么多，那肯定不行了。

（三）结果：学业优势或劣势的再生产如何可能

来自不同社会背景的家长们使用不同的策略，通过不同的私人关系网络与学校得以相连。这些网络成为他们进行资本转化，为孩子创生社会资本的重要渠道。他们进行资本转化的诸种策略到底又通过何种机制与教育结果得以相连？

厌学与升学　通过对访谈数据的分析发现，较少的社会资本一般总是与厌学与辍学相联。从那些完成初中阶段学习即选择退学的学生身上，我们清晰可见这个基本的动力机制。例如，在一户接受访谈的农民家庭，问及户主三个女儿基本的学校教育轨迹，户主说她们三人全部初中毕业即选择不再上学。他让在身旁的三个女儿叙述原因。这三个女孩全部提及在父母外出打工，三个人相依为命的日子：当时三个人在不同的年级，由不足 14 岁的姐姐照料两个妹妹。当谈及学习时，她们都说：

> 对学习没什么兴趣，觉得很难，听不懂，上课就睡觉了。回家就自己管自己，想玩就玩。

　　缺乏监督只是导致她们成绩下降并最终对学习失去兴趣的一个原因。更重要的，她们都提及在遇到学习困难时，根本没有人可以帮助自己。

　　诸多来自农村的同龄人，与这三个女孩有着类似遭遇。只不过，有些孩子可能走得更远。在转型县，由于外出打工人口的增多，农村社会的空巢化现象越来越严重，传统的社区网络已经无法再对孩子的行动进行有效的限制，受访的一位中学校长就提到：

　　　　家长都出去（打工）了，孩子又没有人管，他们就三五成群，经常打架。不学习。（TF2）

一位老师认为这可以从孩子的情感需要上得到解释：

　　　　这些孩子，情感上得不到寄托就去找那些所谓的社会上混的大哥哥、大姐姐。到一个帮里去，这些大哥哥、大姐姐也确实给了他们一定的心里慰藉。（TH5）

只不过，这种慰藉对于这些孩子而言代价太大。

　　择校　父母与教师间私人关系网络的建立与维持，显然为来自优势背景家庭的家长带来了一定的择校优势。这种优势有两条基本的生成机制。首先与教师的私人关系连接系统可以为家长的择校行为提供足够的参考信息。例如，一位来自干部家庭的被访者（J2）就提到：

　　　　择校不是只选个学校啊，还有班级，你得选个教师都比较好的班。这样孩子就等于在好学校的重点班学习了，对吧？当时我的孩子，可以进两所学校。我想那这两所学校差不多。我要选个好班。我就托同事打听，听说1（化名）校有个班师资配备很好。而且刚好我有个熟人的朋友在那做班主任，我觉得把孩子放到那里肯定放心（就把孩子送过去了）。

不过私人关系更重要的一层作用在于影响那个最终能够决定孩子去向的关键决策者。接受访谈的一位私营企业主（J10）提到：

> 孩子当时中考刚结束，考得还行，我想让他进最好的中学。差了几分而已。不知道怎么办，实在没什么熟人在那里。我就找一个在初中的老师，让他帮忙找他的朋友。当时就得知他朋友的爸爸是那个学校的前任副校长。不过，那个时候刚好生病了，在住院。这个老师就让我一起去看他，买点补品看看他，说说这个事情。结果最后还真把这个事情办成了。

对于那些没有这种关系网络的一般农民家长，孩子的求学之路要简单得多，家长可改变的也少得多：

> 中考结束了，成绩一般般，拿点钱能上个差学校，就去了。（J18）

老师的关照　"关照"是转型县的家长口头常挂的一个词，他们都期望通过私人关系的建立，老师能够给予自己的孩子一定的"关照"。至于在教育情境中其被赋予了何种含义以及其指向何种优势生成的动力机制，笔者试图简述一二。

当要求教师阐释他们如何理解家长所谓的关照以及在家长的要求下可以给予孩子何种关照时，教师说他们首先感受到的是"期望"。他们说，当家长主动地与他们进行沟通时，他们就能感受到家长对孩子学业成就的期待，与此同时，他们也愿意将这种期待传递给相关人士的孩子。当问及他们如何传递这种期待时，教师列了两种方式：

> 一种就是找孩子谈话，说说家长对他的期望，他们这个年纪了，有点反叛，但是对老师的话，在农村里有这个习惯，总要尊重点——我们是知识人嘛。他们不听家长的，但是会听我们的。

> 我也说说我对他的期望，这往往能够调动他（学习的动机）——觉得我是在重视他，是个可造之才。

> 另一种就是上课的时候，多找他回答问题，鼓励他，让他有精神（兴趣）学习。（TH3）

关照的另一重含义在于"投入更多的注意力"，正如一位教师所言：

> 这种关系让我总感觉，家长在盯着我，看孩子的表现。我觉得要多给他孩子一点监督，上课的时候也多给他点机会回答问题，参与课堂互动。（TH4）

另一个教师则提到了自己由于这种关系网络获得了更多的关于个别学生的信息，依据这些信息他便能够给予孩子更为个性化的教育——这是"注意"的另一重内涵：

> 我和他爸爸一起吃饭的时候，他爸爸就介绍他给我，给我说他的长处、短处。说他胆小，不知道怎么办。我当时就想，我让他做班长，逼他和别人交往，锻炼他。效果真的挺好，这个孩子毕业的时候，胆大很多。同时由于精神面貌更为正面，积极，成绩也上去很多。（高考的时候）考了个好大学。（TF1）

总结与讨论：家长参与、关系排斥与高等教育机会的不平等

改革开放以来，中国的农村社会经历了巨大的变迁。市场化改革导致了农村社会的分层和人力资本投资回报的上升以及不同的家庭对

高等教育机会的激烈竞争，也造就了具有不同资本和行动能力的家庭（Debrauw & Rozelle，2007：207－223；Zhao & Zhou，2007：224－247；吴愈晓，2010）。在本研究中，笔者对在转型县实地调研获得的资料进行了初步的分析，主张作为家庭资源动员的过程维度，家长参与在普通人教育获得的过程中发挥了重要的影响力。

　　借助资本转换的概念来理解家长参与现象，强调制度与家庭策略之间的互动关系，并认为当前的制度背景赋予了家长参与独特的资本潜力。发现在当前，正式的学校制度并未提供足够的家长参与学校教育的渠道，这导致了学校与家庭之间制度性连接系统的缺失。而这一空白的制度性空间则由有着不同行动能力的家长动员私人关系予以填充。也正是由此，社会的结构性逻辑得以在学校教育的空间内生产与演绎：干部以及新型的经济精英由于感受到了较少的经济压力，能够维持家庭内部的完整，在家给予子女更多的监督、感情支持以及学业辅导，他们的社区也能保持完整，由于工作的原因，关系网络也更为宽广；而一般农民迫于经济压力，多数需外出打工，无法在家监督与照顾孩子，也没有办法与教师保持经常性的沟通，获取更为充分的信息，从而监督与帮助孩子的学习，同时，由于没有或很少接受与经历过学校教育，即便不用外出打工，他们也无法给予孩子一定的课业辅导。由于正式的家校网络的刚性要求，家长一般更倾向求助私人的关系网络同教师保持联系。而来自一般农民家庭的家长由于感受到与教师的地位差异以及关系动员的困难，一般不知道如何同学校的教师进行沟通与交流；他们更习惯于求助"熟人"网络，这种关系选择偏好更受地缘以及亲缘关系的限制。关系网络的同质性以及跨阶层交往的巨大代价使他们也丧失了来自干部、专业技术人员和新型的经济精英家庭通过与教师的关系网络所能获得的了解、监督、改善孩子学业，以及争取重点学校学额以及教师关照的机会。

　　本研究特别强调了社会对国家学校的渗透以及社会的结构性逻辑在学校教育空间内的生产。传统上，教育学界将学校制度在近、现代农村社会的建立看作是国家力量对农村社会的无限制侵入（司洪昌，

2009）；而当今农村教育的诸种问题也可归结于此（钱理群，刘铁芳，2008）。但是，笔者在转型县的研究表明现代学校教育制度在农村社会的建立至少是一个国家与社会两股力量交互作用的过程。在笔者开展田野工作的转型县，私人关系不仅反向渗透入学校教育空间，而且还以自身的逻辑来重塑学校教育的结果。这与曹诗弟等人对近代中国教育历史的观察有着某种程度的契合（Thogersen，2002）。这一点提醒我们注意，当代农村教育的诸种问题，已经不能再化约为国家力量单方面作用的结果，它们很可能是多方力量交互作用的产物。

　　本研究还强调了在家庭内部的经济和文化资本向对学生而言有重要教育意义的社会资本的转变过程中网络动员的重要性。这一逻辑本身强调了社会人的能动性。其潜在含义是，即便作为社会行动者的家长在经济和文化资本的积累方面有所欠缺，但是假如他们能够积极地动员社会网络，这些家长依然有机会为子女创生一定的社会资本，仍然有可能为子女争取一定的教育机会优势。这与不少针对中国"关系"现象的研究有某种程度的一致之处——这些研究一般都有个内隐的假设，那就是"关系无界"——关系本身可以跨越阶层的界限，从而成为不少处于底层的社会行动者可以借力的社会行动资源（费孝通，2009；边燕杰，2010）。的确，在研究过程中，笔者也发现过这样的案例：一些农民通过亲缘关系的反复动员成功地为子女创造了一定的学业优势。但是，研究也同样发现，干部和专业技术人员在传统的亲缘关系网络之外，还能动员其他类型的关系网络（例如通过工作关系结成的网络），而这是一般农民所无法做到的——一般农民的劣势明显可见。此外，同样是动员亲属关系网络，一般农民也经常反映无关系可用。这一点，可能正印证了林南等人对转型期中国社会地位分配机制变化的研究：不少已经获得地位优势的人正是通过亲缘关系网络获得自身的地位优势。那些被抛在社会底层的人本来就无关系可用，在后续的地位竞争之中，他们又何谈再通过关系来超越社会的结构性限制呢？对策略的强调，却最终突出了社会的结构性逻辑，这不能不说是个令人失望的命题。不过，也正是这种结构约束与行动者策略之间的纠葛形态才显示出社会再生产的复杂性。而由此亦可理解为何来自一般农民家庭的家长会被排除在一定的机会结构之外。

参考文献

Ball, S. J. 2003. *Class strategies and the education market: The middle classes and social advantage*. London and New York: RoutledgeFalmer.

Bian, Y. 1997. "Bringing strong ties back in: Indirect ties, network bridges, and job searches in China." *American Sociological Review* 62 (3).

Bourdieu, P. 1986. "The Forms of Capital", In J. E. Richardson (eds.), *Handbook of Theory and Research for the Sociology of Education*. New York: Greenwood Press.

Burt, R S. 1992, *Structural Holes*. Cambridge, MA, and London, England: Harvard University Press.

Coleman. J. 1988. "Social capital in the creation of human capital," *American journal of sociolog* 94 (1).

Collins, R. 1971. "Functional and conflict theories of educational stratification," *American Sociological Review* 36 (6).

Davis, D, & Wang, F. 2009. "Poverty and wealth in postsocialist China: an overview", In D. Deborah & F. Wang (Eds.), *Creating wealth and poverty in postsocialist China*. California: Stanford University Press.

Debrauw. A, & Rozelle, S. 2007. "Returns to education in rural China", In E. Hannum & A. Park (eds), *Education and reform in China*, New York: Routledge.

Desforges, C, & Abouchaar, A. 2007. *The impact of parental involvement, parental support and family education on pupil achievement and adjustment A review of literature*. Nottingham: Queen's Printer.

Emerson, R M, Fretz, R I., & Shaw, L. L. 1995. *Writing Ethnographic Fieldnotes*. Chicago & London: The University of Chicago Press.

Fei, X, Hamilton, G, & Wang, Z. 1992. *From the soil, the foundations of Chinese society: a translation of Fei Xiaotong's Xiangtu Zhongguo, with an introduction and epilogue*. Berkley: University of California Press.

Fetterman, D M. 2000. *Ethnography: step by step*. Thousand Oaks, Londdon, New Delhi: SAGE Publications.

Gold, T, Guthrie, D, & Wank, D. 2002. *Social connections in China: institutions, culture, and the changing nature of Guanxi*. Cambridge: Cambridge University Press.

Granovetter, M. 1973. "The strength of weak ties," *American Journal of Sociology* 78 (6).

Hammersley, M. 2004. *Reading ethnographic research: a critical guide*. New York: Longman.

Hannum, E. 1999. "Political change and the urban-rural gap in basic education in China, 1949-1990," *Comparative Education Review* 42 (2).

Hsing, Y. 1996. "Blood, thicker than water: interpersonal relations and Taiwanese investment in southern China," *Enviorment and Planning* 28.

Kipnis, A. 1997. *Producing Guanxi: Sentiment, Self, and Subculture in a North China Village*: Duke University Press.

Lareau, A. 1987. "Social class differences in family – school relationships: The importance of cultural capital", *Sociology of education* 60 (2).

Li, W, Park, A, & Wang, S. 2007. "School Equity in Rural China". In E. Hannum & A. Park (eds.), *Education and Reform in China*, New York: Routledge.

Lin, N. 2002. *Social capital: A theory of social structure and action*. New York: Cambridge University Press.

Lin. N. 2000, "Inequality in social capital," *Contemporary Sociology*, 29 (6).

Massey, D. 2003. *The source of the river: The social origins of freshmen at America's selective colleges and universities*. New Jersey: Princeton University Press.

Portes, A. 1998. "Social Capital: Its Origins and Applications in Modern Sociology," *Annual Reviews in Sociology*, 24 (1).

Runciman, W, & Matthews, E. 1978. *Max Weber: Selections in translation*. Cambridge, London, New York, Melbourne: Cambridge University Press.

Shavit & Pierce. 1991. "Sibship Size and Educational Attainment in Nuclear and Extended Families: Arabs and Jews in Israel," *American Sociological Review*, 56 (3).

Smart, A, & Smart, J. 1998. "Transnational social networks and negotiated identities in interactions between Hong Kong and China". In M. P. Smith & L. E. Guarnizo (Eds.), *Transnationalism from below*, New Brunswick：Transaction Publishers.

Stig Thogersen. 2002, *A County of Culture：Twentieth Century China Seen from the Village Schools of Zouping, Shandong*. Ann Arbor, University of Michigan Press.

Szelenyi, I. 1978. "Social inequalities in state socialist redistributive economies," *International journal of comparative sociology* 19（1）.

Zhao, W, & Zhou, X. 2007. Returns to education in urban China's transitional economy：reassessment and reconceptualization. In E. Hannum & A. Park, eds., *Education and Reform in China*, New York：Routledge.

Zhou, M, & Kim, S. 2006. Community forces, social capital, and educational achievement：The case of supplementary education in the Chinese and Korean immigrant communities. *Harvard Educational Review*, 76（1）.

Zhou, X. 2004. *The state and life chances in urban China：redistribution and stratification*, 1949 – 1994. Cambridge, UK ; New York Cambridge University Press.

边燕杰. 2010. 关系社会学及其学科地位 ［J］. 西安交通大学学报（3）.

费孝通. 2009. 乡土中国 ［M］. 北京：北京出版社.

梁漱溟. 2003. 中国文化要义 ［M］. 上海：上海人民出版社.

钱理群，刘铁芳. 2008. 乡土中国与乡村教育 ［M］. 福州：福建教育出版社.

司洪昌. 2009. 嵌入村庄的学校——仁村的教育的历史人类学探究 ［M］. 北京：教育科学出版社.

王伟宜, 2006. 中国不同社会阶层子女高等教育入学机会差异研究 ［J］. 高等教育研究（10）.

文东茅, 2006. 我国城市义务教育阶段的择校及其对弱势群体的影响 ［J］. 北京大学教育评论（2）.

吴愈晓. 2010. 家庭背景、体制转型与中国农村精英的代际传承（1978–1996）［J］. 社会学研究（2）.

杨东平. 2006. 中国教育公平的理想与现实 ［M］. 北京：北京大学出版社.

重建农村教育过程中教师培养的研究[①]

Research on Teachers Training in Reconstructing Rural Education

吴国珍 （Wu Guozhen）

北京师范大学教育学部

Faculty of Education, Beijing Normal University

内容提要：本文指出，目前农村学校人才断层危机，学生弃乡入城求学，大班额冲击正常教育环境，农村师源质量下降，年轻人不愿入职边远农村任教，这些问题，都是反逼农村教育重建的力量。结合农村经济社会发展和长期国家财政对农村教师援助不力的背景，综合借鉴相关理论，检视相关教育政策，理解国际开放培养教师的理念和我国农村教师培养传统中相一致的精髓，尊重教育和教师培养内在规律所决定的基础性本质，透视农村教师培养和农村学校需求之间从目前失衡到再形成新平衡的支点。认为在政府、专业、市场三者的博弈中，政策调控需要完善制度呵护教师心灵，为农村教师专业持续成长

① 本报告受益教育部教师工作司 2011 年 12 月 "构建当代教师教育体系" 项目的启动，在 2012 年 4 月 23 日提交的研究报告基础上修改形成，是北京师范大学教育学部教师教育研究所、教育部普通高校人文社会科学重点研究基地北京师范大学教师教育研究中心 2011 年度承担的 "985" 项目 "我国农村教师队伍建设状况调查研究：基于《规划纲要》的视角" 的成果。北京师范大学教育学部靳希斌教授仔细阅读初稿并给予鼓励和指导。在云南调研过程中得到思茅四小马蓉校长、云南财经大学教师陈孟云女士的热心帮助，在此深表感谢。

固本，笃实重建农村教育的基础。主张发育一种以农村教师共同体为细胞的城乡统筹教师管理创新机制，疏通城市优质教育资源反哺滋养到村小末梢的通道。据此摸清农村教师培养数量和质量中的诸多薄弱环节，探讨促成多方共赢的应对对策。

关键词：农村教育　农村教师　农村教师培养与需求平衡支点城乡统筹教师共同体

Abstract：At present, running short of talents in rural schools and having fewer students who prefer to study in urban, education in countryside is facing the problem of decreasing in teacher source because youngsters are not willing to teach in rural areas. Even worse, the number of students in a class exceed its limit is the power to hinder the education reconstruction in rural. In view of the development of economic society in current situation with the State doesn't exert itself to support rural teachers; combining the insights of different theories, checking and surveying related education policies; understanding that being internal coherence between the idea of open teacher cultivation in developed countries and the quintessence in traditional fostering rural teachers in China; analyzing the basic essence decided by education teachers respect and cultivation; seeking for a new balance between rural teachers training and rural school needs, think that, in this game among government, professional and market, the former should make better institution environment to rebuild foundation of rural education through caring for teachers and student's heart. Assert a new innovation mechanism of coordinated urban and rural management with common cell-rural teachers. According to this, comprehend quantity and quality in cultivating rural teachers and further discuss a countermeasure which altogether wins in every way.

Key words：Rural education；Rural teacher；A balance between rural teachers training and school needs；Teacher community of coordinated urban and rural

由于城乡二元结构体制矛盾的制约，我国农村经济社会现代化过程中农村空壳化加重，农村教育凋零引起普遍关注。在全国奔小康城乡收入差异开始缩小的背景下，城乡教育差异在扩大。熟知的老问题，诸如农村地区的贫困，义务教育阶段教师生存艰难，工作生活条件差，工作负担重，长期缺乏音乐、美术、英语等专业教师。愈发加重的新问题是，农民不满意村小教育质量而异地择校增多，中小城市因学生流动普遍班额过大影响正常教学秩序。农村学校人才断层导致师源质量下降，农村教育质量瓶颈主要是师资质量瓶颈，年轻人不愿意去边远贫困山区农村任教，基层程度不等地存在聘任教师靠关系不靠实力的弊端。

在农村学生层层向上流动求学潮中，农村学校日益成为"空壳"，农村学校越来越"小"，学生越来越少，老师越来越老，城市教育越来越大，竞争越来越激烈，城市学校人满为患。"大班额"比比皆是[①]。突出的危机是农村学校人才断层却贤才难求，影响因素复杂，其中政策性因素带有相当普遍性。

---

① 东北师大 2008 年《新农村建设与城镇化推进中农村教育布局调整》重大课题，收集了全国 2900 多个县近 5 年的相关数据。发现从乡（镇）流到县里的学生一般是 10% 到 20%，县里再往地级市流，地级市又开始挖生源，到高中阶段更严重，整个是朝上层流动的态势，所以乡村的学校没孩子了，甚至成空壳了。而城市学校压力加大，"大班额"人满为患。其实，美国、日本等发达国家的撤并之路走了 100 多年的历程，但我们撤并走得太快了。现在农家吃饭不是问题，但孩子上学远了，成本增加，这对农民来说是个"硬压力"（参见：孙强，刘海宏. 乡村教育调查报告：走向"空壳"的乡村学校［N/OL］.［2009 - 11 - 09］. http://www. fyeedu. net/info/123716 - 1. htm.）。

　　本地农村小学教师，一是编制标准低，即使超编也往往不够用；二是老化，多年来招年轻人很少；三是结构不合理，尤其缺音乐、美术、外语；四是整体素质偏低。本县已经停止了8年没有进新教师，停聘的原因是生源少超编，生源少又是因为适龄学生人口低谷。从1981年开始，为了解决"文革"遗留的学校教师断层问题，国家给政策实行小师范，在高中招生之前从初中生当中择优录取师范生，培养三年。1981年到1984年，那几届的学员十分优秀，中师培养很扎实，入职后受到五六十年代毕业的老教师们的用心培养，事实上，那三届的中师学员真正成了农村小学的骨干，在教师断层严重的历史时期顶了大梁，现在也差不多45—50年龄段了。……1985年以后，本地所有省专、市专都在初中生中优先选择学员，学员们一般会先选省专，再市专，其次中师，因此，小师范政策并没能持续为中师保住优秀生源，用人单位那时已经感到一届不如一届。这一晃又十几年了，农村教师又面临更严重的断层危机，急迫需要强有力的政策培养十分优秀的年轻人顶上来。本地因教师入职困难（停聘、编制紧缺，竞争入聘中关系重于实力），本省升大率70%，最末梢的学生才会去读师专。五年制师专更差。小学这两年开始允许聘请教师，但新入职的师专生在学校比吃比喝，对学生缺少爱心，还不如从失业高中生中聘请的代课老师。（2012年1月27日上午和2012年3月1日中午两次电话访问华北某省某县一小学名师）

　　其中反映的重要事实，如吸引优秀青年任教的小师范政策、中师萎缩、高校扩招，以及农村师源大多数是基层师院师专或尚存中师培养的毕业生，而基层师院师专的生源随着扩招越来越处于大学生中的末段等问题。

　　上述对农村教育和教师培养问题域的理解主要得益于以访谈为主的调研。笔者2012年1月中旬到云南调研，访问了云南师范大学、某地（市）或自治州从事教师职前培养的领导和教师、地区主管教育的领导、小学和幼儿园的领导、曾负责边疆少数民族教育的前辈。顺线索陆续电话追访①，再于 2012 年 2 月 12 日访问一个个案村②，亦陆续问询北京师范大学一些来自农村的学生③。素材采集于生活场所：教师培训活动空隙、餐厅餐馆、校园茶吧、路途车上、农家庭院、田头地埂等。受访者大多当即回应自己感受到的重点。同时，教育部教师工作司委托项目"构建当代教师教育体系"对全国东、中、西部 12 个省的调研报告，其中涉及农村教师培养的内容和相关专题研究资料，三农领域研究成果及相关理论，在此基础上，尝试汲取新制度经济学的制度变迁理论和政治哲学的构成主义方法论，探讨重建农村教育的时代命题。

　　本文视上述危机为反逼农村教育重建的力量，通过透视农村教师培养和农村学校需求之间从目前失衡到再形成新平衡的支点，聚焦重建农村教育满足农村教师数量和提升农村教师质量两个重点，力图为农村教师专业持续成长固本，笃实重建农村教育的基础。

一、重建农村教育如何满足农村教师需求数量

　　我国农村教育需要多少教师？这样一个貌似比教师质量要简单得多的问题，其实不像按照目前政策规定的教师编制生师比或班额来计算那么简单。随着我国经济企稳回升，可以提供给农村地区教育所急需的教师编制数量，财政预算理应加大援助力度，适应当前的财政承

---

① 受访者是分布在华北、华东、沿海地区、北京市等地，负责教师职前或在职培养、教师聘任工作的人员。

② 个案村是鄱阳湖水系陈家湖畔水乡；所在县和乡经济水平位于本省本县中上游。个案村在全乡最落后。

③ 被问询的学生来自四川、湖北、湖南、贵州、广西、云南、广东、山东、河北、河南、吉林、青海、江西等省农村。

受力而更新农村教师编制规定。但是农村地域分散，农村学生因层层向上流动求学，学生数量在减少，基层村小教师超编，适龄学童波峰变动，农村基层过度规模办学，小学住宿生增多，使得农村需要的教师数量问题，变得颇为复杂。

（一）农村教育随义务教育财政投入加大亟须援助师资建设

我国农村地区的义务教育经费经历了逐步完善的漫长过程。在20世纪80年代农村"大承包"背景中，农村教育经费也成了中央到地方层层转移，20年来一直是地方财政支付为主（向农民征收教育附加费、集资费，乡镇县财政拨款），辅以社会多渠道筹资。2003年《国务院关于进一步加强农村教育工作的决定》，确定"以县为主"的农村义务教育管理体制，把管理权由乡镇上移到县，财政经费才开始关注依靠中央、省、地（市）增加转移支付援助贫困县。直到2005年颁布的《国务院关于深化农村义务教育保障机制改革的通知》，才正式把农村义务教育全面纳入公共财政保障范围，建立中央和地方分项目、按比例分担的农村义务教育经费保障制度。义务教育阶段的学生全部免学杂费，中小学生的生均公用费用，中央和地方分担比例，西部地区8∶2；中部地区6∶4；东部地区按照财政状况分省确定。贫困生教科书免费，中西部地区中央承担全额；东部地区地方自承。贫困生补助住宿费地方定标准并承担。经测定的校舍维修改造经费，中央和地方各承担一半。对中西部及东部部分地区农村中小学教师工资经费给予支持，确保按国家标准足额发放农村中小学教师工资。要求严格管理教师编制，坚决清退不合格和超编教师。这一经费保障机制，对于促进城乡教育均衡发展，推进教育公平和社会公平意义重大。

2011年《国务院关于进一步加大财政教育投入的意见》明确指出，教育投入是支撑国家长远发展的基础性、战略性投资，是发展教育事业的重要物质基础，是公共财产保障的重点。我国财政教育投入持续大幅度增长，2001—2010 年，公共财政教育投入从约 2 700 亿元增加到约 14 200 亿元，年均增长 20.2%，高于同期财政收入年均增长幅度；教育支出占财政支出的比重从 14.3% 提高到 15.8%，已经成为公共财政的第一大支出。国家义务教育经费保障制度的健全，大大推进了贫困农村的义务教育进程。在推进过程中，先重点援助的是贫困学生和建校等硬件设施，陆续实施了国家贫困地区义务教育工程，农村中小学危房改造工程，国家西部地区"两基"攻坚计划，农村贫困生"两免一补"。2004 2008 年，中央财政给西部地区专项投入 100 亿元左右新建、改建和扩建初中的寄宿制学校，在全国掀起了建寄宿制学校热。（袁桂林，2011）

在援助农村地区教师方面，政策上采取了中央财政补贴贫困地区教师、特岗计划、免费师范生、轮岗、支教、国培等措施，但因农村教师总体流失多坚守者少，难以改善。探索能够有力援助农村教师的新机制是当务之急。有关满足农村教师需求数量问题，针对农村教育发展关键而薄弱的环节，需要澄清几个重点问题。

第一，农村教师的编制规定需要与时俱进更新。21 世纪伊始，在国家援助农村教育财政二次支付能力还很有限的情况下，针对学龄人口减少，对农村学校的布局调整，政策上倡导规模办学优化配置资源。2001 年《国务院办公厅转发中央编办、教育部、财政部关于制定中小学教职工编制标准意见的通知》中规定的生师比，高中：城市 12.5，县城 13，农村 13.5；初中：城市 13.5，县城 16，农村 18；小学：城市 19，县城 21，农村 23。同时，教育部 1999 年的《面向 21 世纪教育振兴行动计划》启动园丁工程，规定"实行教师聘任制和全员聘用制，加强考核，竞争上岗。2000 年前后，要通过提高生师（包括职工）比、分流富余人员等途径，优化中小学教职工队伍……到 2010 年左右，新补充的小学、初中教师分别基本达到专科和本科学历"，以编制规定压缩教师数量，达到优化目的，追求规模效益和教师学历，这一政策导向，直接促成了农村教育的"撤点并校"运动。2000 年到 2007 年，农村教学点减少 50.9%。我国农村

（包括县镇）普通小学数从 521 468 所缩减到 263 821 所，减少了 49.4％；同期，全国小学教师数量也在减少。在 2001—2005 的 5 年中年均减少约 6.2 万，5 年中共减少小学教师 31.01 万，占 2001 年小学教师总量的 4.86％。[①]

这个时期有关农村教师编制的规定，显然不是让农村的学校布局和师资配置适合农村量大面广、点多线长的特点，而是在资源有限的情况下，采用城市较适合的规模效益办学布局。随着我国《义务教育法》经费保障机制的逐渐完善，2008 年经住建部和国家发改委批准发布的《农村普通中小学校建设标准》中对学校规模和班额作了规定：小学最小规模，非完全小学为 4 个班，30 人/班，开始适当考虑农村特点。然而依此标准，在学龄人口减少的情况下，相当数量迫切需要就近入学的山村仍然无法恢复一村一校或教学点。农村基层包括地（市）、县城、乡镇的学校，还是存在人手紧，编制紧缺，不得不请代课教师的情况。

第二，农村教师编制更新中，对于已有的"撤点并校"形成的农村规模办校布局要有协调。目前，城乡统筹全面奔小康的国家发展宏伟蓝图，带来了我国农村地区公路发达的变化，在交通便利人口密集的农村地区，如果解决了校车安全问题，学校规模办学对于设施改善以及教师研修和教育质量提升，无疑是一种进步，教师数量可以按照已成规模学校的学生数量，确定生师比。但如"撤点并校"过程忽视了山区边远农村孩子迫切需要的就近入学的特殊需要，是否该恢复一山村一学校或教学点？

第三，小学教师编制规定应该考虑义务教育小学住宿生快速增多的新需求。2011 年全国义务教育阶段学校寄宿生的规模达到 3 343.53 万人，比上年增加 14.56 万人，占义务教育阶段在校生总数的 21.97％。其中，小学寄宿生数为 1 038.08 万人，比上年增加

---

① 根据教育部 2001—2005 年期间公布《全国教育事业发展统计公报》中的数据计算。

57.11 万人，所占比例为 10.44%，初中寄宿生数为 2 305.43 万人，比上年减少 42.54 万人。所占比例为 43.67%（中华人民共和国教育部，2011）。中学生相对于小学生，独立性、自主性和生活自理能力要强，农村地区除了住校生，在地（市）县中学附近租住的农村中学生很多。但值得关注的是地（市）、县城、乡镇小学住宿生已经增加到千万计。其中有政府为解决山大人稀地区不能就近入学的孩子（含学前班）提供的住宿校援助，也有其他城乡公、民办住宿校。住校生有留守儿童，有为教育质量择校的，也有家庭等方面原因不得不住宿的。

有研究发现，农村寄宿生的学业水平和心理健康程度，均不及走读生，且年龄越小差距越大。由于课余活动空间小、缺乏亲情和成人关照，身心健康堪忧。[1] 因此，提供更充足的教师，从而在教育教学、生活管理、心理疏导等方面多关爱住宿学生，是唯一可行的某种程度的补救。住宿校还采用原有的生师比配备教师，是不够的。就像贫困地区学校营养改善计划，仅仅补助营养餐经费，没有解决食堂、炊事员、采购食物人员、食物源安全、运输食物经费等配套条件，还是无法把营养餐提供给营养不良的孩子。现在为了孩子的营养，各方援助了必需的配备条件后，往往是教师承担起了大批学生午餐的后勤服务工作，学校编制政策中配备落实营养餐计划需要的后勤人员，是当务之急。同理，住宿校并不仅仅是需要配备宿舍生活管理员，教师为缺少亲情关爱的学生默默付出更多爱心，这种隐性要求应受到特别关注，成为政策援助的重点。

住宿学校的教师编制降低生师比，在农村地区尤为迫切。2011年在校留守儿童有 2 271.51 万，而全国目前留守儿童多达 5 800 万

---

[1] 吴霓在中国教育政策研究院 2012 年 7 月 7 日于北京师范大学举办的"农村教育改革与发展政策高层论坛"上的演讲《关注农村寄宿制学校学生课余生活，促进农村留守儿童健康成长》，提到学生课余时间沉闷单调，有生活老师的是一位老师照管 200 多名学生，没有生活老师的则课任教师兼，压力非常大。

（《教师月刊》编辑部，2012），父母流入地学校妥善接纳需要一个过程。在千万计的小学住宿生中，住宿校接纳的学生中很多是农村留守儿童，不能就近入学。

第四，农村教师编制规定，需要把适龄人口波峰变化与农村教师带薪休假制度相协调，满足农村教师带薪进修的需要。在应对第三次基础教育学龄人口高峰期（1996—2001 年小学高峰，1999—2004 年初中高峰），由于教师紧缺，农村地区出现初中援助小学，小学援助初中的应激状况，对教师的挑战相当大。由于计划生育政策和生育惯性规律，基础教育还将会面对学龄人口的峰波冲击。2010 年又开始进入第四次小学适龄人口高峰期。在国家财政承受能力范围内，应加大提升农村教育质量的援助力度，避免再出现小学教师和初中教师互相援助的应激状况。国家新规定的带薪休假制度对于农村教师一视同仁，正好可以与适龄学生人口波峰变化相协调，政策确保学校趁适龄学生减少时期安排教师带薪休假。这样才有空间组织各种存养农村教育元气的活动，如为农村教师提供带薪入城进修机会、农村基层区域半脱产培养后备骨干教师力量、与大学合作进行课程教学革新探索和了解学生的专题研究、引导教师自我反思沉淀专业素养、培养新手教师或参与农村社区文化活动。

第五，国家对农村教师的财政投入是否包括善待代课教师？在国家财政援助不能满足农村教师数量的几十年来，民办教师、代课教师长期坚守，让农民的孩子受到启蒙教育。从笔者访问的个案村看，村里不少养殖专业户，大多是七八十年代读村小，本地读初中，那时只有很少"文革"前分配来的公办教师，大多是本地中学生、下放知青任民办教师。70 年代不抓学习成绩，自然扫盲主要靠读"毛选"和语录。然而，正是这种脱盲性的教育，在政策放活后让他们有能力自学各种养殖专业技术资料，深入到自己的养殖专业中边学边干，因地制宜创业致富。因此，坚持为农村孩子启蒙扫盲的代课老师，在改革开放后的农村经济社会发展中功不可没。随着国家财政援助农村教师力度的加大，正规教师取代代课教师成为必然。完全按照职前教师培养课程要求考核，难使农村学校能够留下安心教学又比较适应农村教学需要的代课教师。尤其在农村教师短缺的地区，应该考虑择优颁发某种居间的证书，让其继续任教，给予需要辞退的代课教师基本的补贴待遇。

（二）"撤点并校"后的经济社会影响

配备教师数量与学校布局关系密切。农村教师数量问题与始于2001 年的农村学校根据分布状况"撤点并校"有密切联系，也与该时期农村义务教育经费状况和经济社会背景相关。

我国在 20 世纪 80 年代中期至 90 年代，农村教育主要是农民自筹、地方财政支付和社会慈善援助。1986 年颁布《义务教育法》，90年代掀起全民"普九"热潮，主要调动的是乡镇、县和村民的力量。据报道，469 个贫困县，中央和地方投入 54.9 亿元，修建 14 942 所中小学，希望工程等慈善基金投入 53 亿元，建希望小学 15 444 所。90 年代中期我国农村基本实现一村一校（贾新光，2012），其中有许多希望小学给山区孩子圆了读书梦想。2001 年国务院颁发《关于基础教育改革与发展的决定》，要求"因地制宜调整农村义务教育学校布局：按照就近入学、初中相对集中、优化教育资源配置的原则，合理规划和调整学校布局"。针对当时农村的经济状况，2002 年 5 月《国务院办公厅关于完善农村义务教育管理体制的通知》对一些状况进行制止，如举债建校、拖欠教师工资、农村中小学领导职数等，也关注到学生的流动，适龄学童减少及农村特点，要求合理调控中小学班额数和班级数，科学确定教师工作量，规定地方教师编制方案要遵照编制标准拟定。

这些政策具体执行为"撤点并校"，但有被地方政府过度执行的现象。全国小学在校生 1998—2007 年减少 24%，而中国乡村小学1985 年 83 万所，2007 年 34 万所，锐减 60%（《法律与生活》，2009）。"撤点并校"客观上的影响是导致农村孩子上学远了。而

"撤点并校"只不过是个助推点，接下来更多是学龄人口低谷、农民工进城子女随迁和农民择校向上流动求学，不断推进农村小学数量缩减的过程。

值得反思的是，为何地方政府不理会"就近入学"，而是纷纷出台建校规模标准（后被教育部禁止），按照编制规定快速大幅度撤点裁员？这是因为 90 年代中期后的农村经济危机。农村的乡镇基建长期失控扩张，1997 年税费改革推进到农村，地方经济在高速增长时期积累的高负债问题全面爆发。地方政府欠债 3 800 亿元，近一半县发不出工资，乡镇企业纷纷倒闭，地方干部子女涌向政府和事业单位争编就业，财政供养人口膨胀，这些都转化为对农民的索取。随着国家宏观调控砍断八方伸向农民的索取之手（温铁军，2007），也取消了全国农民每年要负担的 300 亿—500 亿元教育费附加和教育集资（唐亚豪，2005），而 90 年代"普九"热潮实质是在地方基建失控大潮中"举债建校"，负债 500 亿元（胡成，蒋绥，何卫红，2008），直到 2011 年才由中央和地方财政偿还。在这种情况下，学校经费变成主要由地方财政支持，而地方政府正债台高筑，加上中央财政支持的义务教育经费保障机制还没有建立，引发农村学校经费严重短缺。因此，"举债建校"的"普九"指标几乎还没有验收，就借学校布局调整之机过度执行"撤点并校"，结果"举债建校"和"撤校闲置"接踵而至。

"三农"问题专家温铁军一针见血地指出：教育取得的成就从来就取决于整个国家的经济基础和上层建筑的统一，限于财政二次分配能力不足和社会监督的不足，长期以来法定的教育投资难以达到规定比例（温铁军，邱建生，2010）。确实，过度执行"撤点并校"现象，无疑确证了教育发展需要必要的经济基础，在经济基础不适应的情况下，政策驱动的"普九"，就可能出现优化资源配置和优化教师队伍的政策导向在现实中变形走样，宁可让充满爱心的公益资助建造的希望小学废弃浪费，宁可学校闲置、深山孩子上学舍近求远，也要赶紧借规模办学之机缩减教师薪酬等教育费用。农民对农村教育质量不满，有点钱就向上流动求学，这是农村文化教育条件先天不足和后天又长期被边缘的自然后果。在国家缺乏坚实的经济基础健全义务教育经费保障制度的背景下，农村义务教育缺乏可持续发展的底气。

意识到照搬城市模式的危险，才有了2003年12月23日颁布的《中央关于促进农民增加收入若干政策的意见》，对农民坚持"多予、少取、放活"方针，免征农业税，加大财政支农力度，为农民增收减负提供体制保障。惠民富民政策带来我国农业半世纪来罕见的粮食产量八连增。经济企稳回升，近年来城乡居民收入差异开始缩小。

对于农村教师需求问题，教育财政援助决策也需要贴近事实真相。那么，对于舆论呼吁良多的遗留问题——山区的孩子还不能就近上小学的问题，是否应该随着小学适龄儿童高峰期的到来，恢复偏僻山村小学或教学点并配备教师呢？

（三）农村教师配备中是否包括恢复山村学校的教师

对于是否恢复山村学校的问题，需要深层理解农民工为何流动？将流向何方？孩子们将流向何方？现代化过程中，农村大量孩子感受父母的流动、自己经历求学的流动，大中小城市的孩子也在快速巨变中失去家园感，漂流的心灵根扎何方？

世纪伊始的进城民工潮至今，中国农村转移出2.53亿的入城务工人员（温家宝，2012）。为何流动？温铁军指出，中国的城乡二元结构是基本对立的长期体制矛盾，这是人地关系高度紧张的独特国情限制和我国追赶型工业化的产物。我国农业人口8亿，农村劳动力5亿，按照现有生产力水平需要农民1亿，农村剩余劳动力需要转移到城市流动务工。中国是唯一虽然有两亿多流动人口但未出现大型贫民窟的国家，这不幸中的大幸，一是因为坚持了"城乡统筹，协调发展"；二是坚持了家庭承包经济制度长期不变，农民土地定权而定心，进退有据。因此，流动务工可缓解城乡二元结构体制矛盾，和谐稳定社会。其制度成本，就是小规模、高分散的农户从事兼业化生产的小农经济，仍然将是中国农村的主要经济类型。（温铁军，2005）

农民工最终会流向何方？1998 年我国明确提出突破城乡二元结构的"城镇化"重大战略。温铁军指出，人口增长趋势 2020 年以后才可能停止，2020 年农村还会留有 5 亿人口。在实现全面小康大目标的未来，到 2020 年如集中发展 1 万个中心镇，平均每县 3—5 个，则可将 2020 年之前需要转移的 2 亿—3 亿农民中的一多半吸纳到城镇。城镇化和新农村建设将成为拉动内需型经济增长的长期因素，而且可望逐步调整产业结构、就业结构和城乡关系，大量吸纳农村人口，促进乡镇企业集中，推动农业适度规模经济，合理缓解人地矛盾和三农问题。（温铁军，温厉，2007）国家建设宜居生态新农村和城镇化发展的宏伟蓝图指明了人口流动的方向，即有序流入到中小城市就近就业。这无疑是正确的。正如发达国家的发展过程，当农村的生活质量有了实质改观，城市的产业工人提升生命和生活质量却成了老大难。同样，当我国农村有了好的生存发展空间，谁会愿意做大城市的蚁族？

教育作为与社会经济基础相适应的上层建筑，自然需要把进城务工子女的随迁求学作为当代我国基础教育的特殊常态来接受。2001 年的农村学校布局调整政策显然意在引导农村教育配合"城镇化"战略。随着 2010 年国家明确规定了由流入地承担外来务工人员随迁子女接受义务教育，实质上开始了全国大中小城市承担大量农村适龄学生义务教育的进程。这里潜藏着农民工流动推动社会公平从而推进教育公平的契机，同时也给我国基础教育系统带来史无前例的挑战，潜伏着拉大城乡教育差异的陷阱。前进还是后退，取决于政策宏观调控是随波堵漏，还是通透城乡教育统筹发展的本质，健全扎根教育内在规律的调控机制，应对这种挑战。

因此，不能简单地认为，山区孩子从小学一年级就住宿受教育，希望小学闲置，娃娃们比父母提前进城读书，是一种融入城镇的必然通道，是社会发展的必然，也就没有必要恢复山村教学点。应当看到这种现象后面所透出的我国当代教育肌理中的痼疾。农村孩子进城读书，只不过是希望考分高一点，靠教育跳龙门的概率多一点，而不得不忍受离开家庭的各种不便。

温铁军 2011 年曾经警示，他在 1996 年提出"三农"问题时就明确强调制约"三农问题"的"两个基本矛盾"——在人地关系高度紧张的基本国情矛盾约束下，加快工业化必然造成城乡对立二元结构的基本体制矛盾。直到 2002 年中共"十六大"，才把城乡二元结构正式写入党的政治报告。然而，尽管已经把"三农"问题作为全局问题、战略问题，重中之重，"三农"领域的发展为国家历次经济危机提供"软着陆"也有目共睹，农经理论界也普遍认同，只有国家政策体系朝着缓解这两个基本矛盾的方向转变，"三农"困境才有可能得以改观。但在这十多年的时间里，这个体制矛盾出现继续恶化的客观趋势。需要承认和强调城乡二元结构作为基本体制矛盾的长期性，现代化进程中的中国农业发展的方向不是城市"化"农村。（温铁军，董筱丹，石嫣，2011）一语中的，城镇化不是城市"化"农村，不是迫使农民"拔离乡土"。城镇化相配合的是生态宜居新农村建设。

这就透入了问题更深层的本质，取消山区一村一校并拖延至今让山村孩子不能就近入学，和激化国情体制矛盾迫使农民"拔离乡土"的性质是同出一辙。农民工流动的终极目的是为了生命有尊严，生活质量有改善，并不是为了拔离故居家园。学生的流动也是同样，教育不仅仅是为将来有出息，更重要的是当下的受教育过程身心健康成长，拥有亲情快乐和家庭教育是每个孩子的权利。因此，让山区孩子能够就近入学，减少从小住宿的状况，是明智国策。

例如，山西省左云县综合技术学校马文友校长，半个世纪来从百名师生的庙宇小学，到创办股份制实体经济，边办学，边创业，边建设，自筹资金上亿元建成幼儿园、小学、中学、职业技术学校体系，同时还为两个贫困乡镇援建两所小学，2011 年又新建第六所学校。解决了一方农民最紧迫的优质教育需求同优质教育资源短缺的矛盾，农民子女都能享有近便、省钱的优质教育，为农村教育完全能够办好开创了范例。① 农村源源养育着带有浓郁的原生态创新特质的优秀教师、教育家，这是农村教育重建和社会进步最厚实的大地。

在国家已经初步完善了农村义务教育经费保障机制的情况下，作为社会公益事业的教育，通过资源配置调整进行宏观调控的政策，理应追求"帕累托改进"效益，即在一群人可分配的资源中，从一种分配状态到另一种分配状态的变化，在不让一方境况变坏的情况下，使得至少一个人变得更好。"撤点并校"显然导致了大量山区孩子不能就近入学，没有把教育视为公益事业。现在国家下大决心扶贫，实现山区行政村通公路也指日可待②，为何还是在山区采用城镇的规模办学思路，以建寄宿学校作为主要援助重点？国家为广大农村奠定的交通基础，为何只用于校车接送孩子上学，却不倒过来让孩子就近入学，专车请教师送教入村，以减少接送孩子校车的安全隐患？这里最难以澄清的困惑是：农民已经不满意农村教育，有为年轻人目前不愿在农村任教，有为农村孩子也都想往外飞。而且随着农业现代化发展，农民居住城镇的比例会越来越高，农村崩解可能没有了就近入学需求？似乎恢复村小反而是逆历史潮流而动？

其实不然，我国还有占国土69%的山区，林地43亿亩，是耕地（18亿亩）的2.4倍。其中有27亿亩林地产权属于农村集体所有制，涉及4.3亿农民。（贺东航，孔繁斌，2011）随着小学人口高峰的到来，对那些居住在山区，关系到国家经济和环境生态命脉的4.3亿农

---

① 马文友. 农村教育完全能够办好［R］. 马文友校长在中国教育政策研究院2012年7月7日于北京师范大学举办的"农村教育改革与发展政策高层论坛"的报告。

② 中共中央、国务院《中国农村扶贫开发纲要（2011—2020年）》提出，2015年除了西藏以外，西部地区80%的建制村通沥青（水泥）路，2020年，实现具备条件的建制村通沥青（水泥）路，村村通班车。扶贫力度加大，对于十分遥远铺路成本太高的山村，将因地制宜，有序搬迁，移民到中小城镇、工业园区［中共中央，国务院. 中国农村扶贫开发纲要（2011—2020年）［EB/OL］.［2011–12–01］. http://www.gov.cn/jrzg/2011–12/01/content_2008462. htm.］。

民的孩子，我们有理由设身处地满足他们就近入学的需要。

国民基础教育永远面对承担山大人稀地区的大量孩子就近入学和入学有质量保证的重任，承担着让每一位孩子获得均等教育机会的义务。决策需要贴近事实真相，从生命本质层面深思农民工流动的归属和学生身心健康发展需求，应该为偏僻山村设立小学或教学点并配备教师。农业人口转移流动，归根结底是靠农业科技发展本地经济，拓宽非农就近就业机会。保证农村义务教育质量，是培养农业科技人才支撑现代多功能农业的基础，农村教育和农村发展之间形成良性循环，才是搞活农村经济，帮助农村摆脱贫困的根本途径。

（四）了解和引导流动：建立农村地区师生动态变化检测基础数据库

规约农村教师数量的编制政策需要面对的新问题，即由于学生流动，因流动隐性缺编问题。调控需要先重建农村教育，让农村的孩子能够就近进入好的学校读书，目前的异地求学潮就会有很大概率自然回流，要求小学生的流动只有随迁子女才允许入学，也就水到渠成。

尊重流动务工人员随迁子女在流入地获得义务教育的权利，是以人为本科学发展观在教育领域人性化的体现。从城乡统筹、协调发展看，更具重要意义的是，为农村学校输送优秀师源，疏导有效通道让城市优质教育资源辐射到农村学校，逐步提高农村教育质量，把农村教育这巨大的网编织结实，才是缩小城乡教育差异推进教育公平的根本出路。

但目前的态势是，城乡的优秀教育资源，在现实中却是单一向上流动。而农村教育体系，则在国家还没有来得及把它扶持起来之前，却因留不住学生和教师正在逐渐成为空壳。学生的流动因教育的社会分层功能，带有更多个人趋利避害的选择。如放任个体从城市的优秀教育资源中分一杯羹，显然会给城市教育系统带来杀鸡取卵危机。政策上的约束目前是"随迁子女"身份要求，大城市自然严格执行，即使如此，还是难以杜绝非随迁子女也想涌入分杯羹的行为。

　　而地（市）、县城、乡镇的学生流动却根本无须"随迁子女"证明，由于地缘联系，一般从初中开始就在区、县范围甚至跨域吸引擅长读书的学生。小学生在区、县范围自由流动也在情理之中。择校和随迁流动，在需要借读费的情况下受到一定的经济限制，自 2010 年国家规定流入地提供免费义务教育，农民收入在提高，又无须"随迁子女"证明，流入地（市）县城学校的学生在自然增加。这带来了管理上的困难，导致在区域总体学位足够的情况下，仍然是高知名度学校或班级人满为患。流出地和流入地更新学生数量滞后，教师隐性超编或缺编待补时间长至 3—5 年，班额过小或过大。班额太大的地区流动学生和原住地学生的正常教学秩序都受到了冲击，教师工作负担繁重，教学环境拥挤嘈杂，教育质量无从保障。就连地（市）学校也有这种情况。

　　大班额在基层农村地区县城学校普遍存在，目前我国基层地区中小学大班底线不断突破，70—90 人多见不怪，还有高达 150 人的记录，在县城学校的大班额远远多于农村和城市，既漠视了学生的学习权和健康权，又严重影响到教师的工作权益和身体健康。95.3% 的教师不愿意自己的孩子以后任教师（周大平，2011）。笔者所到个案村的乡小学，也是一个班 120 人。

　　可见，非随迁子女的学生流动，带来更大范围的流入学生和原住地学生基本的教育权利受到损害，不是减少而是增加了大批寄居留守儿童。而且，虽然义务教育"两免一补"，但农民为供养小学生住宿伙食费等比养高中生负担还要重。这种失序的流动，表面上是农民争取到了城市好一点的教育资源，而实际上是加大了城乡教育差异。在班额过大的情况下，就意味着更少概率导向教育方针宗旨目标，更多驱赶学生单一争考试分数。

　　2011 年，我国义务教育阶段在校生中进城务工人员随迁子女 1 167.17 万，农村留守共 2 271.51 万（徐子沛，2012），数量如此巨大，流入地接纳困难，必然因陋就简过渡性安顿上学。如果农村就近入学方便又有一定的质量，是对于留守儿童最大的关爱。从客观上说，如果允许在流入地参加高考，即使严格把好"随迁子女"关，义务教育阶段涌入大城市就读的随迁子女无疑会大增，专门为子女教育设法涌入城市的人也会更多，城市拥挤简陋的安顿比例会更高，吸收周期会更长，随迁子女的教育状况总体会更差。

值得警示的是，农民工流入中小城市就近就业是未来的主要趋势，而目前，假设城市能够把农村在校生中的留守儿童全部接纳就读，按照2009年全国农村义务教育阶段有1.55亿学生计算（袁桂林，2011），减去已经流入城市就读和假设目前还会流入城市的留守在校生，在全国农村还有超过1.2亿的中小学生，大部分会分布在地（市）、县城、乡镇中心学校就读。这是中国基础教育最广大的网，迫切需要从控制班额补足教师数量入手保障正常教学秩序。相比之下，大城市在吸纳数千万计的流动学生的过程中，能够坚持规范管理维护基本班额秩序，保证了城市原住民孩子的基本教育权利。

因此，提高农村教育质量引导非随迁子女回流，循序妥善安排随迁子女在流入地就读，两者之间原本共为唇齿，源清流清。基层地（市）县城乡镇中心地区的义务教育规范管理需要遵循这一内在规律。从长线看，对于学生流动的宏观引导应和国家对于农民工流动的宏观引导协调一致。只有在严格执行"随迁子女流入地就读"政策基础上尊重家长选择，才可能让学生的流动趋势和务工人员的流动趋势有其一致性。同时，让农村学生就近读书方便又有基本质量，非随迁择校外流的学生才会有大后方可以回流。

尊严的公共生活需要"大数据"，知情权、监督权、对公共生活负责，需要借助数据来进行（涂子沛，2012）。农村教育需要的教师需求数量因学生的流动而变得复杂，因此，迫切需要建立农村地区师生动态变化检测基础数据库。它不仅能够提供我国流动人口子女入读分布及住宿实况，有助于及时呈现学生流动中需要增减的教师，严格执行优先满足原住民和随迁子女政策。只有在满足了原住民和随迁子女教育还剩余学位等办学条件下，方可进一步扩大援助农村孩子教育的范围，有序接纳自愿择校的农村孩子。这样方可缓解地（市）、县城、乡镇中心地区学校的压力，保护基层农村所有学生最基本的教育权利。

落实基础数据库的人员和经费，保障基础数据库据实及时更新，公开透明，方便依据身份证核实，杜绝谎报，健全监督和规约制度，其目的如下：（1）为国家财政转移支付倾斜贫困农村地区教师培养的最薄弱环节提供真实和及时更新的信息基础，有利于中央财政援助农村预算结算公开透明，义务教育的经费有效地用在刀刃上。（2）及时动态掌握人口流动实况，有利于从城乡统筹角度对于学生流动进行宏观引导，使流动人口随迁子女的教育规划与国家建设宜居生态新农村和城镇化发展的宏伟蓝图内在协调一致。（3）方便研究力量和决策部门与地方教育领导共同关注农村教育，问需于民，问计于民，实事求是贴近真相，为培养好农村教师创新路，出实招。（4）使多渠道筹集的资金援助最困难的地方信息透明。

如此，可以清晰呈现和了解农村学生在地（市）、县城、乡镇中心或留在农村的分布状况，中小城市、县、乡镇村在各教育阶段各自承担的中小学生人数，需要的足额教师编制，这些数据方便国家和地方财政援教预算和决算公开透明。

如实了解农村学校人才断层的程度和分布状况，以便国家有计划地特别援助优秀人才，为重建农村教育服务。

在为回流农村的学生和第四次适龄学生高峰储备中小学教师和目前的幼教教师急需顶缺之间，统筹协调。

按照职前培养周期，依据学校的办学规模、退休人员及教师的学科分布状况，来预测新教师需求量及学科分布，为职前培养数量的规划提供可靠的信息。

提供研究者从不同横切面或主题对于农村教师和农村教育进行拓展研究的第一手数据。

上述所有设想成为现实的前提条件是普查数据真实可靠。本调研接触的素材中，已经有基层教育领导迫于农村教师人才断层危机，以及以往适龄学生人口波峰与低谷中受冲击的经历，意识到教育预测与规划的重要性，正在自发进行教师情况摸底调研。

如何正确理解农村特定背景中教师需求的满足，如何提高农村教师的质量，追寻农村师源质量下降的根源，实事求是检视相关教师培养决策，探讨如何引导优秀的年轻人自愿入岗农村任教，至关重要。

二、寻找农村教师培养和农村教育重建之间新平衡的支点

从澄清农村教师需求数量必须考虑的诸多重点，转入为重建农村教育提升农村教师质量的攻坚系统工程，其切入点是重建农村教师培养与农村教育重建之间的生态平衡联系。

（一）农村教师培养与农村学校之间生态平衡的失落

农村教师的人才断层危机的重要原因之一，是面向农村的师源质量下降。这也是 2011 年 12 月 14 日和 2012 年 12 月 27 日教育部师范司两次召集会议关注的重点问题。

> "其实农村的学校非常怀念原来中师培养的小学老师，中师真的是特别适合培养农村小学教师的教师教育模式，师范性强，小学教师需要的基本功及专业知识都很重视培养，培养出的学员适应农村小学教学的需要，而且都比较安心在农村小学任教。"

> "当年不顾中国的国情，一纸文件就要求师范教育三级改两级，而下面则简单地撤并所有的中师，使原本办学条件不错且拥有一支优秀师资队伍的中师，一夜之间大量萎缩，真是害了基础教育，尤其害了中国农村教育。究其原因是祸出高层，是高层决策者和研究者不研究基层情况，基层教育领导者又不懂教育，简单执行所致。如果当年，有一条政策，让中师有计划地升为专科也好了，中师的人马，办学传统就保住了。可惜没有，只讲三级

师范向二级师范过渡，一夜之间，江西很多很好的中师，还有百年老校，由于不给招生指标，无法生存，教师被迫自寻出路，当时情况是很惨的。"

"如果换成是 80 年代，或者是 90 年代初期，基层的教育局长们是懂教育的，且对教育拥有一定的追求，富有正直感，也许会顶一顶，不会盲目跟风。但是，90 年代后期，那时的教育局长，已是以政府官员自居了，教育规律是要服从行政命令的。一直到现在，担任教育局长的，大都是来自两办主任，或来自乡镇书记，因为教育局长权大，管进人，管钱，管得多，但是，就是不懂教育。一般新教师入职，是要靠走通路子的。现在搞教育局长培训，能有一大半的局长们'谦虚地'说：我是教育战线的新兵，或我是教育的外行。（怪不得笔者以前听说，如果一所好的县中，遇上校长和局长都是只玩权术不管教育，那么就是本校教育质量大滑坡，不仅教师家长学生着急没用，连县委着急也没有用。原来人事任命是教育局局长到校长一根线，而且地方上不懂又不正的局长占了多数。）教育口的领导被外行或另类靠关系背景占位置的情况，出现在省一级就更糟糕，祸害更大。"

"中师资源流失，接着就是扩招冲击下师范院校再也不把教师培养作为关注重点了，考虑经济收入更多了，大都在向综合性大学靠拢。师专也不安心培养教师。面对上层评估检查，是高校的学术性指标，根本不考虑师范性。市场牵引呢？因为师范生收的学费少，一直到这两年，培养师范生的境况才好点，收费和文、理科差不多了。师专包括师范院校，都拼命收学费高的，比如，音乐、美术、电子商务、会记等专业，哪会像当年中师那样专心培养小学老师？"

"农村的小学师资年龄偏高且学科结构不合理，普遍缺音乐、美术老师，并不是没有这方面人员，音乐、美术专业大批招生，而毕业生难以找到工作，有个农村小学老师入职，也算个饭碗，还是会去的，但是，农村小学哪里舍得花编制用在音乐、美术老师身上？大都让主课老师兼教。农村教师学科结构不均衡，主要原因在这里。外语教师缺少是因为学外语的城里找工作较其他学科的方便些，他们是不会去农村小学教英语的。为完成上边的要求，农村大批不合格的教师充任小学英语教师，使得初中英语教师叫苦连天。"

"幼教更不必说，大的镇有一所公立幼儿园就不错了。乡里都成立私立幼儿园，师资差到什么程度？镇里的幼儿园有初中生管孩子就不错，乡里的幼儿园呢，还有就读了小学三四年级的。国培给了很多经费培训农村幼儿教师，来参加的都是县市级幼儿园。农村私立幼儿园，由于一个萝卜一个坑，即便不收费，在学期中间也无法来接受培训。所有的教师培训都应选择在假期进行，但由于种种原因，很多国培项目都是在学期中进行，这对培训效果影响极大。"（2012-02-09，20：30 电话访问，受访者为一位江西省从事教师教育的退休教师）

师源质量严重下降是各种因素交织连锁反应的结果。

10 年前的农村学校为何欢迎中师培养的教师？主要原因是我国传承百年的中师培养模式，是扎根在一种遵循培养教师内在规律的、与农村学校和社会结成命运共同体的生态平衡联系中。

由于中国城乡二元结构体制矛盾在 20 世纪 90 年代相当尖锐地存在，大多数农村地区并没有发育出新的师资培养与农村学校之间更高阶段的生态平衡需求，中师培养小学教师的模式却被政策强制取消了。这十几年，中师取消，高考扩招，农村经济发展，加速了中师教育模式长期形成的、把农村寒门优秀年轻人留在农村基层学校教农村孩子的生态系统的消失过程，而新的师资培养与学校教师需求之间的生态系统却还没有发育出来。目前愿意应聘农村教师岗位的师源，总体生源素质持续下降，教育实习走形式，培养质量被边缘。省城二本大学明显强多了，但毕业生只要城市有机会，就不愿去农村，农村年富力强的教师被挖进城，城乡教师质量的差距更大，农民的孩子随之纷纷进城上学。

在诸多重建农村教育的推动力量中，澄清影响农村教师培养和农村学校教育及社会之间的生态平衡联系的基础性本质，有助于在农村教育人才断层危机中找回新的平衡支点，从而提供政策宏观调控的参考重点。

（二）相关政策的审视

1999 年教育部《关于师范院校布局结构调整的几点意见》，提出师范教育"层次结构调整目标：从城市向农村、从沿海向内地逐步推进，由三级师范（高师、高师专科、中等师范）向二级师范（高师、高师专科）过渡。……到 2010 年左右，新补充的小学、初中教师分别基本达到专科和本科学历"，要求提高师范教育层次结构重心，全国形成一批层次高、规模大、综合实力强的师范大学，经济欠发达地区继续办好一批中师，部分中师并入高师，少量条件好的升格师专，其余改为教师培训机构或其他中等学校。总体特点是，因长期教育经费短缺而"重点保证，优势扶持"（"缩小差距：中国教育政策的重大命题"课题组，2005）的一贯教育政策立场，当时影响到各级教育的规模效益决策基色，还有教师质量挂钩学历的导向。

应该首肯的是，倡导开放培养教师的政策适合城市教师培养状况。但是在农村地区缺乏财政援助实力。2010 年颁布的《国家中长期教育改革和发展规划纲要（2010—2020 年)》指出："加强教师教育，构建以师范院校为主体、综合大学参与、开放灵活的教师教育体系。"意在加强教师教育与整个高等教育体系的一体化，是适合我国城市教育发展需要的。事实上，我国大城市的开放型教师培养确实在加大力度，小学教师教育大学化转型一定范围平稳成功，教师培养学士、硕士的层次比例快速提高，高水平综合大学参与的教师开放培养体系正在发育进程中。师范大学和综合大学培养教师，在生源和开阔视野与高学术水平方面，确实拥有不可替代的优势。教师教育培养方向吸引各专业背景的学生。

显然，教师职前开放培养模式，主要驱动力是需要培养适合职业教育的师资。无论是教师培养机构还是用人机构，发展的动力，更多来自城市教育内在需求的驱动机制，和取消中师并没有逻辑上的因果关系，假设当年不取消中师，城市的教师开放培养也会同样发展。

回顾教师教育培养结构重心上移的政策，却在实践中差之毫厘，失之千里，造成损害的其他复杂影响因素远超出政策本身的局限。政策本身的局限主要有，没有贴近农村实际导致分离了教师培养与农村学校教育之间的联系。开放培养教师的经费保障不足。把教师培养质量与学历提升直接挂钩的偏颇导向，又不与时俱进针对新的需求和问题及时调整。其他影响因素主要有，高校快速扩招冲击生源质量和培养过程，高校评估重学术性轻师范性，地方官员执行偏差，加重了相当部分基层师院师专在生源差、培养马虎和就业困难之间的恶性循环。

其一，该政策脱离农村教师培养实况。"开放型"教师培养理念，是期望通过吸引综合大学和社会上更多的专业人才加入到教师队伍中，在发达国家能够比较成功的前提条件，是教师的经济待遇和专业自治的社会地位，对于各专业人士中爱当老师者具有吸引力。而1999年我国农村正在经历经济危机和社会动荡，农村教师工资都被拖欠，何谈吸引各种优秀人才来当老师？对于教师培养结构干预力度很大的政策，制定的理论依据和现实依据不足。

其二，政策缺乏应对扩招冲击引起农村师源质量下降新问题的调节机制。高校扩招导致农村师源质量下降，实质上是在我国追赶型的工业化过程中进行追赶型的高等教育大众化，而更激化教育不公平矛盾的产物。而且，高等教育扩招速度惊人，1999年，我国高等教育还处于精英阶段，毛入学率10%左右，此后3年内快速进入高等教育大众化阶段，2002年毛入学率15%，2007年达23%。普通高校本专科招生人数由 1998 年的 108.36 万，增加到 2006 年的 546.05 万，平均每年增招 46.11 万。到 2010 年增加到 661.76 万（中华人民共和国教育部，2011），由于招生计划调节权下放，高校扩招刹车失灵[1]，在如此快速的高校扩招冲击下，无论是中师升格师专，还是原有生源很好的师专，生源素质在所难免持续滑坡。从国际教师教育提升学历层次的发展历程看，教师教育本科培养为底线，一般出现在高等教育进入大众化阶段之后。逻辑上也可理解为，高等教育大众化阶段中等教育和专科教育生源素质随之下降，教师培养底线提升为本科层次才能杜绝很差的生源。可见，1999 年在高等教育还没有发展到大众化阶段，出台提升教师学历政策操之过急，而在高等教育持续快速扩招冲击师专和尚存中师生源素质下降的情况下，却滞后了整整 10 年缺乏有效的应对调整政策。

其三，政策落实缺乏必要的财政支持。政府对于开放培养教师的宏观调控力量，很大程度取决于财政援助实力。比如国际上开放培养教师理念，主要是通过政府资源配置和教师培养层次提高与模式多样化，达到吸引优秀的专业人才担任教师的目的。但是，我国开放吸引高层次人才任教的目的并未如愿以偿，显然的瓶颈是教师的经济地位对于优秀人才缺乏吸引力。即使在同一大城市，学校之间的差距也是很大的，学校都期望吸引最优秀的人才任教，但名校在吸引优秀人才方面才有一定优势。急需人才援助的普通学校缺乏经济实力吸引人才，这也客观上限制了开放吸引优秀人才任教的空间。因此，开放吸引社会各专业优秀人才担任教师，其成功的重要条件，是提高教师待遇。法律要保障城乡教师的底线待遇。当然，教师待遇彻底改善有待国家逐渐完善内向型经济的转型，形成藏富于民的良性循环大气候。

---

[1]　教育部 1999 年和 2000 年针对高校扩招太快，就研、本、专的增长速度做了调整，但由于招生计划的调节权下放，普通高校中专科招生仍然以高达 40% 多的比例上升。参见：郝克明. 当代中国教育结构体系研究 [M]. 广州：广东教育出版社，2001：198-199.

其四，把开放培养教师理念的精神实质，理解为学历提升和高水平大学参与，却恰恰淡出了教师培养与基础教育事业发展需求之间的生命联系。执行政策过程缺乏及时反馈补救的调节机制，让学历导向，"刚性"要求教师继续教育中的学历达标与上岗、重用、晋级加薪等挂钩，掀起大规模的学历补偿性的"学历教育运动"。继续教育泛滥浮躁不实、作假舞弊、缺勤敷衍，教师获得的专业成长有限，还滋生了师德问题，被批评为："以形式代替实质，以文凭代替水平，以学历代替学问和才能"[①]，教师文凭学历提升成了教师培养业绩，教师质量等同学历。[②]

其五，政策制定规模效益思路占主导，而遵循教育内在规律被淡出。不仅农村小学应对适龄学童减少是"撤点并校"，同期全国高校也在大规模合并重组。而高中更是出现不少在校生多达 1.2 万、每个年级 80 个班的高中航母。这种极端，非仅是规模效益办学思路之过，而实质上是市场看不见的手作祟，地方政府倾向于树立公立名校品牌汲取社会资源，首选对策一般为：先举债改扩建，再扩招收费还债。

其六，同期各项教育政策之间缺乏相互促进共赢的协调机制。世纪之交的教师培养政策，在提升教师学历、学校布局规模效益、90年代"普九"农村建校、同期启动的基础教育新课程改革、义务教育适龄人口低谷这多种相互交织的力量之间，缺乏内在协调的整合。90年代挖掘民间的"普九"潜力，农村学校硬件有了一定改善，接下来是小学学龄人口低谷，正好国家启动新课改，如果认同新课程改革中教师需要研讨探索的时间与精力，生师比有所降低的条件，正好

[①] 参见朱小曼教授主持的教育部教育改革和发展战略与政策研究专项子课题"提高中小学教师队伍质量研究"，联合国教科文组织农村教育研究与培训中心承担的"提高农村中小学教师队伍质量研究报告书"（内部资料）。

[②] 唐亚豪. 农村教师队伍建设中的问题与对策思考［J］. 学术论坛. 2005（3）. 笔者接触的素材存在这种情况，教师真心投入学习通过了考核，但当地教育局要求限定人数内缴纳一万元才能够拿到证书，因此教师还是得不到证书。

为农村教师静下来探索实践新课程提供专业成长时机。课程教学改革需要占用教师大量时间，生师比规定应该随着追求高的教育质量而调整，这在城乡都是同样的道理。

> "高中课改，教师的工作量大大增加，但是学校的编制比较紧，老师的工作量很大。落实课程教学改革新理念，备课得多花几倍时间。老师一般任教一周10—16节课，每天要批改作业，辅导学生，班主任要管理40个学生，都是独生子女，都得上心，每周1节班会，1节校本选修课，还要指导学生进行课题研究，自己也要做课题，写论文，进修教研。非常辛苦！有时一个特殊学生问题，就会让老师处理很长时间。教师很不容易。"（2012年2月17日，11：40电话访谈，受访者多年任职北京市某名校教学副校长，刚被任命为一所普通完全中学校长。）

农村学校布局调整是"撤点并校"裁员，并没有考虑到教师探索新课程改革的内在需求，降低生师比，减小班额。而且，因适龄学生低谷小学教师总量缩减，因取消中师农村合格师源短缺的问题应该会客观上缓解一些。但是实际情况更复杂，由于教师质量简单等同学历的政策导向，在2001—2005年减少的30.01万小学教师中，并不仅仅是退休的或真正意义上的末位淘汰，而是存在用学历考核标准把受学生欢迎的优秀教师辞退。

（三）农村教师培养与农村学校之间恢复新平衡的支点

国际上开放培养教师的发展中，教育和教师培养内在规律决定的基础性本质，一直受到制度的呵护。国际上开放培养教师和推进教师教育大学化的过程中，十分注重挖掘提升传统师范学校培养教师的上述精华，呵护传统师范培养体系与基层中小学校需求之间的命运共同体联系。这也体现在多样的开放吸引优秀专业人才任教的教师教育培养模式中。例如，除了分权国家教育学院立足于高水平大学、教师培养机构升格为教育大学等，集权管理的法国，1989 年颁布《教师方向指导法》，原来中等教育结构层面培养教师的师范学校、地方教学培训中心、学徒师范学校、职业和技术教师培训中心，升格成立教师养成学院。教师养成学院并入本学区的一所或几所大学，与大学合作培养中小学教师，但是具有独立的法人身份，以维系与中小学校的密切联系。教师养成学院可以设在先前的师范学校校园，和本学区的一所或几所大学在系一级形成网络。[1] 保持了师范培养传统精华的教师养成学院，负责接收三年制大学本科学历的学员，培养两年，帮助学员通过高难度国家教师会考，对通过教师会考获得实习教师资格者，再指导一年的教育实习，其课程围绕教师会考和实习两项核心来设置。国家为了吸引优秀人才入职教师岗位，提供有意从教的三年级大学生年津贴 5 万法郎，为在教师养成学院、综合大学等准备教师会考的一年级学员提供年津贴 7 万法郎，获得实习教师资格者在实习期间领取实习工资（乐先莲，2007）。依据法国 2005 年颁布的《面向学校未来的方向与计划书》，教师培养要求硕士层次。教师养成学院和大学合作培养中小学教师，也充分体现在暑期对在职中小学教师进行的专题培训上。还有合作参与具有探索性、开拓性和创新性的专题研究。（郑婉，2011）

而立足世界顶尖大学教育学院的案例也显示出，密切教师培养和教育科学学术性研究与现实教育实践之间的命运共同体联系，是教师开放培养理念的精髓。杜威创办的芝加哥大学教育学院和他后来服务的哥伦比亚大学教育学院，都是立足高水平综合大学的顶尖教育学院。芝加哥大学教育学院虽然在教育经济学、教育社会学和比较教育学方面水平较高，也曾经一度比较重视教育实践和当地学校的改善。但是到了 20 世纪 80 年代，强调基础学科的理论研究的倾向导致教育

---

[1]　参见：裴淼. 教师培养模式（院校构成）的国际比较［R］. "构建当代教师教育体系"项目课题组内部资料，2012.

学院逐渐脱离芝加哥本地学校的实践发展需要，结果芝加哥大学在
1997 年决定将它关闭，2001 年这个百年老教育系在芝加哥大学彻底
消失，因为它无法为当地的教育提升作出任何积极的贡献。而哥伦比
亚大学教育学院在保持高水平的学术研究的同时，也能实实在在持久
地帮助纽约州当地的乃至全国的学校提高水准，改善课程和师资
（周勇，2010）。

农村教师培养与农村学校教师需求之间恢复新平衡的联系支点，
就是要让农村教育系统和教师培养系统遵循教育和教师培养规律的基
础性本质。

笔者 2012 年 12 月 18 日访问了云南省勐海县师范学校（现教师
进修学校前身）的创办者，曾任勐海县文化局局长、宣传部部长、
云南省茶叶研究所书记、县政协副主席的陈老。他讲述了为边疆少数
民族的教育前一辈曾经历的艰辛的教育历程，引人深思。陈老曾经在
勐海县一山寨任教。

> 我 1962—1984 年在学校工作，1984—2003 年退休在政府工
> 作，从教和从政时间大致各占一半。我自己担任县宣传部长以
> 后，都还想去学校教学。但当初却是报考工科和高中而被中师
> 录取。

> 很多人都了解历史悠久的昆明第一师范学校，第二师范学校
> 就很少有人知道。它是由 1959 年的师范专科学校调整过来的。
> 学校有专科班，高中毕业读两年去教初中，有普师班，初中读三
> 年去教小学。现在回想起来，那三年受的教育，管理十分严格，
> 对终生的影响都很大，任教的教师都是自己终生崇拜的人物。

> 第二师范的教师十分优秀，都是把昆明市中学一线优秀的教
> 师调来。比如，生物老师是留美的，原是昆中的校长；化学老师
> 来自昆一中，云南省全国人大代表；音乐老师据说是国民党音乐
> 上校指挥官；体育老师是云南省的五项全能冠军；物理老师讲
> 课太好，后来是昆明市教委主任。第一年的专业教育力度非常

大，都是教师讲自己的从教经历，让人震撼，刻骨铭心。到1961年，三年级毕业那一年，三所师范学校合并（昆一师、昆二师和省民族师范学校），又遇上老昆师的优秀教师，师资力量相当强。

这些老师上课，每人都有独到的东西，教做人，教做学问。每个老师上课都强烈吸引学生，你想偏科都偏不了，都被深深吸引。比如我们的历史老师上课把有关史实写在报纸上谈古论今，从来不照本宣科，内容远比教科书丰富又和教科书的精神一致。比如我天生五音不全，但还是会被音乐老师吸引，以至于多年后我到省委党校学习期间，学校举行歌咏大赛让我当评委，我打的分数被认为比较恰当，全靠师范的音乐老师培养的音乐鉴赏能力。

我们这批学生在师范受教师的影响非常大。我的同学都十分出色，有在"文革"中潜心读书，后来担任云南省社科院副院长的。还有后来任昆明师专副校长的。做教师的、培养教师的、领导学校的，都很出色。而且，读师范当过老师再当领导的，都不错，违法乱纪出事的要少得多。

我自己1962—1967年在山寨任教的时期，把大学教科书能够买的都自学了，读很多书。1967—1969年，要求乡里附设初中，乡相当于生产大队、现在的村委会，叫"三迈乡办附设初中班"。学生招来，分散到老百姓家里住，房、钱、教材、人都没有，就按自己带来的初中教材教，树上挂一块黑板，上午上课，下午砍树建校，露天烧饭。后来这个附设初中班毕业时，恰好招工，都参加了工作。区里也有初中班，没有我这"三迈班"红火，很多人都来入学。后来把"三迈乡办附设初中班"搬到区里去，后发展成勐宋中学。1969年我被抽调一段，后又回去参加建校。

1976年粉碎"四人帮"，百废待兴，本地急需小学教师，州教育局要求勐海县办师范学校勐海分校（现在勐海县教师进修学校的前身），强烈感到师资和条件都不具备，但也要办。1979年春，州教育局要我们招收 100 名师范生，我们反映师资力量不行，难以承担，但州教育局局长说，情况特殊，如果勐海不承担，这 100 名分给勐海的师范生指标只能放弃，我们只好承担下来。1976 年底来调令，1977 年初我到分校报到任副校长。那时建校基本上没有给多少钱，县一中的校长带一中的师生给我们盖房子，毛毡顶，土挂墙，竖几根木头，横拉几根竹篾，中空用稻草和泥巴糊上。没有教室，只是架起了把学生塞进去的场所。在我那篇回忆文章里有些记载。

当时选用教师，我主要看能力，学校教师中有昆师 50 年代毕业的校友，办过县夜校；有原来在勐宋小学后到县一中任教的；有两位是景洪师范大专班毕业的；有一位是临沧师专毕业的；即使应届毕业的也尽量选上学前有过工作经验的，还有临时聘的，心理学、教育学是请昆明师范我的老师。我自己教政治，数学老师缺了也会顶上去。我今天要去处理遗嘱的这位教师，就是当时调来的音乐美术老师，这位陈老师，学历不高，但是音乐美术有天赋，上级曾经建议选我夫人担任音乐老师，我却聘用了他，他真的是非常用功用心，教得很好。大家的心非常齐，十分勤奋，对自己对学生要求都十分严格。

我们主要是靠这些教师的事业心和才能。事实说明，我们培养的 100 名师范毕业生并不比州师范学校的毕业生差。我们学校的一位教师，后来担任了州师范学校副校长。聘请的一中历史教师后来当了我的领导，先任副县长，后来当西双版纳州政协主席。

我的体会，办学校，抓教育，就是全靠老师，靠老师的事业心，老师不行，再有条件（大楼、学历）也不行。你吃那碗饭就得端好了，老师就得有老师的样子，韩愈的《师说》要好好读！

这一心声传达的中师历史传承的优良传统，似乎通往了我国20世纪二三十年代的平民教育运动，以及晏阳初、梁漱溟、黄炎培、陶行知这些著名教育家。

（四）重建农村教师培养与需求之间的共同体

帕尔默指出："在匆忙的教育改革中，我们忘记了一个简单的事实：如果我们继续让称职的教师所如此依赖的意义和心灵缺失，仅仅依靠增加拨款额、重组学校结构、重新编制课程，以及修改教科书，改革永远不能够成功。教师确实应该得到更多的补偿，从官僚制度的困扰中解脱出来；我们应赋予其学术管理方面的职责，为他们提供尽可能好的方法与材料。但是，如果我们不能珍惜以及激励作为优秀教学之源泉的人的心灵，提供上述所有这一切都不能改变教育。"（帕尔默，2005：4）而且，真正的教育共同体的核心是，"教学就是要开创一个实践真正的共同体的空间，……现实是共同联系的关系网，我们只有存在于这种共同联系中才能认识现实。……只有亲身处于共同体之中，我们才能理解现实。"（帕尔默，2005：4）这不仅仅适合于课堂教学过程共同体的营造，也适合于教师培养与教育发展需求之间建立的共同体联系。

可见，农村教育现实中共同联系的关系网中，必定也是政府、社区（包括市场选择）、专业等力量之间博弈共赢的关系网。多方力量共赢关系的平衡支点，内含在上述有关国际开放培养教师理念的深层精髓中，也包含在我国中师培养教师的优秀传统中。而"倡导政府、专业力量及社区通力合作，引导学校中教与学的变革"也正发生在我国大城市。尽管现实中大城市基础教育分化严重，存在城乡接合部、城区和郊区的教育不均衡，然而，无论是城市还是农村，人的心灵隐藏着制衡制度偏颇和存养教育真气的力量。大城市的区域教师学习共同体，对于推进教育均衡，帮助全区教师成长，发挥了极其重要的作用。这种教师共同体联系网络凝聚优秀学校的资源辐射全区，为许多优质教育资源凝聚不够的学校教师提供丰富的学习机会。

"来到普通中学,感触很多。影响学校发展的因素很多,其中最重要的因素是教师队伍,骨干教师对学校来说很重要,但是工作负荷太重,参加市、区的培训每周就得花1天或1天半,带回营养到学校的教研活动中,全体教师受益很多。……对教师的在职培训是很重要的,海淀区做得非常好。区里对不同层级的教师都有培训计划,每个学科还有半天集中培训,内容十分务实,有骨干教师培训,管理干部分类培训,年级组长培训,班主任培训,青年教师培训。内容有课程改革、教学设计、教学基本功、专业能力、学科知识以及师生沟通方法等,非常丰富。海淀区是凝聚了整个区优秀教师、特级教师以及结合教育实践很紧密的专家,汇聚了各种优秀的教育资源来培训骨干教师,尤其是普通学校,本校的优秀教育资源优秀教师力量还不够,多亏了市区培训辐射先进的教育理念和经验。校长开会,都是业务学习,有时候是校长论坛,让校长们交流各自管理学校的经验,有的是专题探讨,效果非常好。学校的校本培训也非常扎实,每周教研组集体备课交流半天。这种培训对教师的专业发展非常重要。教师有教育理想,爱学生,胜任职业要求,才能有更好的教育教学效果,才能体会到职业的幸福感。培训对教师的专业成长至关重要。

对于农村地区的教师,要特别关注那些弱小、还缺乏优秀教师带动的学校。从很优秀的中学来到普通中学,感触最深的是,老师们很辛苦很努力,但是效果不理想。主要是因为学生成绩不好,老师着急,就会盯着怎么把成绩分数补上去,事实上,激发学生学习兴趣,比教知识更重要。这些弱小的学校更加需要这种教育智慧。现在市区学校的培训理念,课改理念,都是在朝这个方向引领,所以,薄弱的学校更需要教师专业力量带动,更需要骨干教师的引领,更需要政策的倾斜。"(2012-2-17,11:40

电话访谈，受访者多年任职北京市某名校教学副校长，刚被任命为一所普通完全中学校长。）

在农村地区，最缺乏的是大城市这种群英荟萃的区域教师共同体资源。发挥国家调控与市场资源配置导向的激励重点，是疏通大城市区域教师共同体的优质教育资源向农村地区辐射的通道，在农村因地制宜发育类似大城市的区域教师共同体，这是重建农村教育，培养农村教师的重中之重。作为农村教师培养与农村教育重建需求之间新的平衡支点——城乡统筹视野中培养教师的实践基础，即发育一种新的农村区域教师共同体，作为连接大学的教师职前培养、在职培养和吸纳大城市优质教育资源的枢纽。

而这一当代教育的集体困境，不是单靠基础教育的一线力量、高校教育研究者和政策调控任何一方能够缓解的。三者通力合作，大学研究力量不仅吸收大城市的区域教师学习共同体中的优秀资源，充实培养教师、促进教育繁荣的成果，而且亟须减少教育研究蔓延的避重就轻、贪多求快、见木不见林、沉迷概念体系建构、停留在拿来主义等，直面当代基础教育面对的基本矛盾，即评价标准限制教育目的达成之间的基本矛盾。片面追求升学率的现实高压，容易疏离于学生个性丰富发展的需要，这是极其需要高校与中小学合作进行攻坚研究的当代教育难点。

但是至今缺乏大学研究力量与一线教师实质合作攻关体制障碍的前瞻性探索。就是说，大学的教育研究力量与基础教育系统还未能就共同关心的最大难题的研究作为联系枢纽，建立实质的命运共同体联系。研究的疲软，直接影响到政策的宏观调控，也难以在各种利益的博弈中清晰多方共赢关系。

而教师培养体系与教育发展需求之间的命运共同体联系，归根结底，急迫需要大学研究力量与一线教师实质合作攻关体制障碍的突破性成果为决策服务，让基础教育系统在常态中遵循教育和培养教师的基础性本质有基本的制度保障。因此，重建农村教育和培养农村教师这一复杂的链条，是我国当下基础教育和大学教育改革大链条中的重要环节，十分值得顺势引导为教育系统母机反逼整体教育改革的伟大复兴工程。

教师培养的实践基础，原本是融入我国师范教育传统中的。教师教育者本身拥有合理的知识经验能力结构背景，应成为提升职前教师教育质量的最重要生长点。

(五) 把好基层师院生源质量关，提升农村师源职前培养质量

国家有必要为基层农村地（市）、县城中小学紧急补充有发展潜力的准教师，具体而言，是有必要在一本和二本师范或综合大学，针对全国地（市）、县城等中小城市的中小学教师缺的岗位，优惠定向培养补足，把优秀年轻人送到基层农村学校尚在岗的老一辈优秀教师身边，获其悉心培养，以期传承农村学校的优秀传统，能像 20 世纪80 年代中期入职的那些优秀年轻人那样，在农村学校人才断层时期顶起农村教育的大梁。也包括从这些成长起来的教师中，选择优秀者充实未来基层农村教育领导岗位。

为基层农村源源不断补充优秀师源，要靠健全面向农村的教师培养体系。在教育水平发达地区，本科层面的师范毕业生多，农村学校工作条件好，自然可以吸引足够好的师资，目前需要的是宏观控制教师培养数量大致供需平衡，引导农村学生回流就近上学。而在不发达地区，年轻人只要在城市有机会入职，就不愿去农村。目前只能去农村应聘的，多数是基层师院或师专的毕业生。因此，现阶段提升基层师范师专的培养质量是关键。

1. 用制度保障基层师院师专生源质量

在高等教育大众化阶段，取消专科层面的师范招生，教师本科培养为底线，甚至要求二本为学历底线的教师培养体系，以便为优秀年轻人入岗教师把好生源素质关。这并非延续纯粹学历导向，而是危机

反逼重建农村教育得设法输送优秀年轻人到基层农村任教。而且，我国高等教育从 2011 年开始因适龄人口低谷生源减少，教师职前培养主动调整到本科为底线，是把大学以质量求生存的激烈竞争作为教师教育发展契机的必然。在教师资格本科学历为底线的要求下，再出台倾斜政策吸引优秀生源学习教师课程，如本科允许师范专业提前择优录取、免学费、鼓励综合大学教育学院培养教师等。

通过基层师院师专招生制度上堵漏，是目前提升未来农村教师师源质量必需的调控措施。当然，要实行招生堵漏性制度，要求教师培养本科为底线，虽然是发展趋势，目前的困难也很大。师专如何转型？这两年正呈扩张态势的中等教育层面的教师培养，难以向本科转型。当年取消中师损害了中师培养与农村小学教师需求之间的生态平衡，现在农村教师和培养之间呈现更加严重的不平衡甚至断裂，在职前培养环节，除了堵漏，更重要的是建立与前述恢复新的生态平衡的支点及在职培养内在协调形成合力，通过完善城乡统筹教师共同体持续促进农村教师专业成长的机制。

在堵漏中有必要坚持的原则是，爱护基层师院和师专已有的教师教育培养师资，相信基层保留着当年为农村培养小学教师的中师力量和传统。2010—2019 年进入小学适龄人口高峰期，小学教师需求量增加，农村学校人才断层严重，再也不能够流失比较贴近农村实况培养小学教师的师资。以下就通过招生制度堵漏提升农村准教师生源质量，具体提供以下应对对策。

原有师专培养教师的力量平稳转型为培养本科层面教师的师资。针对三类情况分别对待：

第一类是在本科院校（包括刚升格本科的）招收的专科师范专业，取消专科师范招生，增加本科招生。

第二类是原师专，有三种情况。原师专已经升格本科，但培养小学教师、幼儿教师的专业还是专科。那么，可以尝试在本院校协商新的教师课程模式，总体目标是在本院校集中教育专业的力量为其他系的本科学生开足教师教育需要的课程。使得新的课程模式，有利于兼顾生源素质、培养质量，还必须注意照顾贫困生，尽量不延长学制，比如，政府补贴生活费用和学费，课程仍然四年内完成。①。而目前还没有升格本科的优秀师专，尽快升格本科。在确定评估标准的时候，建议在通常的标准外，增加两项必要的衡量角度：一是历年招生录取线靠近本科线，生源素质是办学声誉的晴雨表；二是主要招师范类专业，如果招的专业多是其他的，说明学校培养教师很边缘化，不如尽快转为其他特色的专科学校。如果所处的专科学校不够条件升格本科，那么，所有培养教师的力量，包括师专的、职大的教师教育师资，都整合充实到本省范围的本科师范院校或保留有教师培养机构的本科院校，集中力量为愿意任教的本科学生开足教师教育需要的课程。

第三类是在初中毕业生中招收师范生的五年制专科培养模式。在农民为了孩子受到好的教育花钱进城读书的情况下，除非区域特殊情况，优秀的初中生再也不甘读中师或师专了。建议取消此类模式，将其纳入中等师范教育改革体系中。

2. 中等教育结构层面教师培养的过渡性策略

中等教育层面的教师培养改革，也是为了平稳过渡到本科培养教师，甚至要求二本为学历底线的教师培养体系。

但是在目前情况下中等教育层面的教师培养是无法取消的。目前广泛分布在各类中职或中师招收的师范生，除少数特殊情况，生源素

---

① 比如调研接触的云南省思茅师专，就是院校升了本科但是教育专业还是专科，可以鼓励研究出因地制宜设置本科招生的教师培养课程。比如，本科统招，学员自愿报名，学科专业课程修满三年学分；教育类培养课程开足教师培养需要的两年课程的学分，包含实习。从大三开始利用空隙时间修教育类课程，加上大四的工作日和节假日周末时间，四年内完成 3+2 课程（也可以考虑 3.5+1.5）。合格者，获幼教教师或小学教师本科学位，也就是说，四年制读完 3+2 课程，获得一个教育专业某方向的本科学位，同时获得一个录取专业的专科学位后证书。

质大多数很差。但是，近年却招生数目猛增。① 其原因，除了小学教师继续在惯性招生，主要是因为基层农村大力发展幼儿园，需要培养大量幼教老师，就一哄而上分配大量招生指标。就是说，当年萎缩中师是靠国家不给招生指标的政策控制，而高等教育大众化阶段，地方院校招生权下放到省里，招生指标对于地方院校就是资源，出现生源质量、师资培养实力等都不顾的一哄而上的现象就不奇怪了。只要有市场，被萎缩的三级培养反而在更大范围、更零散、更质量低下地扩散。

针对农村小学教师需求量随学龄人口高峰和农村人才断层会增加，幼教教师的需求缺口目前又非常大的情况，顺势可为的提升生源质量路径，还是可以从满足农村的优秀孩子的上进心使之有机会上本科深造作为制度改革的切入点。

可以考虑实行一种过渡性的"中师—工作—师大"镶嵌培养模式。鼓励基层师范院校或有教师教育机构的本科院校，招收优秀初中生读三年中师，毕业后入职农村小学或幼儿园工作三年，所有适合任教者转正。教学优异受学生欢迎者，都可以保送二本师大免学费再读一年，课业合格者授予本科学历，返回原单位任教。在原单位不需要返回的情况下，也允许重新找工作或考研究生。

幼教教师因为目前岗位缺口大，培养任务重，而目前具有幼教培养师资的力量有限，可以考虑先设置速成课程，读两年，工作三年，再回炉读两年。这样目前的培养周期短一些，有利于相对集中在具有专业资质的机构培养幼教教师。这种模式逻辑上的优点是：可以保证从初中生中选择到优秀学员；可以满足目前急迫的培养幼教教师的任务；工作后回炉读书，有利于联系实践体验融会贯通理论；也有利于目前仍然比较贫困的农民孩子中优秀又喜欢任教的年轻人早点就业谋

---

① 赵英在《教师教育体系现状》一文中指出：2010 年，非师范院校中培养师范生的中职院校共计 2 226 所，其师范类中师学生的毕业生数 150 626 人，招生数 238 160，在校生数 593 022 人，分别占到非师范院校各层次师范生相应规模的 37.69%、49.74%、40.82%，各项指标均超过了本科和专科层次［参见《构建当代教师教育体系》项目课题组内部资料（2012-4）］。

生，又保留了今后的深造机会。这种"职前培养—工作实践—回炉深造"镶嵌的模式，从更积极的层面，有可能带来师范教育课程设置有意义的变革。

需要强调的是，过渡性的"中师—工作—师大"镶嵌培养模式，生源素质和培养质量是最关键的，是在为农村准备幼儿园和小学的未来骨干教师。因此，最好鼓励师范大学和师范学院扩大"中师—工作—师大"镶嵌培养模式招生。有传统积淀的培养信誉好的中师和幼师，也可以作为重要的培养机构，逐渐平稳合并为类似法国"教师养成学院"的机构，与大学合作培养小学和幼教教师。

应该看到，这种"中师—工作—师大"镶嵌培养模式不久肯定会要求本科为底线，甚至很快过渡到"3+2"硕士培养模式。这种过渡性教师培养模式的产生、发展和消亡，最后被新的模式取代的过程，最终取决于它与农村学校、农村基层教师共同体、农村社会之间的生态之间的平衡、不平衡和进入到新的平衡的发展过程。

要重建农村教育，政府的财政资源配置调控力量，除了提高教师待遇，还必须鼓励形成能够呵护农村教师持续专业成长的制度机制，引导市场选择力量优化资源配置促进农村教育重建，切实提升农村师源的职前和在职培养质量，把目前显然不满意农村教育质量择校的力量，吸引回农村接受令农民满意的教育。从我国现行制度框架内许多优秀教师、校长的创造性教育实践看，也正如朱永新所言："中国的教育需要进一步的'解放'。民间的力量是巨大的，民间的智慧是无限的。给民间多大的舞台，它就能够创造多大的精彩，给民间多大的空间，它就能够演绎多大的辉煌。解放了民间，也就解放了教育。"（朱永新，2011：3）因此，发育一种长效机制的方向，是让城乡统筹教师共同体有利于人的理性选择集合朝着呵护农村教师内在专业权威的方向汇聚力量。在农村教育系统和教师培养系统中体现教育和教师培养内在规律的基础性本质，笃实教师培养与农村教育重建需求之间新的平衡支点，这显然是维系中师培养模式与农村教育之间生态平衡的原有支点上的螺旋上升，直接影响到农村教师培养质量与提升农村教育质量之间达成良性循环。为此，政策宏观调控着力点有必要蜕变出新的农村教师管理制度生长点。

三、发育城乡统筹教师共同体：农村教师管理机制创新生长点

要实质缓解山区就近入学和教育质量之间的矛盾，重点是尊重教育和教师培养规律，提供教师专业成长机会，否则就不可能有让农民满意的教育质量。20 世纪 90 年代末以来主要采取规模布局学校和建住宿校，又引起校车食宿安全隐患和幼童情感疏离身心健康等问题。2012 年 4 月 10 日颁布的《中华人民共和国国务院令（第 617 号）》总则第三条规定更具人文关怀："县级以上地方人民政府应当根据本行政区域的学生数量和分布状况等因素，依法制定、调整学校设置规划，保证学生就近入学或者在寄宿制学校入学，减少学生上下学的交通风险。实施义务教育的学校及其教学点的设置、调整，应当充分听取学生家长等有关方面的意见"，但是，尽管迫切需要就近上学，可长期尾大不掉的四个老大难问题：山区孩子就近入学的质量保证；提高待遇吸引优秀准教师山区任教；丰富教师专业学习机会；解决农村长期缺乏专业英语、音乐、美术教师的问题，足以迫使农民因不满意教学质量而有点钱就异地择校。我们需要通过农村教师管理机制创新寻找拓宽共赢关系，在拓展制度呵护教师内在权威空间的过程中，和大环境改良之间形成积极互动，逐渐完善一种可持续促进农村教师成长和教育质量提升的长效机制。

（一）重建的理性抉择：为教师共同体的内核精神立法

目前，中央和地方政府为了输送优秀年轻人任职农村教师，已经出台不少鼓励政策。经济发达地区尽量提高农村教师待遇；贫困边远地区设立国家特岗、轮岗、志愿者、支教等多种非长期方式。《义务

教育法》规定，边远农村财政困难地区，国家补贴教师工资不低于当地公务员。还有国家的免费师范生政策，一些省属师大实行入职农村任教后返还大学学费等免费师范生制度。当然，援助角度还可以考虑充分利用乡情亲情，为农村引回一本或二本毕业的优秀准教师，适当优惠其回乡任教，如津贴其回乡任教安家费，信贷资助其回乡从事教育创业，以便落地生根；对于少数民族聚居的山寨，也可以考虑课题项目资助民俗研究者兼职农村教师。

但这些不足以形成农村教育可持续发展的长效机制。政策调控的重点，还在于提供一种非常重要的充分条件，满足年轻人入职农村学校后在职成长获得教育成就感的需要，让年轻人的教师职业生涯与生命本质能量的发挥融为一体。这就有必要发育一种新的农村区域教师共同体，作为连接大学的教师职前培养、农村教师在职培养和吸纳大城市优质教育资源的枢纽，并视其为农村教育重建和教师培养新的生长点。

首先，是借鉴新制度经济学有关制度变迁的相关原理。新制度经济学代表人物诺斯（Douglass C. North）认为，制度的博弈规则是人设计的，参与博弈的组织直接受人的理性选择的影响，制度框架根本性地改变人的选择的集合，而人在制度框架内提高组织运行效率的同时，也在适度调整制度的框架，甚至对制度进行整体性重构以达到自身利益最大化。组织与制度的相互作用共同形塑了制度变迁的方向和具体路径。在解释制度演化可能进入良性循环和恶性循环两极轨道的状况时，诺斯指出，路径替代常常是危机事件或社会矛盾积聚的激烈变动中政府主动采取的新的制度规则，路径依赖是依赖惯性力量推进缓慢而平稳的制度变迁。他还指出，适应制度的学习、与制度协调的投资、与制度为基础的契约等，使得行为者的观念、主观抉择对于制度轨迹的保持和长期运行起到关键作用。（杨正联，卢国义，2012）这一思想对本论证的重要启示有二：一是目前为摆脱农村教育的惯性低效和教师断层危机状态，有必要进行新的教师管理制度的初始设计，探寻新的路径替代。在假设新的路径替代中，也考虑路径依赖的制约和发挥其积极作用，关注新的路径替代尽可能平稳导向教育系统良性循环，以缓解激烈改变带来的动荡，尽量使得其变迁过程适合实情，既发挥历史沿承的优点，又可望导向路径依赖轨道的新平衡。二是清晰一种自觉意识，由人的理性抉择影响的组织运行的质和量可以影响到制度框架改变，那么，本文论证的关照基层教师共同体细胞的城乡统筹教师共同体系统，作为一种运行组织，其创新生长点关键在于把优秀教育的胚芽植入教师共同体的精神内核，优秀教育的胚芽即优秀教育制度的胚芽，呵护教师内在专业权威的教师共同体，能促进教育制度朝着呵护优秀教育胚芽的方向变迁。并且，对于政治清明和经济社会发展也会产生积极影响。

其次，是从西方政治哲学的构成主义方法论中获得启迪，重视方法深处交织的各种思想，尤其是近代西方哲学转向人的心灵，以求证知识确定性的依据，是构成主义的基本精神。这也决定了构成主义的方法是综合系统兼容其他方法的，认同直觉主义自明自存的洞察对于社会规范、结构、制度重构是无可替代的，构成主义可以对其确证，为其有效性和确定性提供清晰可理解的基点或标准。由此，构成活动包括理论建构活动和构建社会现实的实践活动。理论构成既包括社会中少数先知先觉者见微知著的理论构成，其需要立足社会现实背景、利用已有的思想资源，提出可能导向正义的良序社会的新观点，也包括对于现实秩序形成过程的理想重构，将复杂的现实秩序的建立过程抽象和简化为一种线索分明的理论模型或图表。这一思想方法启迪本研究十分重视所构建的城乡统筹及教师共同体体系的思想灵魂。认同这一观点，构建社会规范、结构和制度的实践活动要复杂漫长得多，人类社会从他治到自治的演进是渐进而漫长的，现代社会总体上朝自觉地自治社会发展，需要人们通过制定选择正义的良序社会基本规范，了解良序社会的根据与缘由而调整、改善、约束自己的行为，促进社会现实改善。并自觉地以这一思想为指导，以实践理性为基础。强调唯有人自己是社会秩序的根据和理由，信奉康德关于人为自然立法，也为自己的道德行为立法的论断（韩水法，2010），这些观点直接影响到本研究坚持的基点：在重建中以人为本，为教师共同体内核精神立法。

最后，也是最关键的，是针对农村教育困境是整个教育系统深层困境的特定缩影，借鉴更加有力的理论，论证在政府、市场、专业的博弈中朝着呵护农村教师内在专业权威的方向改变的重点，是呵护教师共同体的内核精神。本研究从帕尔默《教学勇气——漫步教师心灵》一书中对教师共同体内核精神的精妙阐述中汲取营养。帕尔默指出，教师专业学习共同体在教师完整的自我中生根，促成教师和谐完整的内心世界融入课堂和更大的世界，在认识、亲历教学这一共同联系的现实中，体验"教学就是要开创一个实践真正的共同体的空间"（帕尔默，2005：91-98）。这种真正的共同体不囿于心理咨询模式的亲密分享关系而萎缩共同体发展空间，不局限于公民模式的少数服从多数而可能压抑真理，也不是市场模式的全面质量管理顾客至上问责把优质教学的多样性挤进评核表的刻度里，而是师生都超越了"我是主体"的肤浅荣耀，让非人类事物的"主体"（伟大事物）处于真正的共同体的中央，师生皆是求知者，围绕其探究质疑，透过"谦卑"感悟其迷人的魅力、其能帮助人类纠错的身份优势、其能召唤人类和改变生命的力量。在这种群体共享的教师共同体中，信奉心灵需要被理解尊重，而不是被解决，更好的解决办法更容易在轻灵自在中自然闪现。教师回归自在安适的状态交流，话从内心流出，会影响到更愿意和自己的内心温柔对话，源源从内心汲取力量。（帕尔默，2005：91-98）

在农村教育现实中，尽管公共资源开始加大对农村教师的援助，但"冰冻三尺，非一日之寒"，本来就僧多粥少，有限的资源本该雪中送炭，但因现实的复杂性，政策容易错位，市场容易越位，好钢往往用不到刀刃上。有限的资源配置很可能卷入趋利避害的市场竞争较量，放大教育制度疏离心灵的负面力量。市场选择行为争夺的是在现行教育制度框架内竞争取胜，对"优质教育资源"多分一杯羹；全面质量管理信奉可量化结果的绩效问责奖惩激励效能，却导致大量层层级级的检查监控，出现"勤政猛于虎"① 的畸形现象。

因此，不同规模层次的教师共同体，包括自发的三五人自在分享的教师共同体，目前活跃在制度框架内的校内、区域、大学与学校合作等教师共同体，乃至本文期望支撑农村教育重建的、以镇带村统筹为细胞的城乡统筹教师共同体体系，辨别其真假的唯一分水岭，是在教育生态环境总体不容乐观的情况下，教育系统重新平衡生态环境，需要强健教师专业内在权威。这是教师专业、政策调控、市场选择三者正和博弈的制度创新生长点。

只要其探索因地制宜改善农村地区小学生就近入学和教育质量矛盾，吸引优秀准教师在山区任教，丰富教师专业学习机会，解决农村长期缺乏专业的英语、音乐、美术教师等方面能够清晰多方共赢路径，都值得集思广益完善之，并且得到政策呵护，吸引市场资源进行积极尝试。

（二）逐步完善农村以镇带村统筹的教师管理机制

随着政府扶贫工程的进展，要充分利用农村未来交通的便利条件，在边远经济不发达地区或山大人稀地区，逐渐完善一种新的以镇带村统筹的教师管理机制，不仅要着眼于农村教师自身挖潜，而且也要为城市优质教育资源有效辐射到农村准备好畅通接收的"软着陆"机制。这对于缓解农村教育质量与就近入学的矛盾，杜绝农村学校撤并导致在校车和住宿方面学生的身心安全隐患，为农村教育质量奠定可持续发展基础，是一种面向未来的新生长点。

以镇带村统筹的教师管理机制的发育，需要国家财政援助和政策引导市场优化资源配置为必要条件。首先需要承诺：愿意入职农村教学的所有年轻教师，都可以居住在中心镇新建的廉价租赁房，家属在

---

① 引用北京师范大学教育学部褚宏启教授于 2012 年 6 月 8 日督导笔者"课程理论"课堂上回应学生的话语。

乡镇企业优先安排工作，孩子可以在镇上就近上学，经济待遇可以满足生存所需，提供笔记本电脑日常运转费用。有了这个基础，就可以发育出未来农村教师在职成长的丰富潜在空间。

首先，以镇带村统筹安排的具体操作可以设想为：设在镇上的学校发挥规模效益，镇上和附近村落能够走读的学生到镇上就读；其他农村都设村小或教学点。在公路路况安全、旅程短的村小，可以全镇教师统一走教轮岗，安排专车送教师上下班，相应地大大减少了学生校车的安全隐患。教师上班早出晚归，方便参与镇上的教师专业交流活动。英语、音乐、美术、体育老师通过全镇统筹安排，可走教几所村小，以此解决农村教师长期存在的学科结构性缺失问题。对于远离中心镇交通不便必须住校任教的教师，实行全镇教师均摊轮岗，轮岗期间财政另补津贴。

换言之，即使在山区，未来有必要取消纯粹的村小教师，基层农村地区教育管理机构最基本的细胞是以镇带村统筹，镇上的教师也是村小的教师，只不过居住镇上的时间更多。这样便于专业交流，晋级加薪全镇教师一视同仁，在条件相当的情况下，正在山村轮岗者优先。教师在山村轮岗后，更加容易获得带薪进城进修机会，这样就建立了持续增强山村教师力量的机制。在目前小学入学人口高峰期已经来临的情况下，以镇带村统筹相比于撤并学校或建住宿学校，显然要更加人性化。在人口密集交通便利城镇化程度高的地区，学校规模办学已经步入良性循环，则以保障幼童的校车食宿安全和住校生的身心健康为重点；在需要新建学校的情况下，仍然有必要尽量谋求就近入学和提升质量双赢。

上述设想在具备了交通条件，经费尚不能够充分满足的地区，可行的第一步，是鼓励基层相关教育管理规划部门因地制宜地制订具体方案，进行投标，中标者先行获得资助试点。对于管理理念先进且可操作性强，使得山区孩子就近入学有质量保证，提高待遇吸引优秀准教师任教，丰富教师专业学习机会，解决农村长期缺乏专业英语、音乐、美术教师的问题，都可望得到实质改善的方案，择优中标资助落实人财物资源，建立监督跟进机制，在行动中摸索优秀经验推广。国家公共财政支付援助加上多渠道筹资，分期分批试点，逐步铺垫增强乡村基层教师共同体专业力量的必要基础。

县城学校和周边乡和村的学校也统筹为本县中心性的区域教师共同体，对全县其他以镇带村统筹的教师共同体起到引领作用。县城学校的教师相对于镇上的教师，需要分配比较少的时间到县城周边乡和村的学校走教轮岗。这样，就形成全县教师分担所有的乡与村教育任务的格局。所有的地（市）学校，也类似县城，和周边乡与村的学校统筹为区域教师共同体。这样，围绕地（市）的城乡统筹、围绕县城的城乡统筹，以及全区各县城以下的以镇带村统筹，就在地区范围内构成下文专论的"基层城乡区域统筹教师共同体"。

这一教师管理机制把城乡统筹教师共同体的基层细胞定位在"以镇带村"，包括镇上的学校系统，本片乡的中心学校和村小教师，而非"以乡带村"。其逻辑上的优点如下。

其一，可以比较妥善地满足农村地区尤其是边远山区小学生就近入学的需要，极大减少接送学生的校车隐患。只要有可能，村小就设在农村，增加空巢农村的生命活力。在村小设校确实有困难的地方，才退而求其次住校解决。只有逐渐减少山村学前和小学住校生，才能保护农村孩童得到家庭关爱和受教育的权利。

其二，以镇带村统筹范围整合了几个乡中心学校和农村小学，教师团队有一定规模，不仅便于从根本上解决农村教师学科结构缺失问题，而且对于顺势凝聚优质教育资源形成气候，放大辐射效果有其优势。此外，以镇带村统筹的片区面积介于乡和县之间，教师走教的交通范围比较合适，边远山村轮岗是全镇教师团队均摊，保证了每位教师居住山村轮岗时间不会太长。这样，未来入职基层农村的教师，既承担了最基层的村小教育工作，又大部分时间在镇上上班，生活和专业学习机会都保持了当代大学生能够接受的底线水平。

其三，农村教师以镇带村统筹管理细胞的发育，为城市优质教育资源有效辐射到农村，准备好畅通接收的"软着陆"机制。各级城市的优质教育资源，送教下乡，城乡结对，落实到镇也就同时辐射到村了。从而增强基层城乡统筹区域教师共同体共享优秀教育资源的实质功能。为了快速发育以镇带村统筹教师共同体，大城市名师专家的农村支教力量，可以通过以镇带村统筹教师共同体这一基层细胞发挥更大的辐射作用。

其四，有利于推进教育均衡发展。对农村教育的人财物援助，在县级领导层感到无法顾及所有各乡的情况下，容易厚此薄彼倾斜几所重点中学或小学。而当全县是以几个"以镇带村统筹"的片区围绕"县城带村的共同体"运作，每一个区域共同体在全县都占很重的分量，资源配置都不能厚此薄彼。当重视发育以镇带村统筹的教师共同体这一细胞的活力，任何资源影响到镇也就同时影响到村，自然有利于推进农村地区教育均衡发展。

以镇带村统筹的教师共同体，就是整个城乡统筹教师共同体中最基础的细胞，值得地方教育领导执政为民，问计于民，统筹管理，在各方面加大援助和完善力度。为了支撑农村教师专业持续成长，还需要在更高层面完善疏通大城市到农村末梢的优质教育资源共享机制，完善基层城乡统筹教师共同体机制。

（三）培育基层城乡区域统筹教师共同体

自从 2005 年以来，教育部推进义务教育阶段均衡发展方向，积极探索城乡教育统筹。但是城区骨干教师支教农村也好，各省抽选骨干团队派往大城市学习也好，主观上都是种子工程，但客观上种子太分散，营养稀薄难成气候，如果地方领导利用无方或根本无心利用，种子连发育的土壤都没有。

为了支撑农村教师专业持续成长，需要在三个层面完善全国城乡统筹教师共同体的机制。包括：如上所述作为最基层细胞的以镇带村统筹教师共同体；其次是在大城市（省城和直辖市）和乡村教育之间起到联系枢纽作用的基层城乡区域统筹教师共同体，如上所述由中小城市与周边乡村的区域统筹和本区县内所有的以镇带村统筹共同体构成；最后是疏通城乡优质教育资源的大动脉，即城乡区域对接联动共享优质教育资源的机制。而在把大城市的或教育发达地区的优质教育资源，向以镇带村统筹的广阔的农村学校辐射的过程中，基层城乡区域统筹教师共同体是十分重要的中介。

在目前还没有实力吸引优秀准教师入职的农村地区，如果发育出以镇带村统筹的教师共同体，就培育了接收大城市优质教育资源使其生根发芽的土壤。相信，随着国家把公路通往边远山区农村的宏伟基业成为现实，随着农村经济社会发展，前述以镇带村统筹管理在协调解决农村孩子就近入学、提高农村教师生活待遇、丰富教师专业学习机会、解决农村教师学科结构性缺失的设想，能够成为现实，从而具备了成功吸引优秀年轻人到农村任教的制度基础，农村优质教育一旦拥有了强基固本的最重要的人力资源，与时俱进重建农村教育并使之可持续发展就指日可待。

而从普遍的情况看，大城市和教育发达地区相对有更密集、更先进的学校教师共同体，有学习氛围浓郁的区域教师学习共同体，凝聚优秀学校的教育智慧辐射全区，为许多优质教育资源薄弱的学校教师提供丰富的学习机会，对于推进教育均衡，帮助全区教师成长，发挥了极其重要的作用。这正是基层城乡教师共同体急需吸收的专业营养，也更是以镇带村教师共同体所迫切需要的。

相对于城市，地大人稀地区最缺乏的是大城市这种群英荟萃的区域教师共同体资源。基层农村学校规模小，分散，看不见的优质教育气场易散难聚。有关研究指出，建立城乡区域教育共同体，以项目协作小组、区域内城乡结对拜师、送教下乡、教学互访、联体教研，可分享办学理念、工作思路、管理制度、教改经验、科研成果等，人财物向农村学校倾斜，确实行之有效，但在整体协调促进城乡教育发展方面还是存在困难（刘永忠，2010）。如果以镇带村统筹为基层细胞的区域城乡统筹教师共同体管理机制逐渐得到完善，与城市行之有效的教育一样，可以比较方便地辐射到以镇带村统筹的基层区域教师共同体中，只要辐射到镇就同时辐射到了村小。

国家调控与市场资源配置的激励导向，是疏通大城市区域教师共同体的优质教育资源向农村地区辐射的通道，在农村因地制宜发育类似的区域城乡统筹教师共同体，可望发挥一种常规性的重要功能——疏通基层中小城市优质教育资源持续养育到村小末梢的通道。这是重建农村教育，培养农村教师的重中之重。此外，现实中还有一种潜在的共赢空间可以挖掘——在区域城乡统筹教师共同体与丰富农村准教师培养实习机会之间互补。区域城乡统筹教师共同体还可以成为连接基层师院的教师职前培养、教师在职培养和疏通吸纳大城市优质教育资源的枢纽。

（四）疏通城市教育资源反哺农村教育的通道

在基层城乡统筹教师共同体能够相对密集地批量接触大城市的优质教育资源的情况下，比较容易形成优质教育气场，产生质的飞跃，凝聚更加强大的优质教育气场，有利于基层城乡统筹教师共同体内教师成长步入良性循环，依托以镇带村统筹的教师共同体的"软着陆"机制，营养到村小末梢。以基层城乡区域教师共同体与大城市的区域教师共同体之间的实质对接联动，有效地疏通城市教育资源援助农村教育的通道。

这一假设的理据主要是，一旦形成优秀教育气场，就更容易吸纳教育的正面力量步入良性循环。城市区域教师共同体优势强大，一方面是城市人才济济，水涨船高，另一方面是组织管理体制比较先进。

而农村教育系统最欠缺的就是渗透教师专业内在权威的气场。一旦缺乏它为学校教育强基固本，在升学压力中，专业力量单薄的基层农村学校，更加容易偏向迁就制度要求。因此，农村教育系统最需要从城市教育系统中汲取教师专业内在权威固本，形成正面教育气场。在基层农村，只有贴近真相尊重教师专业内在权威，才可能纠正和完善现实中种种脱离内在需求的教师培训方式，以实质满足教师成长的需要。

　　形成农村地区滋养教师心灵和意义感的优质教育气场，是完善以镇带村统筹为细胞的基层城乡区域教师共同体的重心，也是进一步打通城乡教育资源互通动脉，培育城乡区域对接联动教师共同体的重点。在操作策略上如图 1 所示。

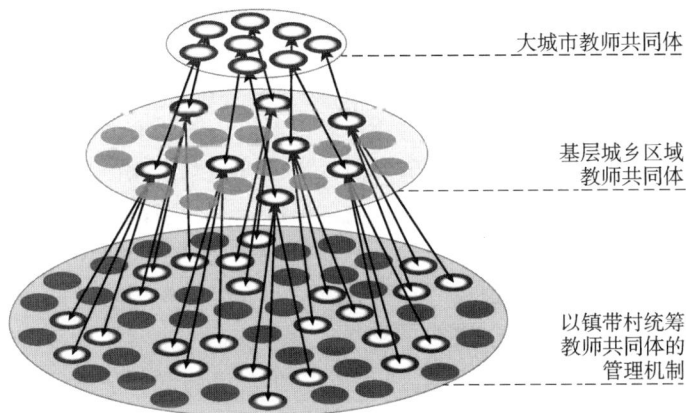

　　大城市教师共同体

　　基层城乡区域
　　教师共同体

　　以镇带村统筹
　　教师共同体的
　　管理机制

图 1　城乡区域统筹教师共同体密集批量互动促进质变

　　图中显示的是一种重建城乡统筹教师共同体的思路，在基层城乡教师共同体能够相对密集地批量接触大城市的优质教育资源的情况下，比较容易形成优质教育气场，促成质变，有利于教师持续成长步入良性循环阶段。

　　因此，鼓励分批次组织基层城乡区域教师共同体与大城市的区域教师共同体对接联动，双向短期内密集接触。派往大城市学习的教师团队，有区域城乡统筹共同体中的中小城市和县城的教师，也有以镇带村统筹中的乡镇村的教师，可望渗透到村小末梢受益。如图中向上的粗箭头所示，当然，向上的箭头也包含城市教师分享草根教师新鲜纯净的原生态教育智慧。名师专家支教多安排到以镇带村统筹的教师共同体进行传帮带活动，比仅仅落在一所基层学校发挥的作用大。依托以镇带村统筹共同体，落到镇也就辐射到了村，如图中向下的细箭头所示。在以镇带村统筹管理的教师共同体分享大城市的优秀教育资源，容易贯注教师共同体灵魂于村小末梢。这样，有利于促成区域城乡统筹教师共同体产生质的飞跃，包括在以镇带村统筹的共同体内形成优质教育气场。

显然，分批次在城乡区域统筹教师共同体内同时期批量送教师往大城市学习，一个现实的困难是会引起区域内师资短缺。针对此，可以结合目前基层师院职前培养教师实习力度薄弱，实习基地建设困难的现状，设计职前职后一体共赢的管理机制。结合上图直观显示的，为密集吸收先进教育营养促成质变，利用国培资源，有意轮流集中扶持小批的基层城乡区域统筹教师共同体，可以把基层师院实习基地也随之轮流安排在正受到扶持的范围内，争取全部的职前学员都有顶岗实习锻炼机会，又弥补了区域内大批教师短期外出学习的师资缺口。而且，基层城乡区域统筹教师共同体内是城乡学校均匀分布地选出教师团队，对接送往大城市某区学习，比如半年至一年参加大城市市区组织的骨干教师常规教研活动，同时分配到本区的优秀学校学习。批量进修后趁热打铁跟进层层辐射培训，让区域统筹内的全员教师受惠，包括末梢的村小。

再配合大城市学校与基层城乡区域统筹学校的校际互动联系，发挥已有相关探索的优势，诸如项目协作小组、城乡教师结对拜师、送教下乡、教学互访、城乡联体教研等，可望逐渐发育城乡教育优势互补空间，为一批批基层城乡区域统筹教师共同体批量注入大城市凝聚的教育营养，以便在区域内凝聚优质教育气场，持续滋养教师成长，使区域内的城乡学校都可能获得优质教育良性循环的质的飞跃。

城乡区域统筹联动教师共同体的发育应该是持续扩散的，短期快速扶持发育小批量的基层城乡统筹教师共同体，是为长期扶持发育所有的基层城乡教师共同体服务。因此，前期批次送往大城市学习的城乡区域统筹教师共同体，在全国各省（尤其是教育落后省份）有意均匀分布，便于横向带动相邻城乡区域统筹教师共同体，形成实质上疏通城市援助农村的纵横网络。

大城市的师范大学教育研究专业力量，可以通过加强与大城市的区域教师共同体的共赢联系参与农村教育重建，也可以直接与基层城乡区域教师共同体之间建立共赢联系，更有必要与一线学校合作就影响基础教育发展的牵一发动全身的问题进行前瞻性探索，也更加需要深入研究城乡统筹教师共同体的发育、发展内在规律及制度保障机制。基层师范学院可以通过教师职前培养的实习基地建设，以"顶岗实习"等适宜的方式参与完善基层城乡区域教师共同体的工作。

（五）坚持内行领导教育，疏通教师聘任公正通道

借国家政治体制改革的力量，复归内行领导教育的正常状况，是为年轻人服务农村教育拓宽任人唯贤空间的必要条件。而且，为了农村教师质量适应第四次学龄人口高峰（小学 2010—2019 年；初中 2016—2022 年；高中 2019—2025 年）的教育需要，应对农村教师人才断层危机乃燃眉之急，在想方设法培养优秀准教师输送到农村教育系统的同时，也要为农村教育系统呵护年轻教师的成长创造条件。

当务之急，是坚决地清退目前各级掌握教育行政领导权的外行，基层农村的各级教育领导干部，像许多大城市一样，也都必须从一线优秀教师中提拔。把 20 世纪 80 年代中期以来为教育好农村学生作出杰出贡献的名师或骨干教师，提拔到基层农村各级教育领导岗位上。尤其是小师范政策期间毕业的教师，20 多年来是承担农村教育的中坚力量，要在他们 5—10 年内退休前，尽快输送优秀年轻人到他们身边学习，依靠农村教育系统中这批中坚力量，培养年轻人快速成长，顶起未来基层农村教育的大梁。对于品学兼优，教育教学成效显著的优秀青年教师，要有意培养为未来的教育领导者，以保证农村教育系统一直能够内行掌握教育领导权，继往开来重建农村教育事业。

"北京的教师聘用权是在学校。新教师入职把好优秀人才关，是关系学校发展的头等大事。万一进的教师德才皆缺，扶也

扶不起来，是根本没法扔出去的，因为，现在校长基本上没有淘汰权力。

学校进人需要经过十分专业、严格、严谨的选拔。学校设有招聘委员会，由校长、主管教学的副校长、教学主任、学科教研组长、学校一些德高望重的老教师和特级教师组成。从程序上来说，先通过学科教研组、年级组了解需要进什么教师，申报上级人事部门落实好进人编制，再确定入选的基本要求。再从应聘档案中按照要求的底线进行挑选。然后是试讲等面试，选中了的试用两周或一个月不等，再择优入职。

从专业角度说，教师的专业性不亚于外科大夫的专业性。教师聘用选择权交给学校，是对于教师专业性的最基本的尊重。因为，只有真正懂得教育的学校干部团队和经验丰富的教师，才有眼力看准求职年轻人是否具备教师所需要的潜在素养能力，做教师需要的气质。这靠已有的评核标准是考不出来的。再说，学校的发展方向、特色、文化，正好需要什么人才，只有学校自身才最清楚，所聘任的新教师需要与学校的发展方向、发展特色、近期远期目标、教师培养方向内在一致。如果聘任选择权不给学校领导，等于不给校长的用人权，那怎么可能有学校的持续发展、特色发展、学校制度文化创新和教育创新？又怎么促进学生的个性丰富发展、创新人才培养？

目前学校需要聘用教师的数量及学科分布，上级只要求预先申报下一年度的需求，再依此确定进人编制。如果考虑到教师职前培养周期需要有培养周期规划的角度，学校预先申报几年的教师需求是可以做到的。确定了办学规模，预先统计了会退休的教师，学生人口高峰等因素都考虑到，要学校配合做几年的教师供需规划并不困难。几年规划和年度聘人计划相配合，也可以及时关照到特殊的预料之外的情况。

和教师培养周期相配合的教师需求几年规划，这倒是各级人事部门应该做的事情。教师聘任的专业选择权，应该交给学校。

人事部门的干部不懂教师的专业特点，又不直接用人，又对于学校的发展不负直接的责任，即使聘请相关人员在专业制度上严格把关，在竞争和利益攻势激烈的情况下，也难免挂一漏万。学校进人，也会遇上人情，但是学校的生存和发展竞争压力十分大，全靠学校的优秀教师队伍，在进人把关上，除非同等优秀的情况，才可能倾斜人情，稍逊一色都不可能考虑人情。"（2012 年 2 月 13 日，21：30 电话访问北京一著名中学校长）

我国多数大城市，对于满足国家规定的教师资格证书底线的应聘者，教师聘用权是在学校。即使区教委有考核，也是在学校确定用人意向以后，考核教育和教师法律法规方面的内容，能够通过学校专业审核者一般都能合格。但是在基层农村地区，基础教育阶段的教师聘用基本上先由人事部门把关考试。归根结底，就是基层农村学校教师专业内在权威尚未强基固本，难以抵制各种关系后门的入侵。因此，需要人事部门按照制度考核把关。

而人事部门的制度考核把关就各有千秋了。有先通过地方人事部门组织的统一笔试，确定竞争者和入职者比例，学校再请专家组进行面试（试讲、说课等）；还有些地区，虽然名义上是人事部门阳光考核，但实质上是地方有关官员把持教师编制资源，教师入职需要硬关系，严重的地方已经导致师范生入职普遍危机，学员不敢报考师范专业了。

在农村地区，人事部门要严格执行公平、公正、公开的"凡进必考"筛选制度，并充分尊重教师专业性，归根结底还是依托基层教师共同体凝聚的专业力量。

以下来自远海一中等城市的案例，表明在统一组织笔试和面试的过程，可以依靠学校专家教师组成的评委提高考核的专业性，以合理的制度杜绝后门，保证教师岗位给优秀的求职者。

"地方上通过各种关系争夺教师职位的无序状况，这是国家人事改革政策在各地落实不一致造成的。是完全能够通过政府人事部门组织相关力量进行聘任制度改革控制和理顺的，合理的制度可以维护一种尊重专业选拔、任人唯贤的环境。

按照国家人事部下达的《事业单位公开招聘人员暂行规定》（人事部令第6号）文件精神，地方如果蔓延关系网争夺事业单位编制，那么相关负责人就要受到政纪和刑事法的处理了。而沿海发达地区事业单位用人制度改革已经成型。沿海地区的发展历程表明，合理制度引领未来发展方向。在教师入聘环节，依托专家评委严格把控的"凡进必考"的公平择优竞争制度，才可以保证最大范围内选优的效率，把学校的聘人专业自主权替代为区域教师专家评委的专业把关，总体利大于弊。

本地从2000年开始启动用人制度改革，已经有12年的历程。用人制度严格执行公开、公平、公正，"凡进必考"，不论亲疏，打破户籍歧视、性别歧视、年龄歧视、党员非党员歧视，择优录取，鼓励人才流通，已经形成了制度。入职门槛考核由人事部门"凡进必考"把关，教师入职后的专业晋级由学校内的专业委员会考核。

为了保证把教师岗位给优秀的年轻人，从2005年开始，教师"凡进必考"制度逐步从市，推到县城，到乡乃至村小的教师聘用，由人事部门组织严格的考试过程。在这个过程中，无论谁都一视同仁。有一位主管人事的领导，亲戚的孩子考本地教师，自己负责组织"凡进必考"过程，人也在考场，但是，小孩第一年考不过，再准备，第二年考不过，再准备，直到第三年考上了，高兴得掉眼泪。一旦杜绝后门成制度了，习惯就成自然了。

教师入职考试十分严格，笔试占50%，题目来自省厅题库，试卷保密、设异地考场，用车送到另一城市考试，监考不用本地老师、封闭判卷，成绩公开等，有一套监督措施。面试是聘请专家教师任评委（一般是在全市范围抽调5—7位中小学高级教师，当即抽当即集中），面试尊重教师专业特点，有试讲、说课等。评分是把评委中打的最高分和最低分去掉，用其他评委中判的中间的分数得出平均分公布面试成绩。近两年考核会临时随机抽调教学班级上课，听课学生参与评价。

只有制度规定，没有好的人执行也会成为假的制度，比如有些地方人事部门也组织用人考试选拔，如果没有一套严密、专业、公开、系统的监控机制，也可能是表面工夫，实际上还是开后门。另外，如果学校内部还没有形成整体的专业权威，入聘不能阳光专业把关，学校自主聘任就必定低效。生活在社会中的人，受一大堆人的影响，靠自觉的行为难，还是要靠好的制度把关。教师编制是政府拨款，编制就是资源，只有靠公正的严格制度能够挡住各种私欲对这宝贵资源的争夺，尤其是在风行后门的地区，更要靠严格的制度保证优秀年轻人入职教师岗位。

从本地年轻人应聘教师竞争激烈的情况看，教师培养确实供大于求，有教师资格证书的求职者实在太多，入职门槛考试很难。现在本地应聘教师的年轻人，偏远地区任教也愿去，有月薪3 000多元。一般而言，目前年轻人愿意选择县城任教的居多。

本地区农村，教师不缺，好教师缺。曾一度民办教师转正占了编制，整体素质又不高，优秀的年轻人又进不去。这几年，又出现因为学生往城镇学校集中，农村小学教师有超编3倍的情况。

要缓解教师入职竞争，让年轻人学有所用，在培养师范生方面，有必要在质、量、专业结构方面，合理规划，协调合理的供需平衡关系，质量优先。（2012年1月30日，21时，电话访问一沿海城市前任人事处处长）

基层农村学校内部的专业权威参差不齐，可以通过区域教师共同体的教师专业团体增强入聘的专业考核。对于人事部门统一把关比较容易忽视用人单位聘用专业选择权的问题，明智之举是尽量了解学校进人的特别需求，甚至也可以允许学校有试用期。

总之，在基层农村地区更加迫切需要发育城乡统筹教师共同体的专业权威，这无论是在教师入聘环节合理选拔优秀青年，还是在重建农村教育系统工程的每个环节，都是唯一可以依赖的积极力量。

四、结　　语

为农村教育和教师奠定强基固本的制度机制，确实需要相当的制度成本。这些都需要经费援助：满足农民孩子就近入学需要在更多行政村恢复村小、偏远山村设有村小或教学点；承诺农村新入职的年轻教师可以入住中心镇廉价租赁房；农村教师基本待遇提高，专车接送教师到交通便利的村小上下班；入住边远山村轮岗教师的特别津贴，农村教师的数量配合城乡统筹新的教师管理机制的需求；小学住宿生适当多安排教师；满足农村教师在职进修和带薪休假需要并与适龄人口峰谷变化相协调；建立农村地区师生动态变化检测基础数据库，等等。

缓解经费缺口问题，除了考虑分期分批，还需要开源节流。随经济社会的发展，应加大国家和地方公共资源投入；吸引社会慈善资金，2011年我国慈善捐赠总量达845亿元，预测未来捐赠将达千亿量级，中国的慈善必然突破预设的弥补公共财政不足的地位等（魏铭言，何光，2012）。当然，最有可持续发展潜力的，是让制度创新催生和发挥地方创造性增强学校和社区命运共同体联系，政策调控方向定位于吸引市场资源扶助真正的教师共同体提升教育质量。当然，在克服制度成本困难的种种努力中，最大的激励来自农村教育重建的意义。

农村教育系统是整个国家基础教育系统的网底，关系到整个国民基本素养的提升，关系到全面小康社会和农业现代化的未来，也是国家创新人才培养最博大的摇篮。农村义务教育这张网编织好了，基础教育就承担起了为培养国家创新人才和农村农业现代化需要人才奠定可持续发展基础的社会重任。

参考文献

艾克哈特·托尔. 2008. 新世界——灵性的觉醒［M］. 张德芬, 译. 海口: 南方出版社.

《法律与生活》记者. 2009. 湖北大量希望小学荒废调查［J/OL］. 北京: 法律与生活（1）.

《教师月刊》编辑部. 2012. "留守" or "流动": 乡村儿童的单选题［J］. 教师月刊（4）.

郭少峰. 清华启动生源结构调查 回应农村生源减少［N/OL］.［2011-08-18］. http://edu.sina.com.cn/gaokao/2011-08-18/0819310042.shtml.

韩水法. 2010. 现代西方政治哲学方法［J］. 中国社会科学（6）.

郝克明. 2001. 当代中国教育结构体系研究［M］. 广州: 广东教育出版社.

贺东航, 孔繁斌. 2011. 公共政策执行的中国经验［J］. 中国社会科学（5）.

胡成, 蒋绥, 何卫红. 2008. 使用三五年便废弃 58 所希望小学沦为深山摆设［EB/OL］.［2008-11-18］. http://news.163.com/08/1114/16/4QNMJL3J000120GU.html.

黄应贵. 2007. 农村社会的崩解? 当代台湾农村新发展的启示［J］. 中国农业大学学报: 社会科学版（2）.

贾新光. 2012. 校车问题关键在 "校" 不在 "车"［J］. 学习月刊（2）.

乐先莲. 2007. 法国: 教师专业高标准严要求［N/OL］. 中小学教师频道, 2007-03-19.

李斌. 2009. 百年中师文化风雨飘摇［N/OL］. 中国青年报, 2009-03-17.

林茶居. 2012. 艰难的儿童［J］. 教师月刊（4）.

刘永忠. 2010. 浅论城乡区域教育共同体［J/OL］.［2010-09-30］. http://wenku.baidu.com/view/0bf785160b4e767f5acfcebe.html.

帕尔默. 教学勇气——漫步教师心灵［M］. 吴国珍, 等, 译. 杨秀玲审校. 上海: 华东师范大学出版社. 2005.

"缩小差距: 中国教育政策的重大命题" 课题组. 2005. 落实教育均衡发展的十条政策建议［N/OL］. 中国教育报, 2005-07-03.

唐亚豪. 2005. 农村教师队伍建设中的问题与对策思考［J］. 学术论坛（3）.

涂子沛. 2012. 尊严的公共生活需要"大数据"［N］. 新京报，2012-07-14.

魏铭言，何光. 2012. 北京去年捐赠收入逾68亿全国居首［N］. 新京报，2012-07-13.

温铁军，董筱丹，石嫣. 2011. 中国农村发展方向的转变和政策导向：基于国际比较研究的视角［J］. 中国农业信息（2）.

温铁军，邱建生. 2010. 三农问题重中之重与我国教育体制的适应性调整［J］. 民族教育研究（1）.

温铁军，温厉. 2007. 中国的城镇化与发展中国家城市化的教训［J］. 中国软科学（7）.

温铁军. 2005. 三农问题与和谐社会［J］. 中国广播电视学刊（5）.

温铁军. 2007. "三农问题"与解决办法［J］. 中国改革：农村版（10）.

杨正联，卢国义. 2012. 制度变迁中的组织——简析诺斯的组织理论［J］. 哲学论丛理论月刊（2）.

袁桂林. 2011. 农村学校布局调整研究［R/OL］.［2011-12-13］. http://www.counsellor.gov.cn/Item/9628.aspx.

郑婉. 2011. 法国教师教育的改革现状及其借鉴［J］. 北京教育学院学报（10）.

中华人民共和国教育部. 2010年全国教育事业发展统计公报［EB/OL］.［2011-07-06］. http://www.jyb.cn/info/jytjk/tjgb/201107/t20110706_441003.html.

周大平. 2011. 学龄人口减少扯动中国教育［J/OL］. 瞭望·新闻周刊，2011-05-03.

周勇. 2010. 芝加哥大学教育系的悲惨命运［J］. 读书（3）.

朱永新. 2011. 教育的解放［M］. 北京：教育科学出版社.

青年教师学术与生活的"纠结"：
基于 S 大学八位教师的叙事探究

Young Teachers "Entangled" between Academic and Life：
Narrative Inquiry Based on Eight Teachers in the S University

李宣江（Li Yijiang）

安徽师范大学教育科学学院

School of Education Science, Anhui Normal University

内容提要：当代大学青年教师是"纠结"的一代，学术与生活面临选择的困惑。他们在学术上面临着前所未有的压力。当教学遭遇科研那只"看得见的手"时，青年教师开始有了不同的选择，或是重科研，或是委屈教学，或者寻求良心的平衡。当科研考核渐趋量化的时候，科研评价就成了悬在他们头上的"双刃剑"，如何在积极与消极方面获得平衡又是一个纠结的问题。职称晋升的竞争日趋激烈，职称"想说爱你并不容易"。学位提升方面的压力空前绝后。生活待遇在客观上不断提高，但由于多种原因，他们的幸福感却在不断下降。对于学术与生活他们面临从未有过的选择上的"纠结"。

Abstract：Contemporary College young teachers are "entangled", academic and life puzzle of choice. They face unprecedented pressure on the academic. When teaching experience and research that are only "visible hands", the young teachers began to have different options, or heavy research, or teaching of grievances, or to seek the balance of conscience. When you become more quantitative assessment of scientific research, research evaluation was hanging over their heads on a "double-edged sword" and ways to balance positive and negative is a tangle of issues. Increasingly competitive job title promotions, title "is not easy to say I love you". Unprecedented degree increase pressures. Treatment is objectively and continuously improve life, but for many reasons, their happiness is declining. For academic and life they never had the choice of "entangled".

当代大学青年教师出生于 20 世纪 70 年代和 80 年代初期，上大学基本是在 20 世纪 90 年代，90 年代我国正着力构建社会主义市场经济体制，经济改革与建设在社会中占据中心地位，市场经济浪潮开始冲击人们生活的各个领域，也冲破了人们很多固有的观念。一句"不是我不明白，而是这个世界变化太快"，就从一个侧面说明了当代大学青年教师必然面临一个多姿多彩、日新月异的世界，也不可避免提供给他们选择的多样性。然而，如何选择却成了他们的纠结。本文通过对出生于 70—80 年代，踏着市场经济的浪潮进入大学学习并工作的八位青年教师的访谈，展现在一个充满诱惑、价值多元的年代，青年教师学术与生活的境遇。

一、导　　言

（一）研究的缘起

教育大计，教师为本。努力造就一支师德高尚、业务精湛、结构合理、充满活力的高素质专业化教师队伍，是当前乃至较长时期我国教师队伍建设的总体目标。高等教育因其在人才培养、科学研究、推动社会进步、传承与创新文化等方面具有难以比拟的优势，日益受到广泛关注。全面提高高等教育质量已成为我国高等教育发展的核心任务。高水平大学教师无疑是高等教育质量的基本保障。正如梅贻琦先生所言："所谓大学者，非谓有大楼之谓也，有大师之谓也。"原哈佛大学校长科南特也说："大学的荣誉不在她的校舍和人数，而在她一代教师的质量。"

我国高校教师在队伍不断壮大、结构不断优化、整体素质不断提高、取得令人瞩目的建设成就的同时（教育部人事司，2009），提高教师队伍的质量迫在眉睫。"我国高校教师队伍的整体质量是不尽如人意的。……应当尽快提高高校教师队伍质量，改善教师队伍结构，保证高等教育质量不断提高。"（别敦荣，赵映川，2008）

在大学教师发展越来越受关注的同时，作为大学教师队伍中的新生力量和可持续发展保证的青年教师群体也备受瞩目。特别是 1999 年高校扩招以来，大学青年教师日益受到学术界、高校、政府以及其他社会各界的广泛关注。学术界从不同学科视角、聚焦不同问题领域、运用不同研究方法纷纷对大学青年教师展开研究。高校从自身的可持续发展角度出发，结合各自实际出台青年教师培养与发展的各种激励机制。政府从高校师资队伍建设的战略出发，加大对青年教师成长的政策支持力度。

截至 2010 年年底，我国普通高校专任教师总数为 1 343 127 人，40 岁及其以下教师 843 278 人，占专任教师总数的 62.78%。40 岁及其以下专任教师中，具有正高级职称的教师数为 9 718 人，占1.15%；具有副高级职称的教师数为 120 594 人，占 14.30%，两项合计 15.45%，在具有高级职称的所有专任教师中占 24.78%。（中华人民共和国教育部规划司，2011）可见，相比大学教师质量整体提升的紧迫性而言，青年教师质量的提升和健康发展更为迫切。因为今日大学青年教师的整体发展水平则直接决定明日大学教师队伍的整体质量。

鉴于此，考察当代大学青年教师在社会政治、经济、文化发展大背景下，如何开展教学与科研，如何晋升自己的职称，享受怎样的物质待遇，如何协调学术与生活的关系，克服自身发展过程中面临的诸多挑战与困惑等，就具有较大的研究价值。

（二）研究的问题

已有大学青年教师研究的问题领域，虽然涉及大学青年教师的群体特征、发展现状与问题、激励机制、成长策略、教学与科研、价值观与思想道德、心理健康状况、职业压力与职业满意度、择偶标准、学术生活、家庭生活质量等各个方面，呈现多维度特征，但在单项的某个研究中，未见有多维度的研究，即从大学青年教师学习、工作、家庭生活、人际交往、闲暇娱乐等不同维度揭示青年教师的生存与发展状态，从而构成多维立体的青年教师生存与发展图景。因此，已有研究从总体上看，虽体现了多维特征，但单项研究多维的缺乏，又表现出立体的不足。每一位青年教师个体都是复杂的、整体的、立体的、能动的存在，不是简单的、分割的、平面的、机械的存在。缺乏对大学青年教师生存与发展状况的多维立体描述，大学青年教师的研究就失去了联系感。

已有大学青年教师的研究，主要采用问卷调查等定量的研究方法，也有少量研究采用访谈、实地观察等质性研究方法，这些都值得肯定。但对于质性研究中的教育叙事、口述史等研究方法采用不够。大学青年教师的生活方式是多种多样的，并以经验事实的方式流动，从而构成了一幅丰富多彩的生活图景，而要揭示这幅丰富多彩的生活图景，教育叙事研究就会成为重要的理论方式。（丁钢，2008）对于生活在当下的大学青年教师群体，他们中的绝大多数难以进入以宏大叙事为主题的教育史料，若想找寻他们的成长轨迹，聆听他们过去的声音，口述史就是很好的方法之一。"口述史的首要价值就在于，相比于绝大多数的原始材料，它可以在更大程度上再造原有的各种立场。"（保罗·汤普逊，1999：5）大学青年教师的发展不是孤立事件，是个人与周围生活世界之间的互动共生，是日生日成的过程。每一位青年教师都是鲜活的生命个体，缺乏对其经验事实的叙事、过去声音的聆听、个体思想嬗变和心路历程的深描，大学青年教师的研究就失去了生活感。

基于以上分析，本文拟在已有研究基础上，以历史为线索，采用教育叙事、口述史等研究方法，从教育、生活、学术等多种维度，考察当代大学青年教师生存与发展境遇，试图勾勒一幅流动的、多维立体的大学青年教师学术与生活图景。

(三) 研究对象及其工作环境

研究对象：工作在安徽省 S 大学的八位青年教师，他们出生于20 世纪 70—80 年代，年龄在 40 周岁以下，多数是伴随着市场经济大潮读的大学。

根据研究的需要和研究的可行性，共选择了八位青年教师进行了访谈，分布在文学、历史学、教育学、数学、心理学、教育技术学等不同学科。为了尊重和保护各位访谈对象的权利，文中一律使用化名，访谈中任何能够涉及其个人信息的部分在不影响研究客观性的前提下都作了必要处理。八位青年教师是：蒋世昌、沈专烨、韩知史、杨戈兴、朱拜锦、秦亚丽、尤雨露、许启明（见表 1）。

表 1   八位访谈对象的基本情况及访谈时间、地点等①

姓名	性别	出生年代	学科	访谈时间	访谈地点
蒋世昌	男	70 年代	文科	2012 年 10 月 15 日	研究者办公室
沈专烨	女	70 年代	文科	2013 年 1 月 17 日	访谈对象办公室
韩知史	男	70 年代	理科	2013 年 1 月 18 日	研究者办公室

---

① 出于对访谈对象的尊重与保护，以较为笼统的出生年代代替具体的出生年份，以笼统的文科或理科代替具体的学科。

续表

姓名	性别	出生年代	学科	访谈时间	访谈地点
杨戈兴	男	70 年代	理科	2012 年 10 月 23 日	访谈对象办公室
朱拜锦	男	80 年代	理科	2013 年 1 月 18 日	研究者办公室
秦亚丽	女	70 年代	文科	2012 年 10 月 30 日	研究者办公室
尤雨露	女	70 年代	文科	2012 年 11 月 13 日	研究者办公室
许启明	男	80 年代	文科	2012 年 11 月 10 日	访谈对象家中

本文研究对象的工作环境是安徽省 S 大学——省属重点综合性师范大学。选择安徽省、选择 S 大学，主要基于以下考虑。一是本文主要是以时代作为背景，辅以区域为背景，探讨大学青年教师在不同阶段的学术与生活境遇。结合中国国情，内地区域之间的政治、经济、文化背景相似度较高。选择位于中国中部地区的安徽省具有较强代表性。二是 S 大学坐落在美丽的 W 城市，已经形成了博士—硕士—学士教育等不同层次，全日制高等教育、成人高等教育、留学生教育等不同类型的完整的人才培养体系，已发展成为一所融文学、历史学、哲学、经济学、管理学、法学、教育学、理学、工学、农学、艺术学等学科门类于一体，师范与非师范并举，在安徽乃至全国有较大影响。选择 S 大学，不仅在安徽省具有较强的代表性，在全国同类院校中也具有较强代表性。

（四）研究思路与方法

本文以时间为"线"，S 大学空间场域为"点"，宏观社会背景为"面"，"点"、"线"、"面"相结合，编制访谈提纲，选择文学、历史学、教育学、数学、心理学、教育技术学等不同学科背景的八位青年教师作为研究对象，采用教育叙事、口述史等研究方法，从教育、生活、学术等多种维度，考察当代大学青年教师学术与生活的境遇。

本文的研究方法主要有教育叙事、口述史和文献研究法。采用教育叙事乃是为了"接近在中国教育空间里发生的各种'真相'，在其中，有着各式各样的人物、思想、声音与经验，它们汇聚在一起，构成了等待我们去考察的教育事件，而这些事件的流动性及其复杂意义常常只有通过叙事方式才能表达出来，尤其是事件中的个人'生命颤动'的揭示，也许教育叙事的理论方式是最为合适的方式"（丁钢，2004）。希望通过教育叙事的研究方法，让受访的每一位教师说出青年时期的故事经验，向每一位事件参与者和普通读者敞开，让他们以自己的方式去理解隐藏于生活之中的生动画卷。而口述历史"意味着从单纯关注学术思考的结果转向进一步关注学术活动的过程，关注学术与人生的动态关联；意味着从单纯地关注知识到进一步关注学术研究者的矛盾困惑、情感体验、理想追求、利害权衡……尤其重要的是，口述历史研究中学术与人生的关联性思考，以及历史研究主体与历史活动主体在深度对话中的共同探究，更容易使其展现教育史研究的人文学特性，实践人文化的探究和表达方式"（于述胜，2009：30-31）。文献研究法也是本文能够顺利进行的重要保证。

（五）核心概念界定

（1）大学青年教师。本文将大学青年教师界定为：具有高等学校教师资格证书，在拥有硕士及以上学位授予权、以实施全日制本科及以上层次教育为主的多科性或综合性的普通高等学校内，专门从事教学与科研工作，年龄在 40 周岁以下的专任教师。

（2）学术。本文将学术界定为：大学教师在大学内（包括必要的空间延伸）从事的教学与科学研究活动。教学与科研的考核评价、职称晋升等活动，可以看作是大学教师从事的与学术密切相关的活动。

（3）生活。本文将生活界定为：大学青年教师在从事教学与科学研究等学术活动之外，诸如衣食住行、婚姻家庭、闲暇娱乐、人际交往等自在的、重复性的日常活动。

二、我的大学：学习·兼职

在社会改革与建设此起彼伏，经济发展日新月异，思想、文化日渐多元，个性发展不断彰显的 20 世纪 90 年代进入大学学习，当代大学青年教师注定了要比他们的前辈面临更多诱惑、更多选择。好好读书不再是他们唯一或最佳的选择，课堂或图书馆也不再是他们学习的唯一或首选途径，他们在大学这样一个不再神圣和宁静的地方，度过了属于自己的大学生活：或认真学习，奠定职业发展的知识基础和综合素质；或参加校园内外各种社会实践，提高人际交往能力和组织协调能力；或到企业、培训机构等单位从事兼职（包括家教），提前适应社会，提升社会适应能力；或无所事事，一切都是浮云，无聊地混过；或沉迷于网络、小说、体育运动等娱乐休闲活动。如此等等，那些 "70 后"、"80 后" 的年轻人，对大学不再是清一色地怀有神圣感，有些只是仅有到此一游的 "淡定" 或 "漠然"。

（一）五彩斑斓的大学生活

沈专烨在 20 世纪 90 年代初就读于上海的一所重点大学，那时候上海处在中国改革开放的前沿，大学校园也不甘寂寞，各种学术、非学术的活动布满校园，将沈专烨及其大学同学的生活装饰得五彩斑斓。

我是 1991 年由安徽考入上海一所重点大学学习的，从总体上说，那时的学生并不都是爱学习的，认真学习的有，穿梭于校内外做兼职的有，吃喝玩乐的有，混混日子的也有，像 80 年代关心政治的所谓 "革命派" 少了，大致可以分成四种类型。有相当一部分同学是热衷于学习英语的，有志于出国。有不少学生属于学习非常认真的，就算不出国，但也会把英语和专业课学得挺好，他们主要是想继续读研究生，或者毕业后到外企去工作。当时，学校有几间通宵教室，无论什么时候，你都会发现这些通宵教室里都会有人在看书。还有一类同学也比较多，就是热衷于各种社会活动，整天忙碌于各种社交场合，有点像社会活动家，这其中也有一部分同学不认真学习自己的专业知识，从事的社会活动跟他的专业没有多大关系，但是他很喜欢、很认真、也很执着。此外，也有一部分同学是属于玩玩、混混的，整天到晚无所事事。在同学中，热衷于学习外语，考托福、GRE，打算出国或者到外企去工作的人很多，尤其是上海本地人或者与上海有关系的人①，特别重视对外语的学习。这种类型的同学占了很大比例。

感觉整个校园非常火、非常热闹，讲座很多，尤其是会邀请很多社会名流来学校开设讲座，像股票流行的时候，就邀请股票方面的专家来校讲学，还有邀请一些电影演员、导演等来校举办讲座。社会各行各业的人都可以被邀请到学校来讲学，有经济的、政治的、哲学的，感觉整个学校的文化氛围非常浓厚，在这里你能感觉到是在一个大都市，在一个高等学府。

在专业学习方面，一二年级的时候我们好像没什么感觉，到了三年级的时候，有些同学就会跟着老师作一些研究，比如翻译一些外文资料，作一些调查研究什么的。课外实践活动方面，除了很多同学做家教外，还有很多同学参加校外的一些实践活动，比如我就参加了零点公司的一个调查活动，零点公司及其他一些调查公司会青睐我们系，因为我们有相关方面的专业知识，做起来比较顺利。我们大学期间就帮助过很多专职的调查公司作过相关调查，如空气清新剂、芝麻糊等方面的调查，调查的种类比较丰富。这些校外活动，对于我们接触社会、了解社会还是蛮好

---

① 比如爸爸、妈妈等曾经是下放知青，后来没有回上海，但是他们的子女也可以享受上海市户籍人口子女的很多待遇，比如可以留在上海就业。

的。还有就是各种各样的宣传、促销活动，因为上海的各种商品展览、商业活动比较多，就需要大学生做些宣传和促销活动。我们班到了三年级的时候，就有一些同学到一些企业、公司等单位做兼职，基本上等于是上班了，有的是为了体验社会，有的是为了专业成长，有的是为了赚钱。我们在学校的专业锻炼机会不多，但是校外社会实践活动的锻炼机会比较多，几乎每个同学都参加了。相比于 S 大学的学生来讲，我就读的大学学生得到的锻炼机会要多很多，无论是专业的锻炼还是社会实践的锻炼。我们在准备本科生毕业论文时，老师要求也是很严的，得到老师的指导和帮助也比较多，这也为我们后来从事科研打下了一定的基础。我来到 S 大学后，感觉我们这里做论文，更多是流于形式，学生在糊弄，老师也比较随便，要求并不严格。当然，这可能跟大气候有关，而且我也不知道现在我的母校是怎么样的，就是感觉 S 大学学术的氛围要淡了许多，毕竟不是一个层次的学校嘛。

现在回想起来，那时候学生发展的机会要比现在多些，因为那时候课程不多，空余的时间比较多，大家比较自由，你可以有很多课余时间来做自己喜欢的事情，发展你的兴趣。比如，有人热衷于考托福或 GRE，打算出国，他就会花很多的时间在英语学习上；还有的学生热衷于创业活动，学校当时有大学生活动中心，那些学生就在那里摆个小书摊，或者开个小茶座、咖啡厅，他们有这个机会和时间去做。那时候，不想学习的人，都可以找到自己感兴趣的事情去做，我们有个同学，毕业后就到证券公司去上班了，现在做得很好；有个同学跨专业考到复旦大学哲学系读硕士，后来读博士。还有同学可能没有什么特长与兴趣，但是他会花很多的时间在校外打工，参加各种社会实践活动，提高自己的社会交往和适应能力。这都说明，他们在专业学习之余都有很多空余时间去做自己的事情。我觉得这点很重要，大学里不要把学生的时间安排得太紧，要给他们发展的时间和空间。（沈专烨，2013 年 1 月 17 日）

（二）下课咱去溜冰

学理科的韩知史虽然在大学一、二年级多少延续了高中时代的学生生活，但依然会参加许多体育活动，而溜冰则是他的最爱。

我是 1995 年考入 S 大学一个理科专业，那时候晚上要求上晚自习的，我们有自己固定上晚自习的教室，每个人的座位也基本固定，可以说，大一基本上是延续了高中时代的学习生活，白天上课，晚上要到教室上自习。当时辅导员也去，会看着我们，也有辅导老师到场辅导，特别是两门专业基础课，也是考研必考科目，这两门课有主讲教师，也有辅导老师，辅导老师晚上专门给我们辅导答疑，经常会遇到教室管理员要熄灯了，开始催我们离开了，辅导老师还走不掉，因为学生还在围着他问问题，学生的学习积极性很高。当时的学习气氛还是挺好的，特别是一二年级的时候，现在想想后来的学习跟那时候打下的基础有关，像我们这个专业，一二年级把一些基础课程学好了，到了三四年级甚至研究生阶段的学习都是非常重要的。当时的学风和教风都是比较正的，反观现在，像我当了老师，现在有些学生教师是不敢管的，你管多了、严了，学生还对你横眉冷眼的。那时候我们还是比较听老师话的，学习态度也端正。理科学习任务要重些，记得那时候到长街去批发笔记本，上课的时候记了大量的笔记，我现在还把大学时期的笔记进行了整理，特别是几门专业主干课程，那些笔记对我现在学习一些东西还有帮助呢，更有帮助的是通过笔记帮助回忆当时老师是怎么给我们上课的，以改进我现在的教学。

那时候的课程开设不像现在这么多、这么广，主要就是专业基础课和一些公共课，那时候还是学年制，不像现在学分制，开设了那么多的选修课程。我觉得这两种方法各有利弊，学年制有利的是我们会有更多的时间学习专业基础课程，在专业发展方面会更好，现在学生的专业学习时间，被很多的通识课程占用了，晚上一般都没有时间，要上各种各样的通识教育课程，没有时间上自习。像我这个学期给大三的学生上课，跟他们说：你们晚上有时间，找个教室我来给你们辅导答疑。学生说：老师，我们没有时间，晚上课排得满满的。后来一了解，不是每个同学每天晚上都有课，而是选修课比较分散，今天晚上是这么三五个同学，明天晚上是另外三五个同学，这样要想把班上同学集中到一起很难，甚至双休日也难。我感觉这样有些不妥。

我上大学时，非常喜欢打乒乓球，也喜欢溜冰，当时溜冰很流行，我们同学经常一起去中山路上的一个旱冰场溜冰，地面是木板的，打上了石蜡。记得我们当时的英语老师也是刚留校工作的女教师，因为有很多共同语言，她和我们之间的距离也比较近，所以，有次上完课以后，我们几个胆子大些的男生提出邀请，想请她一起去溜冰，她说不会，但是看表情她还是想去的，我就开玩笑地说："老师不会不要紧，我们教你，不收你的学费，你给我们买个门票就行。"没想到老师非常愉快地答应了，就这样我们就不时地请老师一起去溜冰。那时候对溜冰好像是着了迷，一到双休日就跑出去溜冰，而且一去就是十几个同学一道。

我们班当时整个的学风不错，但也有少数同学学习不认真，沉迷于网络游戏，有两个严重的，考试挂科的多，给留级了，其中一个后来还被退学了，那时候计算机、互联网刚刚流行，学校西大门出去拐个弯就有一个网吧，他们俩就经常到那个网吧进行网上冲浪，一个晚上包夜10元，他们就沉迷于此，荒废了学业。那位退学的同学先是留级到下一级，成绩还是不行，又留到下下一级，后来实在不行就退学了，因为他对网络游戏太沉迷了，不过这个同学的社交能力和社会活动能力还是蛮强的，退学后自己到深圳去创业，开了一家公司，听说现在公司发展得不错。他的能力倒是很强的，就是不爱学习。

我们班当时有部分非常热爱学习的，要考研什么的，也有部分是不热爱学习的，整天沉迷这个沉迷那个，不能自拔，经常挂科，但大多数还是碌碌无为的，学习也不算认真，但是每次考试都能考个七八十分，属于中等水平，这也符合正态分布，两头的人少，中间的人多。那些中间的大多数，学习上不够刻苦，但成绩说得过去，作为理科生，他们平时的娱乐活动主要是各种体育活动，打乒乓球、篮球、羽毛球、踢足球等，还有一些喜欢看武侠小说，那几年金庸的武侠小说比较热门，大家就到出租书屋去借回来看。(韩知史，2013 年 1 月 18 日)

(三) 上大学就开始挣钱

朱拜锦的大学可真是"赚"了，拿奖学金、挣课时金、领兼职薪水，忙得不亦乐乎。

我是 20 世纪 90 年代末上大学的，读的是 S 大学的理科专业，大学四年对我来讲非常重要，可以说奠定了我后来发展的扎实基础。大学四年教会了我学习的方法，比如文科的课程怎么学、理科的课程怎么学、工科的课程怎么学。第一次上网、第一次编程序、第一次做课件、第一次开发游戏软件、第一次做动漫，都是发生在大学期间，我们这个专业在当时的就业比较好，前几届学生工作找得都不错，我们都看得见的，所以，不用担心将来的出路问题。这样，学习就没有什么外在的压力，主要靠自己的兴趣，我有这个兴趣，所以学得很轻松、快乐，也大概是从那时候起我才真正地体会到学习的乐趣，当年高考的喜悦只是完成了一个外在的功利目标，没有感觉到学习本身所带来的乐趣。应该说，上大学奠定了自己将来从事学术研究的一种兴趣，还有对自己学习的一种客观认识，知道了该学什么、怎么学。

　　生活比较简单，大学的生活能够融入学习中去，早晨起床做过早操后都会背一会儿书，主要是背英语，然后到食堂吃饭，八点上课，在一二年级晚上基本上都是上自习的，三四年级因为参加的社会活动和社会兼职多了，晚自习上得少了，但那时候学习的课程不多，到了三四年级的时候，一般每天只上半天课，这样我们就有很多的课余时间，想考研的同学，就会经常到图书馆、自习教室去看书，准备考研；想兼职的同学，就会到一些企业、网吧等地方去做兼职，既锻炼社会实践能力，也挣点钱；想玩的同学，有经常泡在网吧里的，有经常在操场打球的，有经常在宿舍睡懒觉的，有经常租碟子看电影的。

　　我们上大学的娱乐活动比较多，就我而言当时最主要的就是看电影、打球，周末晚上基本上都是去看电影，当时学校的大礼堂一到周末就会放映一些好看的电影，有好莱坞大片，有国产优秀影片，也便宜，一块五毛钱一张票。至于球类，我是什么球都喜欢打，足球、篮球、乒乓球、羽毛球都玩过，但不固定，比较随意，今天几个同学说踢球去，就跟着去踢足球了，明天隔壁宿舍说还差一个后卫，我就去打篮球了。还有，也比较喜欢打游戏，一二年级的时候主要在电脑上打一些简单的游戏，属于非竞技的、智力的游戏，比如仙剑奇侠传什么的，那时候宿舍里只有一两台电脑，大家轮流上，有时也会搞些比赛、打赌什么的，赢了就有机会用。我比较幸运，到二年级的时候，就在系里的机房里打工，帮助老师管理机房，所以我有电脑玩，后来做了学生助理，在老师办公室里也有电脑玩，到了三年级下学期我在一家网吧做兼职，经常晚上去上班，这样用电脑就很方便。可能是机会多了的缘故，到了三年级我打游戏就少了，更多的是利用电脑进行专业学习和软件编程，所以，在大四的时候我通过了国家计算机四级考试，我平时很少打牌，只是到了快毕业时，也没什么事情可做，就在宿舍跟同学一起打牌。

　　有沉迷于看小说的、下棋的、打牌的、谈恋爱的。沉迷于看小说的能够一整天不起床,就躺在床上看小说,叫同学给他带饭吃。沉迷于下棋的,有个同学没有其他的爱好,就喜欢下围棋,整天到晚就是研究围棋,水平挺高的,但还是达不到专业水平,在学校围棋大赛中获过奖的。还有一位同学特别喜欢下象棋,水平也很高,经常在镜湖公园跟人家下棋,带有一定的赌博性质,算不上赌博,就是来点物质刺激,输了一盘就要给对方十元钱,他一般都能赢个二三十元钱,赢了钱就会请我们撮一顿(注:就是请大家吃一顿饭的意思)。沉迷于谈恋爱的,有个同学整天到晚谈恋爱,大学四年女朋友换了有七八个吧,成绩在班上是倒数第一,那个最沉迷看小说的,成绩倒数第二。我对上述这些娱乐都没有沉迷,我当时在一、二年级的时候就开始带家教,也没有时间搞这些娱乐活动,那时候班上带家教的同学也不少,感觉带家教不错,一是能挣钱,二是接触社会,还可以帮助巩固高中的文化知识。三、四年级,主要在学校里做事情,学生会的事情、学生助理的事情,还有在一些公司做一些兼职,帮助那些公司做网页,编一些简单的应用程序,也能够挣到钱。(朱拜锦,2013 年 1 月 18 日)

当代大学青年教师从上大学的那天起,就面临着要独立地规划自己的学习与生活,要在五彩斑斓的大学生活中学会选择,更要在各种刺激与诱惑中保持一分清醒。

三、学术面临前所未有的压力

(一) 行将成为历史的"助教"

当代大学青年教师于 20 世纪 90 年代以后陆续参加工作,相比前辈,他们的助教生活已不再是"一刀切"或基本雷同的局面,而是呈现不同的学科差异和个体差异①。有些助教第一年就开始独立主讲一门课程，有些助教依然要经过两年的"助教"训练；有些助教在前两年没有什么具体的工作任务，有些助教却依然要承担课程辅导、作业批改等任务。总体来说，文科的、研究生毕业的、专业方向课程的助教独立主讲课程要早些，理科的、本科毕业的、专业基础课程的助教独立主讲课程要迟些；指导教师严格、认真的，助教的训练要规范些，指导教师不够严格、认真的，助教的训练要散漫些。接受访谈的八位青年教师中，除韩知史在助教的前两年里没有独立主讲课程外，其余七位青年教师在助教的第一年都已独立主讲一门课程。

沈专烨遇到了一位"挂名"的指导教师，在没有得到具体指导的情况下，参加工作的第一年就独立主讲一门课程了。

> 我 1995 年大学本科毕业后来到 S 大学工作，当时系里安排了一位教授给我做指导教师，但是我印象中他好像没有给我什么具体的指导，我让他给我开列一些阅读书目，他也没有给我开。当时，好像也没什么具体的规定，对指导老师可能也没有什么要求，他对我也没有什么指导，一开始我还主动问他，要读哪些书啊，他就哼哼哈哈过去了。他等于是挂了个名，系里好像对此也没有任何的检查，他也没有给我一些具体的指导意见，至于听课也没有硬性规定。我还算自觉，我是主动要求去听课，除了指导老师的课去听以外，我还经常听其他老师的课，记得当时一位老先生还表扬我，说我不错，还能主动地去听课。

---

① 20 世纪 50—60 年代、80 年代乃至 90 年代初期的大学青年教师，一般都要接受一定期限（2—3 年）较为严格的助教训练。如 1986 年 3 月，国家教委、中央职称改革工作领导小组颁发了《高等学校教师职务试行条例》，该《条例》规定助教的职责有四条，核心的一条是：承担课程的辅导、答疑、批改作业、辅导课、实验课、实习课、组织课堂讨论等教学工作（公共外语、体育、制图等课程的教师还应讲课），经批准，担任某些课程的部分或全部讲课工作，协助指导毕业论文、毕业设计。（高等学校教师职务试行条例 [EB/OL]. http://www.chinalawedu.com/news, 2012—12—20. ）

　　我一来就承担了教学任务，独立地开始主讲一门课。上讲台之前也没有经过试讲，好像就是没人问、没人管。我上课时，自由度比较大，想怎么上就怎么上，好像没人管，有时期中教学检查时会检查到我，听听我的课，但不是每个学期都会检查到我。就算是期中教学检查，检查到我了，听了我的课，之后也没有反馈意见，我的课好在哪里，不好在哪里，需要怎么改进，都没有人跟我讲。有一次，我们听一位年轻教师的公开课，课后讨论，当时系里一位老先生对那位老师的课评论了很多，也提出了一些批判性意见，我觉得这样挺好，会后，我就主动找到这位老先生，跟他说希望他能够来听听我的课，帮我提提建议，他后来也一直没有来。（沈专烨，2013 年 1 月 17 日）

　　学生时代就已在计算机培训机构兼职上课的朱拜锦，一留校就开始上课了，而且上得好，因为面对培训班参差不齐的学员，他要琢磨怎样才能够让他们都学会，这些经验给他后来的本科教学奠定了很好的基础。可以说，他已经在上大学时就当起了"讲师"（助教的训练也在其中了）。

　　我一留校就开始上课了，不谦虚地讲，也是我上得好，因为我的计算机操作非常熟练，也会讲，像我们这个专业，技术好的人不一定讲得好，会讲的人不一定技术好，往往是理论灌输，学生不感兴趣，所以，我一开始上课就受到学生欢迎，加上与他们年龄相仿，与学生也谈得来。还有一点重要的原因是，我在做学生的时候就开始上相关的专业课了，积累了不少的教学经验，当时计算机培训比较火热，我们系里的师资也有限，我就在系里办的电脑培训班上讲过很多课，而且我自己还在 W 市的一些计算机培训机构兼职上课，可以说，我留校后承担的教学任务，上的那门课，之前已经上过很多遍了，所以，心里有底，不怕，很自信。
　　那时候上课有兴趣，喜欢上，也喜欢琢磨学生怎样才能学得好。尤其是在给各种培训班上课时，因为学生的水平参差不齐，年龄差距也非常大，我就琢磨怎样能够让他们都学会，这些经验给我后来的本科教学奠定了很好的基础。（朱拜锦，2013 年 1 月 18 日）

理科专业的韩知史在助教阶段还是训练了两年，不过好在已经可以拿到 0.5/课时的教学工作量了。

我们系里青年教师工作的前两年是不能上讲台的，要跟在指导教师后面学习。到现在我们系里的这两门专业基础课程，还保留了这个做法，都有主讲教师和辅导教师，现在已经给辅导教师核算工作量了，一般课程我们上一节课算 1 个工作量，那两门专业主干课程算 1.5 个工作量，1 个工作量给主讲教师，0.5 个工作量给辅导教师。辅导教师主要是协助主讲教师批改作业、辅导答疑，每周一次作业，全部批改，学生做错的地方要标出来，这个工作量是很大的。

作为助教，我首先是听课，其实在上研究生的时候，我就跟在导师的后面去听他给本科生上课，协助老师批改作业，到教室给学生辅导答疑，偶尔也帮助老师上几节课。研究生一毕业就直接走上讲台独立上课了，不过我在做助教时有一个做法我觉得比较好，让我赢得了学生的信任与肯定。那就是我会提前把要辅导的那门课程教材后面的练习题全部做一遍，还会购买一些课外习题做做，不会做的我也问同事或者导师，这样辅导答疑时，学生问的问题我一般都能很快地给解出来，这样学生就佩服我了，觉得我很厉害，他们不知道我是笨鸟先飞，做好准备了，反过来试想一下，如果学生问你问题，你一时半会儿解不出来那多尴尬啊。我辅导的一个班，学生后来给我的评价分是 96 分。（韩知史，2013 年 1 月 18 日）

当代大学青年教师在大学期间一般都接受了较为系统、全面的专业知识，加上信息技术的发展，他们获取知识的途径更广、效率更高，这也为他们在助教期间独立主讲一门课程提供了客观条件。另外，20世纪90年代以后，特别是1999年高等教育大规模扩招以后，大学的招生人数逐年递增，客观上也需要大量的青年教师尽快走上讲台独立承担课程的主讲任务。"前些年大学扩招，随即就出现了师资紧缺，结果很多硕士生、博士生刚出师门就上了讲台。"（劳五一，2011）还有一点就是大学教师职称晋升政策的调整，更是推动了助教较早地独立主讲课程。在20世纪90年代之前，大学助教职责中没有规定担任助教期间需要独立或者部分上讲课程，由助教晋升讲师的，也不需要独立主讲过一门课程，只是考察他们是否具备了独立主讲一门课程的能力①。但到了20世纪末、21世纪初，对于助教晋升讲师的，一般要求独立主讲过一门课程，如2001年安徽省高校教师职称晋升的文件规定，晋升讲师的应"系统地承担一门或者一门以上课程的讲授工作，且担任助教以来，能完成额定教学工作量的三分之二以上"②。按照该文件规定，大学本科毕业获学士学位，担任助教职务满4年；获得硕士学位，担任助教职务满2年，符合讲师职务聘任条件的，就可以申请晋升讲师。获得博士学位的，对照条件可以直接聘任为讲师或者副教授。这就在政策上规定了在安徽省高校工作的青年教师，若是博士学位获得者，一毕业就要独立主讲一门课程；若是硕士学位获得者，最迟毕业后第三年、助教的第二年要独立主讲一门课程；若是学士学位获得者，最

---

① 《高等学校教师职务试行条例》（1986年）规定讲师的任职条件是，符合本条例第八条要求，并具备下列条件之一：①在担任四年或四年以上助教职务工作期间，已取得高等学校助教进修班结业证书；或确认已掌握硕士研究生主要课程内容，具有本专业必需的知识与技能和从事科学技术工作的能力，能顺利地阅读本专业的外文书籍，经考察，表明能胜任和履行讲师职责。②获得研究生班毕业证书或第二学士学位证书且已承担两年或两年以上助教职务工作，具有本专业必需的知识与技能和从事科学技术工作的能力，经考察，表明能胜任和履行讲师职责。③获得硕士学位且已承担两年左右助教职务工作，或获得博士学位，经考察，表明能胜任和履行讲师职责。

② S大学人事处编. 人事工作手册（第一辑）（内部资料）.

迟毕业后第四年、助教的第三年要独立主讲一门课程。事实上，在实践中，硕士、学士学位获得者在助教第一年就独立主讲一门课程的也不在少数。

青年教师在工作第一年的见习期和担任助教的第一年就开始独立主讲一门课程的现象值得关注与思考。有人指出："在我国，助教和讲师的环节实际上被忽略掉了。教师应承担的助教职位被学生的'三助'取代了，而讲师阶段只是'过渡性'的。另外，老教师对年轻教师的'传帮带'过程也没有了，似乎人人无师自通就懂教学，就会当老师。现在大学招教师，几乎都要求博士学历。博士生一般二十七八岁，在学校当了两年讲师就升副教授。我认为，这种现状不利于本科教学质量的提升。"（顾海良，2007）随着现在大学引进新教师基本上要求博士，博士在第一年见习期至少享受讲师待遇，一年见习期满后，至少直接聘任为讲师。大学"助教"行将成为历史。

（二）当教学遭遇科研那只"看得见的手"

1998年第九届全国人大一次会议以后，国务院宣布把实施科教兴国战略作为本届政府的首要任务，科教兴国战略开始真正落到实处，尊重知识、尊重人才的风气日渐浓厚。在大学内，诸多大学陆续出台一系列教学、科研奖励办法，激发广大教师从事教学、科研的兴趣，调动他们的积极性。相比而言，教学方面激励措施发挥的作用远不如科研方面。这主要是因为：

第一，教学工作的评价考核指标难以做到客观、公正。首先，大学教师教学工作的复杂性决定了难以对其工作进行量化考评。其次，从大学教师教学水平考评实践来看，评价主体的评价客观、公正性存有局限。对大学教师教学工作的评价主体主要包括：学生评价、同行评价、考核组评价。学生评价按理说应是客观、公正的，对于那些教学特别优秀和特别差的少数教师来说，学生一般都能站在客观、公正的立场给予评价，但是对于那些教学比较优秀、一般、比较差的多数教师来说，学生评价的客观性也备受质疑。一些大学对于学生给予教师的评价分数，采取去掉一定比例的最高分和最低分，取平均分的方式得出最后学生评价的分数，这种看似合理的算法背后实质上也有不公平的地方，特别是对于那些教学比较优秀的教师而言。因为给某一位教师的教学评价打高分往往是学生满意的、发自内心的，但是被去掉了，这样平均分就会降低，所以往往会出现一位课堂教学口碑还不错的教师在学生评价中的得分会低于一些口碑一般教师的现象。"在教学评估日益严格、流行学生给老师打分的今天，还敢不敢严格要求？……过分看重教学评估，很可能导致教师讲课时哗众取宠，努力去讨好学生。只问效果如何，不问程度深浅，大学的课于是越上越水。"（陈平原，2006：131）不仅评价工具，评价数据的计算方法也会影响评价的公正性。相比学生评价，同行评价与考核组评价往往是一次性的，无法全面、客观地评价一位教师的教学水平。科研工作的考核指标相对而言要客观、公正些，尽管也有一些不足之处。

第二，教学奖励的竞争性与科研奖励的达标性。教学工作方面的奖励，主要是竞争性、选拔性的，能够获得奖励的人员比例非常有限，更何况，若不区分青年教师与非青年教师群体的话，青年教师难以与非青年教师竞争，因为教学水平与教学经验关系密切。科研工作的奖励，主要是达标性的，只要你的科研成果符合某项奖励条件即可获得奖励，没有名额限制，而且一些理工科（包括部分社会科学）的青年教师在科研水平上与非青年教师相比未必处于劣势，特别是在发表科研论文方面。

第三，教学水平高低与教师个体努力程度的相关性低于科研领域。教学水平高低往往不是由教师个人努力就能决定的，还要受制于学生的学情、专业就业前景、校情等诸多因素制约，在一些非"211 工程"大学，教学认真、负责的教师往往不被学生和同事理解。科研水平高低主要取决于教师个人努力，虽然团队合作也非常重要，但是团队营造的只是科研氛围、学术精神和学术"火花"，最终的成果还是需要教师个人去产出。更何况现在大学里教师做科研，申报课题、项目时抱团，研究课题、产出成果时单干的现象也是屡见不鲜。此外，"由于高校教学不涉及学生升学率问题，学生的就业率亦与教师个人无直接利害关系，再加上高校教学质量考评主观性较强，因此青年教师在教学上的投入可多可少。所以，当'教'和'研'出现冲突时，任何一名教师都能清楚地认识到教学和科研孰轻孰重"。（赵跃华，2010）这样，青年教师在教学方面投入的精力与收益比不及在科研方面投入的精力与收益比，导致多数青年教师不愿意在教学方面投入过多的精力，而是转投科研。

第四，当前大学教师职称评审制度也呈现出科研标准"硬化"、教学标准"软化"的趋势。教育教学方面的考核与评价一直是我国大学教师职称晋升的重要标准，进入21世纪以后，基本上成为各大学教师晋升高一级职称的"一票否决"。但是，这个"一票否决"看似非常硬朗，不过在执行过程中总是存在"软化"的情形。因为大学教师晋升职称的教学考核主要是看承担的教学工作量和教学水平的测评分数，教学工作量方面一般不会有问题，教学水平测评分数一般要求80分或者良好等级以上，这对于绝大多数教师来说不算是个障碍。即使有个别教师没有达到规定的教学水平测评分数，若其科研成果突出，系里或学校往往也会采取一些措施让其在第二年达到，这也是重科研、轻教学的体现。教学水平对于大学是无法直接对外宣传的，要宣传教学质量高，也只能通过人才培养的质量来体现，这个周期很长，也有很多其他因素综合影响。科研水平可以成为大学对外直接宣传的窗口，每年发表了多少篇文章，在权威的期刊上发表了多少，申报了多少项科研项目，省部级以上有多少项，获得了多少科研经费等，直接具有统计意义，而且同兄弟院校具有可比性。某位教师的教学水平高，不具有直接的统计意义，同兄弟院校也不具有可比性，就是在本校内各学科间都难有可比性。所以，在当前大学教师职称晋升制度中，科研的标准越来越高，越来越细化、量化，具有激烈的竞争性，教学的门槛提高幅度不大，且不易量化，具有宽松的达标性。少见有某位教师因为教学水平低没有晋升职称的（违反学校教学工作规定，构成教学事故的除外),相反,大量的教师因为无法达到职称晋升的科研标准,连申报晋升的资格都没有。"在武汉大学,讲师大约每年只需教 50 节课,每周两到三节课就完成任务了。两年之后评副教授,看重的是他的科研成果,他上课好不好,学生爱不爱听都无所谓。"(顾海良,2007)

上述这些原因导致当代青年教师从其工作的那天起,特别是晋升为讲师以后,科研压力较大,教学的压力对于绝大多数青年教师来说不大,即使有些压力也主要不在质量而在数量。青年教师也都知道教学的重要性,但是由于上述的种种原因,当下大学的教学工作于青年教师而言好比是"鸡肋",食之无味又不可弃之。"虽然人们一再强调教学的重要性,但目前许多学校在科研投入力度和重视程度上往往是大于教学的。"(郭法奇,2009)所以,当教学与科研发生冲突难以兼顾时,孰重孰轻,如何选择时,有些青年教师就会像许启明描述的那样不负责任,忙于科研,在教学中采取"糊弄"的方式。

我是 2000 年考进 S 大学的,当时老师上课,总体上是比较宽松的,有些老师宽松得会让我们感觉到有些不负责任,比如有位老师上一门课,大概有三分之二的课时用来放各种视频,当时主要是录像,这些录像跟我们的专业和那门课程相关度不大,有时他本人也不来,来个研究生给我们放放,感觉就是在糊弄,当然,这是比较过分的老师。还有一些老师上课呢,我们同学称之为"听写课",就是那门课程没有教材,或者老师上课用的教材跟我们手头的教材不一样,老师上课时就是讲教材的内容,讲PPT 的内容,也不举一些实际的例子,不理论联系实际,我们就在下面拼命地记笔记。感觉课堂学的知识很难联系生活实际,没有生命感。也有老师教学态度不端正,上课只顾自己讲自己的,不管学生是否听得懂,我们跟他讲能不能举一些实际的例子,他也不大理会,还是那样上课,还会借开会、出差为理由停课,之后也没有补课的。也有一些老师是非常认真负责的。但我们普遍的感觉就是老师们在忙自己的事情,都在忙着科研,在教学这方

面投入的精力太少了。比较糊弄的老师年龄大概在三四十岁左右。（许启明，2012 年 11 月 10 日）

正如许启明所描述的那样，的确有一些青年教师不负责任，教学就是被"糊弄"的差事。但有更多青年教师会像尤雨露一样，不是简单地重科研轻教学，而是在某个阶段教学与科研发生冲突，不可兼得时，时常会让教学先受些"委屈"，优先考虑科研，待科研发展起来步入正轨或者完成阶段性任务后，则会带着补偿的心理来搞好教学。

我是 1997 年毕业留校工作的，当时本科毕业能够留校任教，我觉得很幸运，也很自豪。留校的第一年跟在一位教授后面学习、听课，算是当助教吧，虽然第一年还没有转正定级。1998 年 7 月，我转正定级为助教，虽然还是那位老师作为我的指导教师，但是因为系里已经安排我承担了另外一门课的教学任务，我要备课、上课，时间比较紧张，所以，就没有再去听指导教师的课了，指导教师也没有具体地指导我什么了，只是有时教研室开会或者遇到，会询问、关心我的教学、科研情况，说一些勉励之类的话，我感觉还是挺温暖的。有时我也会向他请教一些教学和科研上的问题，他总是能够耐心地告诉我。主要还是我不大喜欢与人交往，主动性不够，没能主动去与指导教师联系。

2002 年我顺利地晋升为讲师，同时也拿到了硕士学位，感觉人轻松了一下，觉得可以放松几年了。不过好景不长，到 2004 年时，我们学校开始有权自己评教授了，而且教授、副教授的条件要比省里的高，尤其是科研方面的条件，就是看你的论文有几篇国家级或国家级重点，课题有没有厅级以上的。这开始让我紧张了，有压力了，不仅是我，我们前后几届的青年教师都有这种压力。不过说实话，觉得也是动力，也看到了希望，起码我们可以用成果和实力说话，不需要排资论辈了。对照学校的职称评审条件，我觉得晋升副教授也不容易，关键的条件是发表两篇以上的国家级论文，主持一项省教育厅的课题。这个条件对我来说，说难不难，说易不易，因为之前我在科研方面基本上没怎么在意，也没有写过什么文章，就是评讲师时发表了一篇文章。我还是非常想晋升副教授的，不然在学校待着就觉得很丢脸了。

从 2004 年以后，我就开始把主要精力用在科研方面，开始多看专业期刊，希望找到一些有价值的研究题目。至于教学方面，就放松了一些，没有像之前那样投入了。说实话，在评上讲师之前，我对教学还是很重视的，也很认真，每次上课之前都会把教案再熟悉一遍，而且会更新一些实际的事例，那时候也没有其他的想法，觉得不上课也没有什么其他事情可做，不把课上好也对不起学生。评上讲师以后，我对教学就有些松懈了，觉得上得好与不好对我没有多大的影响，而且感觉学生的学风一届不如一届，都不怎么想学，这一方面跟社会、学校的大气候有关，另一方面也是跟我们这个专业本科毕业不好找工作有关，学生一进校就知道了就业不好，专业学习兴趣不浓，想考研的就整天看英语和那几门专业课，不考研的就在校外做兼职，或者就打游戏、谈恋爱，感觉和我们那会儿上大学比，想学习的人少了，五花八门的人多了。有时候为了吸引学生上课的注意力，我要花很多的时间去收集一些例子，特别是从网络上下载一些时事热点，还要与课程讲授结合起来，费了不少心思，学生总体评价也是不错的，不过几年下来，感觉自己除了有一些自我满足感以外，反而失落了许多，也有些得不偿失。因为有些同事上课不怎么认真，甚至是敷衍了事，但是他们的科研做得好，每年都有文章发表，还申报到了课题，有两个都拿到了教育部的课题，院里开大会时，会点名表扬他们，年底学校还奖励他们，给他们的课题经费进行配套，这样他们就进入了良性循环，有了经费、有了课题，就必须要写文章，写出的文章挂了课题也好发些。在这种情况下，我也忍不住了，开始把更多的精力放在科研上，教学方面也不再像以前那样认真备课了，一些事例就用以前的，更新少了，而且这样上课也不觉得差了许多，但是我的科研成绩开始不断提高了，2005年我就发表了一篇国家级论文，还获得了400元的奖励，这下子给了我很大的鼓励，我就一边继续集中精力搞科研，一边准备复习考博士。说实话，当我想考博士，又想搞好科研时，我就感觉时间太紧了，那时候小孩又小，才两岁，老公兼任行政岗位，事情也多，很多家务都是我一个人做。这个时候，我就没办法在教学上投入过多的精力了，想着反正这门课已经上了几年了，不备课也照样上。从那以后，我上课就缺少了往日的热情了，总觉得是在应付，感觉很累，有时都不想上课了。做科研更累，有时晚上坐在电脑前一两个小时打不出一句话来，但是没有办法，科研是硬杠子，再累也要搞，除非你不想评职称了，现在看来就算你不想评职称不搞科研也不行，因为学校有科研考核，完不成任务就要扣减你的绩效工资或者降低你的岗位级别，如果那样的话就觉得很丢脸了。在教学与科研之间，我没有办法只好委屈教学了，觉得只要过得去就行，对得起良心就行，不求更好。心里想着先把科研搞好，等评上了副教授，再把教学抓一抓，算是弥补一下。

2007年我终于考上了武汉一所"211"高校的博士，很辛苦地读了四年，去年毕业的，也正好在去年评上了副教授，在同龄人中不算太迟，我也就知足了，现在孩子已经上小学四年级了，我的生活算是基本稳定下来。评上副教授以后，其实科研压力更大了，因为现在申报课题，尤其是国家级、教育部的课题，院里总是动员博士或者副教授以上职称的人申报，说是动员，其实也带有一定的强制意思，因为你不报就会背上一个不支持学院工作的"罪名"，学校现在也会用申报了多少项、批准了多少项来衡量学院的工作，学院领导也不好当，我们就只有硬着头皮上了，本来想着评上副教授后放松几年的，看来不行了。这样下来，教学又要受委屈了，不过我想还是要认真对待的，虽然不能像以前那样的投入，但也不能太糊弄，毕竟我们还是老师嘛。我在武汉读书时，也发现我就读的学校不少青年教师整天也是忙于科研，压力比我们好像还大，毕竟人家是"211"大学嘛，他们在教学方面投入的精力也不是很多，不少人是属于那种感觉说得过去就行了。也有厉害的，教学、科研都很棒的，不过那样的人我是学不来的。（尤雨露，2012 年 11 月 13 日）

也有不少的青年教师会像秦亚丽一样，对于教学与科研的态度，说不上有明确的孰轻孰重，也谈不上有清楚的孰先孰后，只是凭着自己的良心进行教学罢了。

我感觉现在大学老师上课，主要是看自己的自觉了，就是凭良心上课，现在别看学校在教学方面有很多规定，有的还很严格，但是，其实只要你不迟到、不早退、不讲违法乱纪的话，那些规定一般是约束不到你的，能约束你的只是形式，怎么上课还不是你的自由？有时就连你照本宣科都没有人管你，只要不被督导发现就行，学生现在其实也不太关心教师上课好坏，大一学生你给他们讲什么，他们都还是比较老实听话的，他们之前没有见过大学老师上课，以为大学老师上课就是这样，一副老学究的样子，后来发现被忽悠了。大三学生忙着谈恋爱、兼职、参加各种活动，大四学生忙着考研、考公务员、找工作等，学生在课堂上各干各的事，认真听课的不过六七成左右，你讲的好坏他们也不大在意，年终评分，一般都在 80 分以上，现在学生都"聪明"得很，一般不为难老师，知道老师需要 80 分，就好比老师一般不为难学生一样，知道学生需要 60 分。所以，要是哪个班学生给老师打分低于 70 分的话，就说明那个老师太不像话了，学生实在是不能接受了。但是要想得到学生 90 分以上的评分，也不容易，学生虽然对老师不是严要求，但对好老师还是有高标准的，好就是好，不好只能给你个体面分，但不会是高分。所以，在教学方面不投入、教师基本功不好、学术水平不高的老师是很难受学生欢迎的，也不会被学生记住，一般毕业就忘记了，有些老师还没有毕业就被学生给忘记了，毕业聚会时，学生都想不起来这个老师给他们上过课了。（秦亚丽，2012 年 10 月 30 日）

部分青年教师重科研、轻教学的现象较为严重，不仅跟社会功利盛行的大气候有关，也跟大学世俗化与庸俗化的小环境有关，"大学在其'躯体'不断生长的同时，内在的精神却正在萎缩，大学的内涵正在逐渐丧失，大学变得越来越庸俗和浅薄，变得越来越没有品位"（张斌贤，2007：300）。在这样的大气候与小环境中，我们不能一味地指责青年教师急功近利、情绪浮躁，也应该看到他们内心的纠结与挣扎。他们中的大多数还是像尤雨露一样依然对教学怀有敬畏的心理，在态度上重视教学，只是在行动上优先了科研，"委屈"了教学；像秦亚丽一样不论学生听讲与否、督导检查与否，都凭着自己的良心上课，因为他们还是希望能够被自己的学生记住。当然，青年教师也不是完全被动，他们也可以不让教学受"委屈"或者少受一些"委屈"，这既需要青年教师自身提高专业素养和教师基本功，更需要在教学与科研之间寻找一个更好的平衡点。

（三）悬在头上的"双刃剑"

20 世纪 90 年代中期以后，特别是进入 21 世纪以来，各省教育行政主管部门会制定一些政策，结合不同类型学术期刊评价结果、科研课题的来源等，规定本区域内期刊的级别和科研课题的级别，并以此作为评价教师学术水平的重要量化标准，同时与教师职称晋升挂钩，这些无疑对大学教师的科研工作产生了导向性作用，特别是处在学术与职称发展关键阶段的青年教师，更是受此影响。如 2001 年安徽省教育厅编制了《国家级重点期刊、国家级期刊目录》（仅限国内期刊，港、澳、台除外），该目录作为全省高校教师职务晋升科研成绩之论文级别认定的标准，一直适用到 2008 年，2009 年省教育厅颁发了《安徽省普通本科高等学校教师专业技术资格条件》（试行）①，开始采用比较通行的核心期刊评价标准。在此背景下，各大学在出台一系列科研激励措施以后，纷纷结合校内结构工资制度改革、岗位聘任制度改革、绩效工资改革等一系列人事与分配制度改革实践，立足校情制定了教师科研工作考核办法，规定不同岗位职务教师在一定任期内需要达到怎样的科研工作量，若经考核未能达标则会影响教师下一轮的岗位聘任或者工资待遇。如 S 大学 2010 年印发了《S 大学教学科研系列各级岗位聘期职责（暂行）》和《S 大学教学科研系列各级岗位履职考核办法（暂行）》。② 可见，新中国大学教师考核评价制度由改革开放之前的"定性评价为主，而定量评价受否定的阶段"转向"定性评价与定量评价相结合，以定量评价为主的阶段"（黄泰

---

① 安徽教育人事网：关于印发《安徽省普通本科高等学校教师专业技术资格条件（试行）》的通知［EB/OL］. http://ahjyrs. ahedu. gov. cn/show. asp？id=45，2009-11-12.

② 《S 大学教学科研系列各级岗位聘期职责（暂行）》规定：1. 四级教授岗位职责之科研工作职责为聘期内业绩成果必须符合下列条件之一：（1）聘期内年均科研工作量不少于 120 分（注：有一套详细的科研分计算办法）；（2）主持地、厅级以上项目 1 项以上；（3）横向项目经费到账 25 万元（文科 15 万元）以上；（4）获省部级成果奖（前 3 名）以上；（5）在二级期刊发表论文 1 篇以上，或在三级期刊发表论文 2 篇（注：三级期刊文科为 CSSCI 期刊，理科为 CSCD 期刊，二级和一级期刊主要从三级期刊中遴选，此外，SSCI、SCI、EI 等期刊为一级期刊）；（6）撰写 8 万字以上专著 1 部或省级规划教材 1 部，并在四级期刊发表论文 1 篇。2. 七级副教授岗位职责之科研工作职责为聘期内业绩成果必须符合下列条件之一：（1）聘期内年均科研工作量不少于 70 分；（2）主持项目 1 项以上；（3）横向项目经费到账 12 万元（文科 7 万元）以上；（4）获厅局级成果奖（前 3 名）以上；（5）在三级期刊发表论文 1 篇以上，或在四级期刊发表论文 2 篇（注：四级期刊指核心期刊）；（6）取得发明专利 1 项。3. 八级讲师岗位职责之科研工作职责为聘期内科研成果必须符合下列条件之一：（1）聘期内年均科研工作量额定标准为 25 分；（2）主持项目 1 项以上；（3）横向项目经费到账 5 万元（文科 3 万元）以上；（4）在五级期刊发表论文 1 篇以上（注：五级期刊指 CSSCI 扩展版、CSCD 扩展版）。学校一般每 3 年考核一次，即一个聘任期满，对于考核不合格者将作出如下处理：1. 停发所聘岗位相关津贴；2. 不得参加高一级岗位的应聘；3. 不得享受超工作量津贴；4. 学校将根据岗位空缺情况决定是否缓聘或低聘。

岩，程斯辉，2008）。相比大学教师教学工作和社会服务工作质量的考核评价来说，科研工作质量的考核评价更是凸显定量评价。在实践层面，对教师的考核评价制度主要集中在教学与科研两个方面，在教学方面如前所述，主要是完成系（教研室）安排的教学任务，任期内获得学生评教分均分在 80 分以上（学生评教是常态，同行、专家组评教非常态），没有任何教学事故；这样对教师考核评价制度的关键就是科研工作评价。这也是导致部分大学教师重科研、轻教学的一个重要原因。

总体上看，以定量为主的科研考核评价制度是把"双刃剑"，在客观上调动青年教师从事科研积极性的同时也带给他们无处不在的压力。蒋世昌和韩知史感受到的科研压力，具有一定的代表性。

> 现在看来与十年前相比，我的生活满意度也还可以，单纯从经济角度讲改善了不少，但是现在会感觉到科研的压力，我对科研不是特别地感兴趣，虽然我非常喜欢看书，但是我不大写作，尤其是写一些学术性的文章，课题也没有什么申报的兴趣。但是现在感觉科研就像一个紧箍咒横在你的头上，时时刻刻都会感受到。比如每次开会，都有人会讲到科研，每次你不想做的事情，经常有人提着，让你感觉到压力始终无处不在，除了科研压力这一点，我觉得也还是挺好的，也没觉得现在生活压力比以前大。要说生活压力大的话，跟以前比就是养孩子这个责任和压力，特别是当孩子的表现跟你对他的要求和期望不一样的时候，你就会烦神，就想着孩子什么时候才能长大、懂事，什么时候才能成才。这些会有一点压力。生活其他方面没觉得有什么特别的压力。（蒋世昌，2012 年 10 月 15 日）

> 我们学院一直以来对教学还是非常重视的，觉得青年教师站稳讲台、把课上好是第一位的，讲台站稳以后，学院领导就大会小会得讲，要搞科研、写文章、报项目，也给青年教师带来了不

小的压力，青年教师也都想做科研，积极向上的氛围也比较好。前不久，院里召开了青年教师座谈会，各位老师报告自己这几年的发展与成绩，有的老师做得很好，发展得不错，教学科研双丰收，但也有的老师由于婚姻、家庭、小孩等方方面面的原因，科研没有什么进展。但是大家都感到了压力，纷纷表示 2013 年自己要干什么、怎么干，达到什么目标，有点像誓师大会的样子。

教学确实很花时间，教学任务多了，就没有精力做科研了，只能晚上熬夜了。像我现在想写点东西，晚上不熬夜是不行的，白天备课、上课，只有晚上夜深人静的时候做点科研，写点文章。现在就觉得身体重要，身体不好谈不上其他的，所以我现在每周有三四个下午都会到学校西操场来快走一个小时左右，因为我的腰椎不好，不敢剧烈运动，我就快走。这样坚持了一年多，你看我的肚子瘪下去了，精神状态也好多了，感觉精力很充沛。这样做科研才有精神和状态。（韩知史，2013 年 1 月18 日）

从个体角度看，科研考核这把"双刃剑"，挥舞得好，倒是可以发挥其激励的一面，控制其压抑的一面。蒋世昌和韩知史感受到的科研压力，在杨戈兴身上也存在着，但他却能够变压力为动力，踏踏实实地做科研，并利用一切学术交流的机会，主动拓展自己的学术资源，寻求学术发展的智力支持和精神动力。

我觉得我们这一代年轻人注定了科研压力要大些，因为现在社会发展到这样一个讲究技术的时代，什么东西都可以给你搞个量化的标准，什么东西都要讲究精细化管理。虽然大家都知道这样做不好，特别是教育不能这么搞，但是又不可避免地卷入其中。因此，我就不想那么多，反正在这样的社会环境下生存，在S 大学要发展的话，就要适应这里的生存法则，遵循游戏规则，我也改变不了，也不想放弃做教师的打算，所以，只好积极面对，能做到什么样子就什么样子。自己把事情做好了就行，可能的话多做一些对系里、对学科、对学生发展有帮助的事情就很开心了，说明我还有存在的价值。

所以，对于科研，我在感受压力的同时，也觉得是动力，年轻人嘛，总得要吃些苦，多做些事情，你看我们学校许多教授、领导不都是这么走过来的嘛，我们不能只看到别人风光的时候，不看见他们吃苦奋斗的时候。这样想，我的心里就平衡了，就能静下心来做科研。我做科研，没有什么特别的捷径，就是觉得科研这块，要踏踏实实的，多交流，胆子要放大一点。我在读博士期间和导师一起去参加学术会议，我导师对我说："我发现你的胆子很大啊，敢提出问题啊！"我说："我不懂、不会的就问人家，问错了也不丢人，反正别人也不认得我，如果我提的问题人家觉得还不错，有些学术价值，那么人家就会对我有印象。"后来导师就把我的这个想法转述给我的师弟师妹们，并要他们向我学习，学习我这种不怕出丑的精神。我就是这么与学界的前辈和同行交流的，而这种交流也给我带来了很好的学术资源，比如我今年拿了国家自然科学基金，就跟这个有点关系，我今年10月到江苏开会，一位老先生，70多岁了，他看见我以后，拍拍我说："我今年拿到了你的国家自然科学基金项目申报书，评过以后我可以跟你说了，我对你的印象不错，有几次听我讲座都提了非常有价值的问题，感觉你这个小伙子是非常好学的，所以，我给你投了一票。继续努力好好做。"

还有山东大学的一位院士，开会时课间休息10分钟，我问他一个问题，他没有解答完，到第二次会间休息时，他主动找到我继续给我解答。这些老一辈学者的治学精神和谦虚平等待人的风格让我感动。

我不仅在国内参加学术会议时，不懂的我会主动向专家请教，我在看国外文献的时候，有些地方看不懂，我也会给作者发邮件，先把别人的文章夸奖一番，说他的文章多么有意义，对我的研究有启发，但是有哪些地方我还看不懂，过不去，想请他通过电子邮件再给我解释解释。国外学者一般都很热心，他会给你发 E-mail，邮件中会有附件，告诉你他是怎么一步一步推导过来的。有一次我作一个研究，有两篇国外的文献我查不到，就给日本的一位学者发了一封电子邮件，告诉他我对他的研究很感兴趣，自己也一直在做这方面的研究，但是有两篇他的文献我查不到，问他能否帮忙发给我一份。这位老先生用航空邮件给我寄过来了，而且不仅邮寄了我想要的那两篇，还增加了六篇相关的论文，我很感动。所以，只有放低姿态、谦虚一点，多与同行交流，就能够获得很多学术上的资源。比如元旦，我经常一个上午都不出门，在家里给国外的一些学者发邮件，祝贺他们新年快乐，每年都要发三四十封邮件。读过别人文章的，发邮件感谢人家提供的学术启发；编辑部的编辑，感谢人家的出版、发表；审核过我的文章，给我提出修改建议的同行专家，感谢人家的指导。不同类别的人，我都设计了一个邮件模板，我这样做难免有功利之嫌，但我确实是从内心里感谢这些人，觉得他们给我提供了很多的帮助，也许在他们看来不算什么，但是对我意义很大，不然我也不会一步步走到今天。就在前几天我又被录用了一篇 SCI 文章，是一家不错的期刊，这篇文章的录用也可以从一个侧面说明我这种感恩的做法，获得了回报。整个投稿、送审、修改、录用的过程非常快，我在系统投稿两个多月后，就收到了编辑部的通知，告诉我文章需要根据专家的建议再修改修改，我很快就修改好了，再次上传系统，并给编辑发送了一封邮件，告诉他我已经将修改稿上传了，过了四天编辑就回复说可以录用了。这个编辑我也不认识，就是之前在他们的期刊上发表了一篇文章，这样我平时遇到法国的重要节日就会给他发送一封祝福的邮件，这样他对我就有了印象，所以，我第二篇稿子审稿、录用的周期就快了不少。像他们编辑部的投稿系统每天都会有不少的稿子，因为对你有印象，你告诉他投稿了，他会先看你的稿子的，这样你发表的概率就高些，要是按照系统一个个来，时间肯定会更长些。其实人都是这样，每天你若收到很多邮件，但是有一个你还有点印象的人给你发个信息说他给你发了一封邮件，估计你都会首先打开他的邮件看的。

另外，同国外的一些学术前辈交流，我不仅学到了专业知识，更是学到了他们做人的品格。像我们这个专业领域里的两位著名学者，一位是法国巴黎第六大学的教授，我每次问他问题，他基本上是两天之内就给我回复邮件，另一位是美国得克萨斯大学的教授，有一次他一个星期后给我回复了一封邮件，还首先抱歉说他前面出去旅游了，没有及时给我回复，这些都让我感动，更是感受到这些专家学者的治学精神和做人的品格，也感受到学术交流是没有国界的。

所以，我并不是单纯地在做科研，而是在做科研的过程中也学会了怎样做人，科研做到这分上，你就不觉得科研是枯燥的，而是有很多感动你的地方、吸引你的地方。我做科研就觉得是一个团队在做，而不是我一个人孤军作战，这样我就觉得快乐，不寂寞。（杨戈兴，2012 年 10 月 23 日）

杨戈兴的科研经历说明了科研者对待科研的态度和学术交流的重要性，当然起决定性作用的还是杨戈兴的科研实力，没有学术的积累、没有对专业问题领域的兴趣与探究、没有规范化的科研训练，上述的所有种种，就会成为"雕虫小技"；反之，则会"如虎添翼"。所以，对于杨戈兴而言，是科研实力加上科研技巧，更是渗透科研乐趣，两者相辅相成，步入良性循环。

朱拜锦、秦亚丽纵使不能做到像杨戈兴那样把科研这把"双刃剑"挥舞得心应手，却可以在积极与消极两个方面获得一种较好的平衡。朱拜锦佩服、羡慕像杨戈兴那样学术做得很好的人，但是，他知道自己学不到那样的境界与水平，所以，他告诉自己要做好他自己。

  我本科毕业留校后，主要工作就是教学，同时我还兼任了两个专业的辅导员，一带就是四年，那时候根本没有科研意识，到了 2005 年学校规定，评讲师要有硕士学位或者在读，这时候我开始感到压力了，2005 年就考了本校的研究生，在职攻读，后来听说评讲师要发一篇论文，所以在 2006 年就发表了第一篇论文，2007 年评了讲师以后，就有意识想评副教授了，当时评副教授要发表国家级的论文，要两篇。从那时候起，我就有了科研意识，知道了在上课之余，还要写文章、报课题，刚开始我也不懂什么叫科研，怎样搞科研，也没有人指导我，我基本上算是自己摸索、自学成才。应该说，2008 年以前，我对科研还是不懂的，处于懵懂的状态，有了科研意识以后，我就开始下载各种各样的文章看，包括教育、哲学、管理等文科方面的一些文章，看别人怎么写的，我就跟着模仿，看了别人的文章以后，我有想法就写，那时候胆子大什么文章都敢写，写过纯计算机的文章，写过教育类的文章，也写过知识管理、资源管理类的文章。这些文章都发表了，有一篇还发表在国家级期刊上，然后我上课的讲稿，在一次外出开会中拿给一位大学出版社的编辑看，他看后觉得可以作为教材出版，当时这方面的教材非常少，就这样我又出版了一本教材，当时我们系里正式出版教材的没有几位老师，到这时候，我就觉得我也可以搞科研啊，像我这样没有人指导，我也发了文章、出了书，增加了我的信心，也激发了我对科研的兴趣，从此以后，我就更加喜欢阅读与思考。到了 2008 年我对的硕士论文做出来以后，我感觉论文也不比别人写得差，自己应该有更高的追求，所以就决定考博士，当年没有考上，第二年考上了。

  对我来说，做科研并不是想象中的那么可怕，也不像有些人说得那样困难，感觉只要你有心去做，花点时间和精力，学习掌握一套适合自己的科研方法，就一定能够把科研做好，至少应付学校的科研考核和正常的职称晋升是没有问题的，除非你不用心，不花时间。既想过关、晋升，又不想努力，世上哪有这样便宜的事情呢。天上是不会掉馅饼的，世上没有免费的午餐。不过科研要想做得好，就不容易了，有时候还真不是你用不用心、努力不努力的事，这个我说不清，反正觉得就是跟一个人的学术悟性和性格有关系吧。有些人他看问题的角度和方法就是跟你不一样，他就是棋高一招，你想学也学不来，同样一个问题，我们的观点一般都是大路货，都是炒别人的冷饭，很难有新意，但是他不同，他有自己的想法，经他一说你就觉得非常有道理，就在自责，我怎么就没有想到呢，呵呵，这种人恐怕天生就是搞科研的料。还有一些人性格上不大喜欢热闹，有自己的个性，但也不是那种很怪的人，他们比较有批判精神，喜欢质疑，能够在我们看不出问题的地方看出问题，我很佩服，但是也学不来。感觉这样的人不是经过什么训练产生的，也不知道他是怎么练就的，有时你问他，他自己也说不清楚。或者经他说出来，也不觉得有什么特别之处，但是他这样做就可以，你就不行。我想，这恐怕就是我们经常说的，同样是人，咋差距就那么大呢？哈哈……我佩服他们，更是羡慕他们，但我想我有我的生存方式，我学不来他们，就做好我自己吧。而且我告诉自己，对自己的要求应该比学校的最低要求要稍高一些，不能给人感觉自己是在应付、在混日子。(朱拜锦，2013年1月18日)

秦亚丽能够把教学与科研有效地结合起来，相得益彰。工作中，不"挑肥拣瘦"、不抱怨，时常收获"意外"。

就我的经历和专业而言，我觉得教学与科研真的是可以相互转化、相辅相成的，并不是不可调和的矛盾，当然我们文科也许跟理工科不一样，但我想即使有矛盾也是可以调和的。比如我上课就要备课，要想备好课就需要看大量的参考文献，不仅仅是一两本教材，还要关注一些问题的研究动态和前沿，这就有点像写研究综述一样了，有时候为了把某个问题的来龙去脉搞清楚，就会阅读很多资料，这样收集、整理下来，对这个问题研究的动态就有了初步的认识，而且上课讲给学生听时，也不能不作归纳、整理与辨析，一股脑地抛给学生，起码要对各家的观点进行归纳与整理，最好能够在辨析的基础上谈一点自己的看法。有时候上课的时候，也会请学生发表自己的见解，有些学生的观点很好，对我自己都有启发，然后我课后再进行总结、反思，有时候一个新的论文题目就应运而生。有了前面的资料积累和上课的系统讲授、观点碰撞，写起文章来就方便多了。这样教学就给科研提供了资料、提供了选题，甚至还提供了新的观点与看法，这就一举两得了。

另外，有一点也很重要，这可能是我个人的一些体会，就是上一些新兴交叉的学科，往往能够对科研起到很好的促进作用。像我们青年教师，在上什么课方面往往没有选择的权利，一般都是别人挑剩下的，没人愿意上的课，才是我们上的课。① 这时，

---

① 《文汇报》曾以"倾听青椒"专栏报道了一些大学青年教师的学术与生活状况，其中就有一篇大学青年教师描写自己上课遇到的困境：上别人挑剩下的课。如罗云峰曾描述："我几年前从国内一所重点综合性大学毕业，也算因缘际会，先后辗转于几所高校任教。博士毕业刚工作那会儿，我对学术研究和教书育人都充满热情，然而很快就被泼了一盆盆冷水，直落得个透心凉。最先遇到的窘境是，初来乍到的青年教师没有与自己专业对口的课可上。因为专业必修课的'地位'高，年长的老师已经在上了。'挑剩下'给我们新人的，都是比较枯燥、抽象而相对难教，或者学生们不大重视的课程。来到上海一所高校后，我上的第一门课就是这种性质的。当然这可以说是对青年教师的考验和锻炼，我也费了九牛二虎之力备课，仍然吃力不讨好。问题在于，现在上课，是要让学生给老师打分的，这分数学校各级领导还很看重——但只看分数，并不分析相关的具体情况，似乎分数低，就是讲课老师水平不高或努力不够。我有点郁闷，好心的同事劝，说等老教师退休，我就能顶上去上别的课，把这个'烫手山芋'扔给新老师了。跟我年龄差不多的老师，都上过棘手的课，都尝过被学生打低分的味道。"［详见：罗云锋. 为什么"青椒"总要"排队"？［N］. 文汇报，2011-04-05 (1).］

怎么办呢？是抱怨还是忽悠？抱怨没有用，谁听你一个没有任何话语权的人抱怨啊。忽悠呢，也不好使，因为忽悠到最后受伤害的还是学生和自己。首先，学生受伤害，因为你不认真备课，他们无法学到专业、系统的知识，更重要的是你不认真，忽悠他们，学生心里是最清楚的，别看学生不怎么认真听课，但是他们心里清楚得很，学生从你身上就学到了不负责任的工作作风，不管怎样，我不能把我对现实、对学校、对系里的不满转嫁到学生身上，他们毕竟是无辜的。其次，自己也受伤害，因为，作为青年教师你首先要服从系里的安排，不能"挑肥拣瘦"的，不然的话，就让自己给别人留下了不好的第一印象，将来有什么好事情是不会找你的，你想啊，系主任有些课排不下去了，你正好刚来，没有什么盘根错节的关系，也不存在什么历史遗留问题，他排给你了，你还不愿意，不支持他工作，将来有什么便宜的差事，你还指望他会考虑到你吗？所以，基于这两点考虑，系主任安排我担任某门课程的教学任务，我首先考虑的是这门课，我自己能不能上，而不是考虑这门课我该不该上，因为该我上的课都排不到我上，想了也白想。所以，只要这门课我能上，我就答应下来。另外，我也想，既然系主任找你上这门课，要么是他找了别人吃了闭门羹，要么就是他觉得你可以或者应该上，所以，我答应上，就是对他工作的支持，不管怎样，他会领我这个情的。就算他不领情，我后来在上课的过程中也得到了意外的收获，也就不在乎他是否领情了。实践证明，我的系主任还是很领情的，比如一位老教授退休，他当时执教的一门课程是专业基础课，这门课当时应该有两个人可以上，那两个人都主动申请要上这门课，但是这两个人曾经让系主任吃过闭门羹的，他没有答应，而是直接找到我，让我上，后来也有人说我傻，说那是系主任为了那两个人都不得罪才找你，但是我不管，因为是系主任找的我，我只要名正言顺地上了这门课就行，至于他们之间的恩恩怨怨我管不了，也不想知道。我说我上那些别人挑剩下的课会有意外的收获，主要是因为，这些课往往是专业方向课程或者专业选修课程，都是交叉学科，也是新兴学科，往往没有成熟的教材，也没有成熟的知识体系，在备课方面需要花费大量的时间与精力，有时学生还不感兴趣，觉得这门课可学可不学。不过，我上了以后，还是有收获的，至少我得要备课，因为是交叉学科，就需要跨学科备课，这样我的知识面就拓宽了，反过来，对于我的科研就有促进意义。有时对于一个问题百思不得其解，突然在这里就恍然大悟了。所以，我们青年教师上一些难上的、别人不愿意上的课，是没有办法，也会付出许多时间去备课，但是既然花了那么多的时间和精力，如果没有收获的话可就亏了。我的做法是，不抱怨，积极准备，权当是自我学习、自我提高。不过当讲师以后，逐渐形成自己的主要教学领域也是很重要的，这方面我走过弯路。事情往往就是这样，总不会顺顺当当的，有利有弊吧。

另外，就我的体会而言，科研也是可以促进教学的。我曾经听过一位教授的报告，他说，什么是教授啊，教授就是能够在课堂上跟学生讲自己的东西；什么是讲师啊，讲师就是在课堂上讲别人的东西，把别人的东西讲得好的就是高级讲师，但是如果不是讲自己的东西就永远不是教授。这句话对我的触动很大，自此以后，我就努力跟学生讲一些我自己的东西，那么我自己的东西从哪里来呢？这就需要我的科研。所以，我把从教学中获得的问题、观点、灵感等，再深入、再加工，慢慢地形成一个研究的问题，撰写出一篇研究的论文，最好能够发表，从而在课堂上把我自己的观点讲给学生听，与学生一起讨论、分享，很多学生还是比较欢迎的，他们觉得我有自己的想法，至少不是照本宣科。现在学生可讨厌照本宣科的老师了，有学生私下跟我说过，他们最讨厌照本宣科的老师了，说现在都什么年代了，还照本宣科啊，当我们无知啊，呵呵。不管学生的这个评价对不对，起码现在的学生与我们当年做学生是不一样了，我们要认识到这一点，不能老拿我们当年怎么做学生的来要求他们。这样的老师只会被学生称为"OUT"了。（秦亚丽，2012 年 10 月 30 日）

朱拜锦和秦亚丽的科研经历对多数青年教师而言，更具有借鉴价值，他们没有很高的科研天赋，没有很强的科研实力，也谈不上对科研有着浓厚的兴趣，他们就是众多青年教师中的普通一员，以从事教学和科研为工作的主要内容。这两位青年教师目前已是副教授职称，都主持了省部级科研项目，一般每年都会在核心期刊上发表学术论文，他们的科研成果不算丰富，也谈不上突出，但却比较扎实，一步步走来。没有跨越式发展，也没有停滞不前。朱拜锦和秦亚丽在科研方面的成功，主要可以归于三点：第一，为人乐观进取。他们不会把事情想得很糟糕，愿意把事情往好的方面想，而且不放弃自己的努力，积累更多的正能量。第二，充分利用身边已有的小环境和资源。他们不去抱怨现有的环境多么不好、现有的资源多么贫乏，而是立足自己所处的环境和占有的资源，发挥自己的主观能动性，充分利用现有环境和资源中的积极因素，作为自己发展的基础，一步步发展起来。没有十全十美的大学环境，也没有取之不尽用之不竭的学术资源。就当前中国经济社会发展的大背景和大学内部管理体制而言，再好的大学环境也会有消极的一面，再不好的大学环境也会有积极的一面，作为身处其中的个体，就看你怎么认识和选择了。同理，任何大学都会有一些可以利用的学术资源，这也要看你的态度和选择了。"我始终认为，'青椒'（指青年教师）能不能长大，固然取决于多方面因素，但个人刻苦努力、抱着'板凳坐得十年冷'的治学态度是根本，在此前提下，主动寻找机遇非常重要。""'青椒'千万不要因为一时的困顿自暴自弃，要乐观积极地寻找机遇，比如还是讲师时，虽然很难申请到像样的课题与资金，但拿到学院与校一级项目的可能性不是没有——不管经费多少，都要把每个科研项目做好，在有限条件下争取自我发展，积跬步终能成千里。"（闻道，2011）人不可能完全是环境的产物，虽然环境对人的影响很大，人对环境的适应与改造是以其主观能动性为基础的。人与环境的关系，除了逃离、适应、改造再适应之外，还会有另外一种情况，即在改造自己适应环境和改造环境适应自己之间寻找一个平衡点，让自己与身处的环境之间保持一种若即若离的动态平衡状态。第三，没有急功近利的思想。他们在乎名利，但不是太在乎、想尽一切办法苦心钻营的那种，更不是不择手段只为名利的那种。他们对名利的追求主要基于自身的科研实力和学术积累，是一个循序渐进、日积月累的过程，也是一个顺其自然的过程。急功近利难免会让人产生浮躁情绪，会在奔跑中失落灵魂。从长远看，急功近利的人往往会得一时之名利而失之长久，淡泊名利的人最终常会得到名利。正如老子所言："以不争先而领先，以无私而成其私。"第四，在平凡与常态下，做好自己、发展自己。朱拜锦和秦亚丽两人是那样的平凡与普通，备课、上课、从事科研，照顾孩子、关爱家庭、享受生活。可以说，绝大多数青年教师的生存方式是平凡的、常态化的，这种常态化的生存方式随着时间的流逝，很容易消磨一个人的意志，儿时的梦想、年轻时的冲动往往在不知不觉中被岁月的痕迹掩盖。朱拜锦和秦亚丽让我们看到的正是他们在平凡的工作与生活中拒绝平庸，对自己还有一些要求与期待，从而不断完善自己、提高自己。一个对自己已经没有要求与期待的人就会逐渐沦为平庸。

总体上来看，改革开放之前对大学教师科研水平采取定性评价为主的方式，不利于调动教师从事科研工作的积极性，特别是对于青年教师而言，感到没有前进的动力，容易丧失斗志。此外，由于定性评价的偏主观性，也在实践中滋长了领导与群众之间、同行之间、同事之间等人际交往的不正之风。改革开放以后，打破对教师科研水平考核评价以定性为主的方式，实行以定量为主的评价方式，总体上调动了教师从事科研工作的积极性，也营造了促使青年教师脱颖而出的良好科研氛围。但是，由于定量评价过于看重统计数据与结果，属于典型的"见物不见人",在保证客观性的同时,也忽略了人的过程性与差异性,在公平方面备受争议。与此同时,过分注重定量评价,也易滋生学术研究中的不正之风。治理与整顿学术腐败,重建优良学术道德规范的呼吁,从来没有像今天这样迫切过。于是乎,无论理论界还是实践界都倡导定性评价与定量评价相结合的方式。这个理念估计没有人会不赞同,不过,如何结合则是非常令人头痛的事情,因为很多事情从理论上阐述比较容易,但是到实践操作层面却很困难;反之有些事情理论上也许无法阐述清楚或者达成共识,但是实践层面却开展得如火如荼。这可能就是理论与实践之间无法逾越的那道"鸿沟"。

对于教师科研工作水平的评价,无论在理论上,还是在实践中都是个难题,特别是在实践中。但是,在实践中很多大学都有自己的科研评价体系和职称晋升标准,一般也都没有引起强烈的反对。虽然不同层面的人都会有不同看法,也会在不同场合发表各自的见解,但始终没有动摇制度本身。因为大家都明白,没有这样一种考核评价和职称晋升制度,连起码的效率和公平都失去了保障。不是不需要制度,而是更需要适合教师发展的不断完善的制度。但怎么完善又是一个难题,既是个理论问题,更是个实践问题。这说明,没有一个放之四海而皆准的对教师科研工作及其他工作的考核评价标准,有的只是在特定的学校、特定的群体中大家普遍接受的评价标准。正所谓没有最好只有最适合。

大学教师科研考核评价制度的核心价值在于激励不在于惩罚,激励作用的发挥是基于教师科研积极性的调动和在现有科研基础上逐步达到自己最佳的发展水平。所以,教师科研考核评价制度的作用对象是绝大多数教师,是那些"中人以上可以语上矣"的中间多数。制度往往只对中间的大多数发挥最佳的激励作用,位于两头的体制外的人,要么是加速或延缓作用,要么是制约作用,谈不上什么激励作用。大学教师科研考核评价制度的制定应该是针对中间状态的绝大多数,应该是基于激发他们的积极性和创造性。但是,制度的执行与适用不可能只针对中间的绝大多数,而是具有普遍性,适用所有对象。即使是中间状态的绝大多数,也会在共性之外存在很多个性差异,制度的激励作用在每个教师身上的体现是不一样的。所以,制度本身有它自身难以克服的局限,即难以照顾到个体差异性。如果是达标性的制度要好办些,因为是底线要求,不考虑个性差异,必须要达到这个标准,但是作为激励性的科研考核评价制度就要难办些。因此,对于大学教师科研考核评价制度,不能苛求它的完美,只能从总体上、长远上去评价它的利与弊。另外,大学教师科研考核评价制度本身在执行中也会受到不同因素的干扰或制约,制度价值取向的实现往往也会打折。不论大学的管理者,还是青年教师个体,若是太在意评价制度本身和评价结果,都会产生不同程度的负面效应。特别是青年教师个体要与制度保持适当的张力,以制度激励自己,而不是约束自己,从而也可以弥补制度在关注个体差异性方面的不足。

(四) 职称——"想说爱你并不容易"

2001 年,《安徽省财政拨款事业单位深化职称改革若干问题的意见 (试行)》(皖人发〔2001〕61 号)① 规定,具备一定条件的全日制普通高等院校开展"以聘代评"试点工作。即从 2001 年起,具备一定条件的全日制普通高等院校和科研院所,经主管部门同意并报省人事厅批准后,可以对从事教学、科研工作的专业技术人员试行"以聘代评"。试行"以聘代评"的系列、专业和单位,专业技术人员可不参加全省统一组织的任职资格评审,由单位聘任委员会考核推荐,行政领导根据工作需要,在核准的结构比例限额内,直接聘任相

① 安徽省人事厅关于印发《安徽省财政拨款事业单位深化职称改革若干问题的意见 (试行)》的通知 [EB/OL]. 合肥人力资源和社会保障网: http://www.hefei.gov.cn/n1105/n32819/n169172/n17232246/17395535.html, 2008-07-24.

应专业技术职务。

S 大学于 2004 年获准开展"以聘代评"工作试点，并于当年制定了《S 大学教师、实验系列专业技术职务聘任工作试行办法》（校人字［2004］44 号）[1]，建立以聘代评、能上能下、优胜劣汰的竞争机制，进一步深化学校职称评聘制度改革。同时，制定了《S 大学晋升教师系列专业技术职务聘任条件（试行）》[2]，详细规定了助教、讲师、副教授（含破格）、教授（含破格）职务聘任的各项条件，包括必须具备的基本条件；学历及任职年限要求；教育教学工作方面条件；科研课题或项目方面条件（助教、讲师不作要求）；论文、论著方面条件（助教不作要求）。

自 2004 年 S 大学开展"以聘代评"工作试点以来，有效地调动了青年教师从事教学、科研的积极性，有了客观参照的标准，让青年教师有了努力的方向，看到了职称晋升的希望。但是，当大家都开始积极努力的时候，就会面临专业技术岗位紧缺的问题（目前中级比较宽松），特别是高级专业技术岗位的紧缺（副高级岗位目前总体上相对宽松，但各专业差距大，未来几年更趋紧张），出现了供大于求的现象，激烈的竞争就不可避免。

2009 年，《安徽省事业单位专业技术岗位结构比例控制标准（试行）》（皖人办发［2009］56 号）[3] 规定，有博士点院校教学科研岗位中正高级专业技术岗位比例为 10%—17%，副高级为 25%—30%，中级为 40%—45%，初级以下为 8%—25%。可见，S 大学教学科研岗位中高级专业技术岗位的比例最高为 47%。目前，S 大学各院系除音乐、美术、外语等少数院系外，高级专业技术岗位已趋于饱和，特

---

[1] S 大学人事处编. 人事工作手册（第一辑）（内部资料）.

[2] S 大学人事处编. 人事工作手册（第一辑）（内部资料）.

[3] 关于印发《安徽省事业单位专业技术岗位结构比例控制标准（试行）》的通知［EB/OL］. 安徽教育人事网：http：//ahjyrs. ahedu. gov. cn/show. asp？id＝6134，2012 - 08-06.

青年教师学术与生活的"纠结"：基于 S 大学八位教师的叙事探究

别是正高级专业技术岗位职数更加吃紧，像中文、化学、教育等学科已经超过核定比例，每年只能在全校的调剂名额中分得极少名额，而符合教授聘任条件的人却远多于分配指标，这样激烈的竞争就产生了，特别是高级职称候选人拼命地提高自身的科研成果（因为这一条是硬指标，也最具有说服力），一些各方面条件很不错的副教授（各项指标都超过了教授聘任条件），由于指标限制问题在院系就出不了线，因为你优秀，还有人比你更优秀。

在这样的背景下，青年教师已经按捺不住了，不像 20 世纪的青年教师那样按部就班从事科研工作，顺其自然地晋升职称，而是提前入手，趁早准备，特别是在科研条件方面都普遍提高门槛，一旦评上了讲师，就要盯着副教授的条件，瞄着硕士生导师的条件行动①，向着破格副教授的条件努力；一旦评上了副教授，就要盯着教授的条件，瞄着破格教授的条件行动②，向着博士生导师的条件努力。随着整个职称晋升竞争激烈程度的增加，职称晋升的压力显然已经提前了。此时，作为青年教师要想晋升职称，必然要参与竞争，过早地卷入其中，结果如何也不得而知，但是若不提前准备，到时候又无法与人竞争。争还是不争？确实是个让人"纠结"的问题。

此外，安徽省高校教师职称晋升制度，在调动青年教师积极

---

① 2005 年之前，S 大学有 1/3 左右的讲师评上副教授，无法达到硕士研究生导师的任职资格（特别是学术型），甚至受聘副教授两三年后仍有许多达不到，现在绝大多数新聘副教授都能达到。

② 按照目前 S 大学破格聘任教授的办法，破格教授指标由学校统一掌握，不下放到院系，各院只要有符合破格条件的候选人均可上报学校，不占学院的正高级岗位指标，由学校统一考核、评定，并按照一定比例聘任，俗称"打擂台"。所以，一些正高级岗位紧张学院的教师，就开始超常规、跨越式发展了，对照破格条件，努力提升自身的科研条件（因为教学和政治条件容易达到），争取到学校去分得一杯羹，否则在院系不知道排队等到什么时候。这无形中增加了教师的科研压力，这个压力不再像先前那样主要是发自教师的内驱力，是对学术有很强的兴趣和很好的积累，是水到渠成的事情，而是受外在压力驱使刻意为之。

China's Education: Research & Review, Vol. 16   217

性、激励青年教师不断进取方面发挥重要作用的同时，也因为国家级重点期刊、国家级期刊目录①的制定，使得部分青年教师在职称晋升与学术发展之间遭遇一些困境，有时为了职称晋升不得不在期刊目录列表内的杂志上发表学术论文，而一些学术影响力较高，但没有列入期刊目录的杂志就被青年教师忍痛割爱了。这表明，构建一套科学、公正、可行的大学教师职称晋升评价制度非常重要，也可适当缓解青年教师职称晋升的压力，调和学术发展与职称晋升之间的冲突。

（五）学位压力空前绝后

1993 年颁布的《中国教育改革和发展纲要》强调：高等教育的发展，要坚持走内涵发展为主的道路，努力提高办学效益。要区别不同地区、科类和学校，确定发展目标和重点。2010 年颁布的《国家中长期教育改革和发展规划纲要（2010—2020 年）》指出：提高质量是高等教育发展的核心任务，是建设高等教育强国的基本要求。要以中青年教师和创新团队为重点，建设高素质的高校教师队伍，大力提高高校教师教学水平、科研创新和社会服务能力。

可见，自 20 世纪 90 年代以来，高等教育内涵式发展已逐渐受到重视，各大学纷纷采取措施提高教师整体素质，提高教师的学历与学位就是其中一项重要举措。这样，90 年代以后工作的大学青年教师

---

① 安徽省教育厅于 2001 年修订了《国家级重点期刊、国家级期刊目录》，这个目录一直使用到 2008 年，2009 年省教育厅颁发了《安徽省普通本科高等学校教师专业技术资格条件（试行）》，在职称晋升中开始采用比较通行的核心期刊评价标准。比如在教育学科中，当时属于 CSSCI 来源期刊的《教育研究与实验》、《北京大学教育评论》、《教育学报》、《复旦教育论坛》、《清华大学教育研究》等学术品位较高的期刊没有列入《国家级重点期刊、国家级期刊目录》，只能算是省级刊物，在晋升副教授、教授时没有竞争力，只具有发表文章数量的统计意义，不具有质量意义（期刊目录来源于 S 大学科研处网站）。

就面临前所未有的学历与学位提升压力。50—60 年代工作的大学青年教师几乎没有学位提升压力，绝大多数是本科毕业，也有少部分研究生毕业；80 年代工作的青年教师在整个 80 年代基本没有学位提升压力；到了 90 年代开始陆续有些压力，而且也主要集中在硕士学位。据《中国教育统计年鉴》相关年份统计，截至 1989 年普通高校专任教师中具有博士学位的教师数为 3 138 人，占专任教师总数的 0.8%，具有硕士学位的教师数为 52 583 人，占专任教师总数的 13.2%，两项合计，具有硕士及以上学位的教师占专任教师总数的 14%。（中华人民共和国国家教育委员会计划建设司，1990）即使到了 1999 年，普通高校专任教师中具有博士学位的教师数为 23 136 人，占专任教师总数的 5.4%，具有硕士学位的教师数为 100 492 人，占专任教师总数的 23.6%，两项合计，具有硕士及以上学位的教师占专任教师总数的 29%。（中华人民共和国教育部发展规划司，2000）但是到了 2010 年，普通高校专任教师中具有博士学位的教师数为 201 815 人，占专任教师总数的 14.3%，具有硕士学位的教师数为 475 367 人，占专任教师总数的 33.8%，两项合计，具有硕士及以上学位的教师占专任教师总数的 48.1%。（中华人民共和国教育部，2011：54）可见，90 年代以后工作的大学青年教师的学位压力，尤其是博士学位的压力远远超过 90 年代之前的青年教师。虽然到了 2010 年普通高校专任教师中具有博士学位的教师数只占专任教师总数的 14.3%，但是这些具有博士学位的教师主要集中在本文所界定的大学内，也大多集中在本文所研究的当代大学青年教师群体中。所以，当代大学青年教师学位提高的压力是空前的，也可以说是绝后的。因为 2010 年以后，想要进入本文所界定的大学内担任专任教师，其入职学位，除少数特殊专业外，几乎都需要博士学位。进入"211 工程"大学，特别是"985 工程"大学，多数还强调具有海外学位或者海外研修经历。

总体而言，大学的层次与类型不同，当代青年教师学历与学位提升压力的时间段也有所不同。20 世纪 90 年代青年教师获取博士学位的压力主要集中在"211 工程"以上大学（特别是"985 工程"大学），非"211 工程"大学的青年教师主要是获取硕士学位的压力，获取博士学位的压力相对较小①，到了 21 世纪，特别是 2005 年以来，非"211 工程"大学的青年教师获取博士学位的压力越来越大。这种压力一是来自大学内涵式发展的必然要求（没有博士学位在学校发展空间非常有限），二是来自同辈群体中博士比例的提升（没有博士学位无法在同辈中竞争），三是来自大学博士引进力度的加大（外来博士的优厚待遇极大地刺激了本校非博士教师）。此时，"985 工程"大学的青年教师又面临一定期限海外大学研修的压力。所有这些，对于当年取得学士或硕士学位进入大学工作的青年教师而言，他们中相当一部分是赴外地的大学攻读硕士或博士学位。而这也使得他们在工作、学习、家庭等方面不断面临矛盾与冲突②，又不得不想办法去不断化解冲突，从而克服一切困难获得更高的学位，为学术发展奠定基础。

　　2007 年在武汉一所高校攻读博士学位的尤雨露，四年间穿梭于武汉与 W 城市之间，协调着学习、工作、家庭之间的矛盾，"很辛苦

---

① 新中国研究生教育在新中国成立初期主要是硕士层次的教育，"文革"期间中断，1981 年《学位条例》实施以来，研究生教育逐渐恢复，当时研究生的教育规模很小，具有硕士及以上学位授予权的单位很少，即使到了 20 世纪 90 年代，具有博士学位授予权的学校也很少，主要集中在部属高校，地方高校很少具有博士授予权的。2003 年在国务院第九批博士学位授权单位批准后，部分地方高校开始逐渐具有博士学位授予权。据《中国教育统计年鉴（1990）》统计数据显示：1982 年我国授予第一批博士学位，仅有 13 人，1983 年 19 人，1984 年 91 人，到 1989 年也只有 1 904 人，整个 80 年代共授予博士学位人数为 4 872 人。到了 2006 年当年授予博士学位人数为 33 305 人，博士招生人数为 55 955 人。

② 总体上看，"985"大学青年教师的博士学位获得主要是以本校或本市大学为主，这样的话，家庭、工作、学习之间的冲突相对要好些（但是到海外去攻读学位的冲突更大）；"211"大学青年教师的博士学位获得，在 20 世纪 90 年代有较大一部分集中在"985"大学，一部分集中在本校或本市大学，他们面临的家庭、工作、学习之间的冲突相比"985"大学青年教师要强烈些；非"211"大学青年教师的博士学位获得，大多是到"211"及以上大学去攻读，他们面临的家庭、工作、学习之间的冲突最大。

地读了四年"，也让自己的人生过得更有意义。

2005 年我就一边继续集中精力搞科研，一边准备复习考博士，因为学校评职称的趋势看样子要对学历有更高的要求，2004 年的文件规定 1994 年以后工作的教师评副教授、教授必须要有硕士学位，35 周岁以下的教师要评教授的话，必须要有博士学位。我当时就想，别等到我评教授的时候规定 45 周岁以下的也要有博士学位，现在已经规定 1968 年以后出生的教师评教授原则上要有博士学位了。看来，我当时的估计还是保守了。当我想考博士，又想搞好科研时，我就感觉时间太紧了，那时候小孩又小，才 2 岁，老公兼任行政岗位，事情也多，很多家务都是我一个人做。2007 年我终于考上了武汉一所"211"高校的博士，很辛苦地读了四年，去年毕业的，读书期间我还要在武汉与 W 城市之间奔波，最放心不下的就是孩子，常常在夜里会想孩子想得哭，孩子也很想我，每次打电话问我最多的问题就是："妈妈，你什么时候回家啊？"每次回家以后，对我提出最多的要求就是："妈妈，你能不能在家再多待几天啊。"有时候，我也是非常矛盾的，觉得干脆不读算了，多陪陪孩子，把孩子教育好也是值得的；但有时又想，还是要坚持，也是给孩子做一个学习的榜样，让她明白，爸爸妈妈今天的幸福生活是靠自己的辛勤努力换来的，爸爸妈妈没有得过且过，没有安于享乐，而是不断进取，不断超越，让人生过得更有意义与价值。（尤雨露，2012 年11 月13 日）

读博期间被查出有结石，患有阑尾炎，甚至感到绝望的朱拜锦经历了那种"只有读了博士的人才知道的痛"，给了自己和家人一个交代。

我讲一讲我上博士的经历吧，也许能从另一个侧面反映我们这一代青年教师学位提升的压力。不知道别人考博士是什么情况，我想也不会太顺利吧。于我而言，我考博士是很不容易的。我留校工作以后，读了硕士，评了讲师，又过了两年感觉硕士学历不行了，必须要读个博士才行，所以就准备考博。我打算考博士时，与导师联系，因为在南京，导师希望我能参加他门下的学术沙龙，一般每两周举行一次，让我听听，提前感受一下学术研究的氛围。这样我就在 W 市与南京两个城市之间穿梭，几乎每次学术沙龙都去，去了以后要自己安排食宿，费用自理，最难受的是每次沙龙我基本上是旁听，一般不发言，听那些博士讨论，但是又不能不认真听，因为老师偶尔也会问问我的看法，这时你不但要讲，还要讲出一定的水平来，担心会给老师留下不好的印象，当时去旁听沙龙的考生也不止我一人，还有七八个打算考那位导师的，其中有一位已经是第三年旁听了，大家之间的较量在考试之前的学术沙龙其实就已经展开了，就这样我参加了一年，可惜那年没有考上，第二年只好又去参加，功夫不负有心人，第二年我考上了。刚开始考上的时候，是非常兴奋的，至少觉得有面子，但是到了学校以后就有些不适应，因为工作以后一个人生活惯了，突然又回到集体宿舍还是不习惯，虽然同室的同学人也不错，我们关系处得也挺好，但是毕竟两个人的生活习惯不同，我还是不太适应。加上吃食堂，没有家里老婆烧的菜营养又可口。天天下馆子也没有这个经济实力。其实，这时就遇到了学术与生活的冲突了，我为了学术上再上一个台阶，就牺牲了我以前安稳、舒适的生活了。有时候就在想值不值得。我们同届一位同学，也是大学老师在职攻读，跟我情况差不多，他的胃一直不怎么好，来读博士以后，一直吃不惯食堂的饭菜，胃病老犯，后来他自己买了电饭煲偷偷地在宿舍里熬稀饭，到了二年级的时候，他实在受不了，索性退学回去了，不上了，他说我读博士就是为了能够更好地生活，别到时候博士还没毕业小命都没了，不值得，回家就这么凑合着过吧。还有一位同学，快40

岁了，原来在一所专科学校工作，因为不满足现状就辞了工作来读博士，希望将来能够到一所本科高校工作，他的压力更大，整天地看书，写文章，但是文章又写不出来，可能是他的学术悟性要差些，就是上不了路子，他自己也说自己的反应慢，他学得很苦，平时不怎么回家，有一年连春节也没回家，特别是到了三年级写论文时，更是很少回家，他已经有老婆和孩子了，每个月只有二三百元的博士津贴，基本上靠老婆的工资在支撑着，日子过得也很紧巴。我们同学在他面前一般都不提论文之类的事情，怕给他压力，平时聚会也都不要他掏钱，但是他不愿意偏要掏，后来我们聚会有时也会有意避着他，怕他知道不喊他又不好，喊他不要他凑份子又怕伤了他的自尊。毕业时，他还算幸运，找到了一所苏北的本科院校，老婆孩子也调动过去了，算是圆了他的梦。我们毕业聚餐时，他哭得最凶，我们知道他流出的泪水中有结局的喜悦，更有过程的辛酸。那还是三年前，要是放到现在，估计他的梦未必能圆啊，现在博士就业压力更大。

　　跟这两位博士同学相比，我还是幸运的，有工作，有基本工资，没有就业和生活压力，只有学术的压力。所以，到了二年级的时候，我就不断地调整自己的心态，开始逐渐地融入博士的学生生活中去，后来感觉也挺好的，觉得学术与生活其实是可以相容的。但是到了二年级下学期的时候，我被查出有结石，后来又有阑尾炎，经常痛，心情就不好，那时候就感觉到绝望，觉得我这么做到底是为了什么，有什么意义。后来又不断调整，到了写博士论文的时候又开始痛苦了，那种苦只有读了博士的人才知道，那时候我就想下辈子再也不读博士了，也不希望我的孩子读博士，太受罪了。但最终我还是走过来了，我做事不喜欢半途而废，只是喜欢胡思乱想，更何况我当年为了考博士付出了多少代价，放弃的话我也无法给自己一个交代，更不要说对得起家人了。（朱拜锦，2013 年

1 月 18 日）

通过对尤雨露、朱拜锦的访谈，他们对于读博期间的困难虽然也有不少的描述，但总体上还是在轻松的话语中回忆的，给人们的感觉是他们在读博期间确实遇到了许多的困难与矛盾，在攻读博士学位的过程中，他们有过痛苦、有过纠结、想过放弃，但最终还是咬紧牙关走了过来。一旦走过这段艰难历程后，他们又获得了新生，人生感悟与境界得到了提升，再去回忆读博那段历程时，更多的是一种超越与从容。这种人生体验也有别于 20 世纪 90 年代之前的青年教师。

四、生活待遇提高了为何幸福感却下降

随着 1993 年《教师法》的颁布与实施，大学教师的社会地位和工资待遇逐步提高①，逐渐成为具有吸引力的职业。但是，在大学内部，不同职称教师之间的工资待遇是有差距的，一般而言，青年教师处在收入的底层。"在一定意义上说，青年教师是现阶段高校中的不利人群。工资以职务为依据，青年教师职务一般较低；青年教师承担教学任务较重，但是根深蒂固的平均主义却不能使他们得到相应的报酬。严重影响青年教师的工作积极性和骨干教师的稳定。"（管培俊，1999）但是，到了 2000 年以后，越来越多的大学开始打

---

① 《教师法》第二十五条规定：教师的平均工资水平应当不低于或者高于国家公务员的平均工资水平，并逐步提高。该条规定在《教师法》实施近 20 年内，各地中小学，特别是农村地区，都不同程度存在拖欠教师工资现象。但大学教师工资至少是省级财政拨款，所以不存在拖欠问题。在工资层面也基本实现了不低于或高于国家公务员的平均工资水平。据《中国统计年鉴》公布的相关年份统计数据显示，1994 年、1999 年普通高等学校职工平均工资分别为 5 992 元、11 679 元，国家机关职工平均工资水平分别为 4 958 元、8 965 元。本文中的大学教师平均工资水平应高于普通高等学校教师平均工资水平。

破平均主义、大锅饭的分配制度，实行"优劳优酬、多劳多得"的校内分配制度改革，教师教学工作量的多寡直接与收入挂钩。虽然在分配中，教授一节课的课酬要高出讲师很多①，但青年教师的总收入呈现逐年上升趋势②，除非一些专业的青年教师教学工作量不饱满。此外，加上大学这几年服务社会的意识增强，社会也需要大学提供智力支持，一些成人教育、社会合作项目等纷纷兴起，也给多数青年教师提供了工资以外的收入，所以青年教师的实际收入普遍要略高于工资收入，而且不同专业和个体之间存在较大差异。

（一）青年教师的收入中等偏上

2005 年，安徽省高等教育在岗职工年平均工资为 20 248 元（教

---

① 比如 S 大学 2001 年开始实行的校内分配制度改革，教师的收入主要是法定工资和教学工作量，不设岗位津贴，上一节课就给一节课的钱。教授一节课的课酬一般在 40 元左右，副教授一般在 35 元左右，讲师一般在 30 元左右，助教一般在 25 元左右（有一套具体的换算办法，每年会略有不同，大体上是这个标准）。2011 年实行（实际执行是 2012 年）绩效工资改革以后，确立岗位津贴，规定了不同岗位的教学工作量，额定内的教学工作量没有课时津贴，超过部分基本是按上述标准进行超工作量奖励，不足部分也会从岗位津贴中扣除（因为年终会有 30% 的绩效工资，平时发 70%）。

② 以 S 大学为例，2002 年讲师月工资一般在 1 000 元左右（不含返还的公积金），年终课时津贴一般在 10 000 元左右，平均月收入一般不少于 2 000 元。2012 年，讲师月工资一般在 4 000 元左右（若含返还公积金则接近 5 000 元，因为公积金扣除比例已经提高到 20%，讲师一般每月扣 800 元左右公积金，2002 年大概扣 130 元左右），年终超工作量课时津贴一般在 5 000 元左右，平均月收入一般不少于 4 500 元。因公积金平时无法提取，所以可支配月收入一般在 3 500 元左右。加上校内福利，全日制教学以外的成人教育、社会服务等收入，可支配月收入一般不少于 4 000 元。年收入在 5 万元左右（不含公积金）。10 年收入翻了一番。安徽省 2011 年城镇居民人均可支配收入为 18 606 元，S 大学所在地 W 市城镇居民人均可支配收入为 21 010 元。

育类在岗职工年平均工资为 15 317 元），国民经济 67 个行业①平均工资为 15 334 元。高等教育在岗职工年平均工资在国民经济 67 个行业中排名第 13 位，排在航空运输业（40 501 元）、证券业（34 207 元）、烟草制品业（33 134 元）、黑色金属冶炼及压延加工业（26 158 元）、采矿业（24 473 元）、电信业和其他信息传输服务业（23 857 元）、新闻出版业（23 235 元）、人民政协和民主党派（21 576 元）、专业技术服务业（21 203 元）、石油加工、炼焦及核燃料加工业（21 005 元）、软件业（20 816 元）、银行业（20 462 元）之后。高于党机关（17 788 元）和国家机构（16 978 元）。（安徽省统计局，国家统计局安徽调查总队，2006：34-135）

2011 年，安徽省高等教育在岗职工年平均工资为 45 365 元（教育类在岗职工年平均工资为 38 435 元），国民经济 67 个行业平均工

---

① 按国民经济行业分组，共 19 大类，67 个行业。具体如下：（1）农、林、牧、渔业，包括：农业，林业，畜牧业，渔业，农、林、牧、渔服务业；（2）采矿业；（3）制造业，包括饮料制造业，烟草制品业，石油加工、炼焦及核燃料加工业，化学原料及化学制品制造业，橡胶制造业，非金属矿物制品业，黑色金属冶炼及压延加工业，有色金属冶炼及压延加工业，金属制品业，通用设备制造业，交通运输设备制造业，电气机械及器材制造业；（4）电力、燃气及水的生产和供应业；（5）建筑业，包括房屋和土木工程建筑业，建筑安装业，建筑装饰业，其他建筑业；（6）交通运输、仓储及邮政业，包括铁路运输业，道路运输业，水上运输业，航空运输业，邮政业；（7）信息传输、计算机服务和软件业，包括电信和其他信息传输服务业，软件业；（8）批发和零售业，包括批发业，零售业；（9）住宿和餐饮业，包括住宿业，餐饮业；（10）金融业，包括银行业，证券业，保险业，其他金融活动；（11）房地产业，包括房地产开发经营，物业管理；（12）租赁和商务服务业，包括租赁业，商务服务业；（13）科学研究、技术服务和地质勘察业，包括研究与试验发展，专业技术服务业，科技交流和推广服务业，地质勘察业；（14）水利、环境和公共设施管理业，包括水利管理业，环境管理业，公共设施管理业；（15）居民服务和其他服务业，包括居民服务业，其他服务业；（16）教育，包括高等教育，中等教育，初等教育；（17）卫生、社会保障和社会福利业，包括卫生，社会保障业，社会福利业；（18）文化、体育和娱乐业，包括新闻出版业，广播、电视、电影和音像业，文化艺术业，体育业，娱乐业；（19）公共管理和社会组织，包括中国共产党机关，国家机构，人民政协和民主党派，群众团体、社会团体和宗教组织。

资为 40 640 元。高等教育在岗职工年平均工资在国民经济 67 个行业中排名第 15 位，排在证券业（113 721 元）、烟草制品业（71 118 元）、金融业（66 955 元）、采矿业（66 172 元）、铁路运输业（59 854元）、其他金融活动（58 061 元）、软件业（57 085 元）、航空运输业（56 374 元）、黑色金属冶炼及压延加工业（53 697 元）、研究与实验发展（53 361 元）、新闻出版业（48 374 元）、电力、燃气及水的生产和供应业（47 566 元）、人民政协和民主党派（48 113 元）、保险业（45 512 元）之后。高于中国共产党机关（43 304 元）和国家机构（39 248 元）。（安徽省统计局，国家统计局安徽调查总队，2012：111–112）可见，在安徽省，普通高等学校教师年平均工资水平处于中上等水平。本文所指称的大学教师年平均工资水平应高于普通高等学校教师年平均工资水平，处于中上等工资收入水平。

在全国，没有像安徽省统计年鉴那样进行行业的细分，只是按照国民经济行业分组，将教育作为 19 大行业类别中的一类，并据此分类统计。2011 年，按行业分城镇单位就业人员平均工资统计显示：教育行业年平均工资为 43 194 元，国民经济 67 个行业平均工资为 41 799元，在 19 大类行业中排在第 10 位（中华人民共和国国家统计局，2012：144），处于中等工资水平。但是大学教师的年平均工资水平肯定远高于教育类平均工资水平，在全国 67 个国民经济行业中应处在中等偏上乃至中上等水平。

可见，无论是在全国范围内，还是安徽省，大学教师的平均工资水平，在国民经济 67 个行业中至少处于中等偏上水平。这样的结论可能面临以下质疑：第一，平均工资水平会掩盖行业内部两极分化的差距。其实，从总体上看，大学内部校长、著名教授与普通教师的两极差距肯定不会比国企老总、高管与普通员工的差距大。所以，平均工资在整体上能够反映行业间收入水平的差距。第二，工资水平无法反映行业的福利和一些灰色收入。根据中国和安徽省统计年鉴的数据采集，工资是指税前工资①，不包括单位按一定比例配套的公积金，其余显性的福利都是统计在内的。至于配套的公积金，因大学所在地方公积金管理部门采取的缴存比例不同，导致个人公积金总额有所区别。国务院《住房公积金管理条例》（2002 年修订）②第十八条规定：职工和单位住房公积金的缴存比例均不得低于职工上一年度月平均工资的 5%；有条件的城市，可以适当提高缴存比例。具体缴存比例由住房公积金管理委员会拟订，经本级人民政府审核后，报省、自治区、直辖市人民政府批准。在一个地市级行政区域内，公积金的缴存比例基本一致，所以，大学教师在本行政区域内平均工资处于中等偏上水平的话，其公积金缴存额度一般也在中等偏上水平。至于行业的灰色收入③，因行业不同差距也大，但是灰色收入几乎在所有的行

---

① 《中国统计年鉴：2012》在主要统计指标解释中指出工资总额指根据《关于工资总额组成的规定》（1990 年 1 月 1 日国家统计局发布的一号令）进行修订，在报告期内（季度或年度）直接支付给本单位全部从业人员的劳动报酬总额。包括计时工资、计件工资、奖金、津贴和补贴、加班加点工资、特殊情况下支付的工资，是在岗职工工资总额、劳务派遣人员工资总额和其他从业人员工资总额之和。工资总额是税前工资，包括单位从个人工资中直接为其代扣或代缴的房费、水费、电费、住房公积金和社会保险基金个人缴纳部分等。工资总额不论是计入成本的还是不计入成本的，不论是以货币形式支付的还是以实物形式支付的，均应列入工资总额的计算范围。平均工资指单位就业人员在一定时期内平均每人所得的货币工资额。它表明一定时期职工工资收入的高低程度，是反映就业人员工资水平的主要指标。计算公式为：平均工资 = 报告期实际支付的全部就业人员工资总额/报告期全部就业人员平均人数。
② 《住房公积金管理条例》［EB/OL］. 中国网：http://www.china.com.cn/zhuanti2005/txt/2002-03/28/content_5124733.htm，2002-03-28.
③ 灰色收入指职工获得的工资、津贴以外的经济收入，如稿酬、兼职收入、专利转让费等，有时也指一些透明度不高、不完全符合法规的收入（区别于"白色收入"、"黑色收入"）。它介于合法收入和非法收入之间的各种收入。从某种意义上讲，灰色收入与隐性收入一样，在一定时期内具有某种"合理存在空间"。目前，学界对"灰色收入"的定义也不统一，有的专家定义为来路不明、没有记录在案、没有纳税、游离在申报之外的个人隐秘收入。也有学者认为收入"非白即黑"，无论如何冠冕堂皇，其本质是公权与私利交易而产生的"黑色收入"。目前的"灰色收入"现象除具有隐蔽性、多样性、普遍性等一般性特征外，还有以下三大倾向：一是谋取对象"公款化"；二

业都有，只是程度不同而已。一般认为，党政机关、国有企业（特别是垄断行业）、事业单位更易产生灰色收入。因为没有客观、权威的数据进行分析，无法比较大学教师与上述行业的灰色收入，只凭主观感受，难免有失偏颇。但从总体上看，行业间的灰色收入差距不会实质性影响大学教师中等偏上收入水平的地位。主要是因为：一是大学教师也有灰色收入，而且到了副教授、硕士生导师层面，普遍具有一定的灰色收入，如科研经费、讲学、兼职、非全日制课酬等；与此同时其他行业的灰色收入是以掌握一定的资源为前提的，一般的公务员、国企职工、非主治医师等难以获得较高的灰色收入。二是不能把一些行业从业人员从事违法犯罪活动所得等同于灰色收入，比如贪污受贿等。这些是违法所得，属于非法收入，一经查实必须予以没收的。至于这些人的违法犯罪活动是否被发现，是否受到法律制裁，属于国家立法、执法问题，不在本文讨论之列。

在中国当大学教师收入多少算是合理的呢？正如调查全球大学教师工资"家底"的美国芝加哥大学国际高等教育研究中心教授菲利普·阿尔特巴赫在接受记者采访时所说："这个他并不清楚，但中国老师最起码应该无须兼职，仅靠学术工作所得就可以让他们在本地区过上中等收入水平的生活。"① 从这一点来看，中国目前的大学应该是做到了，大学教师在本地区能够过上中等乃至以上收入水平的生活。

据此推算，作为大学教师队伍中的"新兵"——青年教师，他们的收入水平在国民经济 67 个行业中的同类群体中应处于中等偏上水平。

是谋取方式"集团化"；三是存在氛围"正当化"。目前灰色收入五个最主要的来源：财政资金和其他公共资金的漏失、金融腐败普遍存在、行政许可和审批中的寻租行为、土地收益流失以及垄断行业收入（详见互动百科：灰色收入 [EB/OL]. http://www.baike. com/wiki,2013-02-22）。

① 全球大学教师月薪排行：中国几乎垫底 [EB/OL]. 滴答网：http://www.tigtag.com/, 2012-04-05.

（二）收入的增长敌不过房价的飙升

从总体上看，当代青年教师走上工作岗位的这十几年里，工资待遇逐年提高，生活水平一直在走上坡路。特别是 2000 年以前参加工作的青年教师，普遍感觉经济的压力要小些，2000 年以后参加工作的普遍感觉经济压力要大些，因为 2000 年以后，全国房地产业迅速发展，房价大幅度上涨，远快于青年教师的收入增长①。所以，对于青年教师来说，尤其是 2000 年以后参加工作的青年教师，购房所带来的经济压力会影响其生活质量。如 1995 年和 1999 年参加工作的蒋世昌与韩知史在购房时感受到了一定的经济压力，不过总体上压力不是很大。

> 1995 年，第一年实习期是 284 元，这个我记得，因为这是我的第一份工资，之后的工资我就都不记得了，我对数字很不敏感，有时买了什么东西后，你再问我价钱，我就不记得了，但是过了好长时间以后，我妈妈还记得。
>
> 刚开始的时候，也没有感到经济的压力，因为一开始没有想到要买房子，284 元虽然少，但在学校里的基本生活是够的。而且对我来讲，一个月 284 元，相比于我做学生时没有收入来讲，觉得还是不错的，后来感到有压力是打算买房子的时候，因为钱不够，需要借钱，这时才感到压力。

---

① 比如 S 大学所在地 W 市，2000 年市区房价一般在 1 000 元/平方米左右，讲师月收入一般不少于 1 000 元，房价略低于讲师月平均收入；2012 年市区房价一般在 6 000 元/平方米左右，讲师月收入一般在 4 000—5 000 元，远高于讲师月平均收入。另外，从全国范围看，2002 年国内商品房均价为 2 250 元/平方米，2012 年国内商品房均价为 5 791 元/平方米，增幅高达 257%。（详见网易财经：http://money.163.com/13/0227/17/8OO38UHS00252G50.html.）

　　而且我的运气算好的，我到这里来以后，系里的创收活动刚刚开始，函授、自考助学等逐渐发展起来，这样除了工资之外就有了一些"外快"，加上平时的节日、年终奖金等，总的经济收入也还不错，我老公是公务员，我们当时的工资收入差不多，但是加上我的"外快"他就没有我多了。所以，当时若不是买房子，仅就生活而言觉得还是不错的，即使买房子，那时候房价不高，若是能够借到钱，还债的压力也不算大。到后来能够贷款买房子，要是行动早，家里有一定经济基础或者能够借到钱付掉首付的话，买房的压力不是特别大。现在压力太大了，房价那么高。

　　1995 年来校工作时，住在当时学校大门进来的一栋二层楼的红砖房子，那年进来的新教师，男教师住一楼，女教师住二楼，三人一间。住了一年，我们又搬到六号楼三楼住，还是我们三人一间。大概在 1997 年，在凤凰山那里给我分了一间小平房，大概有三四十平方米，不过在一楼有好多的老鼠。再后来，我老公单位最后一批福利分房，我们就有了自己的房子了，当时福利房也只有两三万元，压力不算大。

　　生活方面，我觉得还好，没有太大压力，因为我对生活没有太高的要求，就是平平淡淡地过日子，而且我觉得我的生活一直在走上坡路。就算是大学教师的待遇要低些，因为闲暇时间比较多，自由度大，我的心里也比较平衡。有些行业虽然收入高些，但是很辛苦的话，其实是一样的。应该说，我的生活满意度挺高的。

　　比较而言，2000 年以后参加工作的青年教师就基本上没有我们当年的那段相对清闲的时光，我们度过的清闲时光又不如前面的，我刚工作时就感觉系里一些同事非常清闲，他们当时也就 30 来岁，基本上是副教授职称，好像常常在一起聚会，比如打牌、下棋、打球，等等。2000 年后参加工作的青年教师，工作以后任务多了，要求多了，好像一直没有清闲过，但是相应的机会也多了，得到锻炼、成长的机会也就多了。（蒋世昌，2012 年10 月 15 日）

我和我爱人都是 1999 年毕业留校工作的，当时的工资不到 600 元，590 多元①，生活虽然清苦一些，但我们两个加起来还是不错的。刚留校住在筒子楼，就是现在的六号楼一楼，住了两年学校给一些补贴（150 元/人/月）让我们到校外去租房子，2001 年 300 元每月还能在 W 市租一个一室一厅，或者偏一点的两室一厅，我们当时租的就是两室一厅，每月 400 元，离学校近，生活配套设施基本齐全，这样生活也方便。到了 2003 年我们就考虑买房子了，当时房价还不算高，我们的房子 110 多平方米，价格是 1 600 多元一平米，总价款将近 18 万元。当时收入低，我们基本没有存款，就找双方的亲戚借了 6 万元，我们存了有 1 万多元，又找同事凑凑，把零头付了，公积金贷款 10 万元。买了房子以后，我们的生活就开始拮据了，每个月要还 1 000 多元的银行贷款，等于一个人的工资，剩下一个人的工资就要管两个人的生活。那时候公积金少，还贷的压力还是挺大的。这样坚持了两年，到了 2005 年，我们评上讲师以后，课时多了，收入也提高了，生活压力就小多了，我们两个的公积金每月加起来也有 600 多元了，还贷的压力也不大了。而那时候房价涨得厉害，我们手头虽然有点紧，但是不用再操心房价上涨的事情了，压力就小了很多。心里还暗暗庆幸自己房子买得早，不然压力就更大了。（韩知史，2013 年 1 月 18 日）

相比蒋世昌和韩知史，2007 年毕业留校工作的许启明就明显地感受到了购房带来的生活压力。好在他遇到了生命中的另一半，让他在经历短暂的经济压力之后，生活又步入了正轨，并逐渐呈现良好的发展态势。

---

① 590 多元指每月打到工资卡上的，不包括年底的课时津贴，那时候年底讲师课时津贴一般有四五千元左右，不过助教的前两年一般没有什么课，年底的课时津贴就少，甚至没有。

我 2007 年硕士毕业留校后，住在学校的集体宿舍里，两人一间，比读研究生四人一间好多了，第一年见习期工资大概是 1 500 元左右，扣掉公积金、房租等，每个月拿到手不到 1 000 元，开始没有觉得什么压力，反正一个人挣钱一个人花，挺自在的。2009 年评上讲师以后能拿到 1 800 元了，扣掉公积金、房租等，每个月拿到手不到 1 300 元。2008 年年底，学校新校区集资盖房，均价 3 500 元每平方米，我没有买，主要是因为那时刚工作，手头根本没有钱，家里条件也不好，拿不出那么多钱。加上那时候正好赶上房价下跌，希望能再降点，我再攒点钱，到时候买套小点的，过渡过渡。现在肠子都悔青了，早知道房价涨得这么厉害，那时候说什么我也要东拼西凑把新校区的房子给买了，现在起码涨到 5 500 元了，而且都卖完了，现在就是凑到钱也买不到了。我辛辛苦苦攒的那点钱根本不够那房子涨的了。

2009 年谈了个对象，就是我现在的老婆，她是 W 市本地人，是一所小学的语文教师，和她谈恋爱后，我就常到她家蹭饭吃，也省了伙食费，岳父母也比较豁达，说我们年轻人不容易，叫我到她家吃饭，省点伙食费买房子结婚。2010 年，我们看中了她家附近的一个小区，均价大概在 5 800 元左右，我们买了一套 110 平米的，5 850 元一平米，64 万多元。我当时手头只有 2 万元，零头都不够付的，后来丈母娘跟我们商量，叫我找亲戚借借，她家也拿点，多方凑凑，付个首付。我们付了 24 万多元，公积金贷了 40 万元，20 年，每个月还贷 2 500 元左右。现在我们已经搬进去住了。现在压力好多了，我和老婆两个人的公积金还贷款绰绰有余，每年余点钱就开始慢慢还债。压力就在前两年刚买那会儿，因为亲戚朋友借的钱要还，还有十几万元的装修费，可以说是老账未清，又添新账。说实话，真的要感谢老婆和岳父母啊，若不是她家人好说话，哪会把姑娘嫁给我这样一个穷小子啊，而且买房子、装修、结婚她家也没少贴钱，前前后后加起来有 20 万元，这要让我少奋斗七八年啊。我留校那会，周围同事说找老婆不要找本地的，W 市的丈母娘不好说话，没钱、没房子免谈，我觉得要改变对 W 市丈母娘的看法，或者说我是幸运的，让我遇到了一个好丈母娘。当时，我的丈母娘就跟我说，我们看重的是你的人和大学老师的身份，虽然你现在年轻，没有钱，但是你的工作稳定、体面，将来会有很大的发展空间，而且对你们将来自己的孩子教育也好，我们也不图什么，就图个踏实。我们像你们这样年轻的时候，结婚哪有房子啊，不也走过来了，你们现在这么年轻就已经有了那么大的房子住，应该知足了，剩下的就是好好地干一番事业，把孩子教育好了，我们做父母的使命也就完成了。

刚开始，让老婆家拿钱买房子，在她家蹭饭吃，我也不好意思，觉得一个大男人活得窝囊，很没面子，老婆养不起、房子买不起，但是后来岳父母的真诚感动了我，让我放下了思想包袱。他们也是工薪阶层，辛苦培养了这么一个女儿，他们希望女儿幸福，觉得我们两个在一起比较快乐，都是老师，相互间共同语言多，还能相互帮忙，所以，他们愿意把他们一生的积蓄拿出来帮助我们，让我们尽快渡过难关，更加集中精力做好事业，我想这恐怕也是天下父母的心愿吧。这两年我们的收入也提高了，日子也好过了，也该是我们对父母回报的时候了。现在，我和老婆的收入加起来，包括公积金一年最少有 10 万元，除去还贷、日常开支外，一年下来也能存个三五万元，现在有了小孩，开销要大些，但一年存个两三万元是没有问题的。而且再过两年我就可以晋升副教授了，申报一些课题要容易些，研究生的课也能上了，跟着导师后面做些课题也会有些补助之类的。总之，我对未来充满了希望，我相信我经济上最困难的时期已经渡过，后面的日子应该会越过越好的。（许启明，2012 年 11 月 10 日）

由上述蒋世昌、韩知史和许启明的个人经历，可以感受到，作为刚入职的大学青年教师，在经济收入方面普遍处在大学的底层，且收入主要来源是工资和校内课时补贴。至于课题、项目、科研奖励、外出讲学、兼职等第二收入渠道，不是青年教师收入的常态，更不是大多数青年教师能够做到。这与青年教师所在大学的层次与类型、所在城市经济社会发展、所学专业、个人专业水平、个人主观能动性、个人的学术资源及社会人际关系资源等密切相关。即使是到了教授层次，第二收入渠道也是与上述因素密切相关，更多的教授主要还是靠工资收入。科研经费（文理科差距大）、科研奖励、外出讲学、兼职等第二收入渠道与教授的个人学识、专业密切相关，不是常态，也不涉及多数教授。"任何一个在高校待过的人，或许都会明白，即便想创收也不是那么轻松简单：到校外上课，课时费一般是比较低的（少数教授除外）；想搞科研，项目是非常难以申请到的；想写文章，很多刊物是要版面费的。想出外演讲、讲座或培训，机会是很少的。如此算来，大部分教师还是依靠学校发的那点钱生活，而不是有多少灰色收入或个人创收。""有的教师因为科研经费高，甚至每年能够拿到几十万到上百万的奖励。应该说，这部分教师是高校教师中的有钱一族，他们有能力购买豪宅豪车，这一群体的所作所为也容易成为媒体关注的焦点。然而这样的教师在高校毕竟只是少数，而且主要集中在应用性较强的工科领域，这样的人数在每所高校不会超过 5%。而对于以文科为主的高校和从事文科教研的高校教师来说，高额的科研奖励对于他们来说只能是望尘兴叹。"（乐云，2010）

这样看来，从行业平均水平来看，大学教师的收入应该不能划入高收入群体的行列。那么，大学教师的收入在国民经济行业中到底处在怎样的水平，大学青年教师的收入水平又如何呢？

（三）青年教师为何感觉不幸福

如前所述，大学青年教师的收入水平在国民经济 67 个行业中的同类群体中处于中等偏上水平。既然这样，为什么经常看到或听到有关大学青年教师收入低的报道或抱怨呢？无论青年教师的抱怨是否客观，至少反映出随着收入水平的增加，他们的幸福感不升反降。

大学青年教师收入增加幸福感却下降主要是因为：第一，没有从总体上，采取权威的统计数据进行比较，难免以偏概全，有时限于一地（如一线城市）、有时限于某一群人（如入职三五年，中级职称以下的）、有时限于某个人。第二，青年教师的高心理预期使然。大学青年教师，一般都具有硕士及以上学位（早年参加工作的青年教师多数通过在职获取），2005 年以后入职的青年教师绝大多数具有博士学位，他们接受了最长年限的学校教育（博士毕业一般 22 年以上），投入了巨大的精力，耗费了可观的财力，入职后每月只能拿三四千元的工资，高付出与低回报，遭遇了高心理预期后，导致了心理的不平衡。这种想法可以理解，但就行业内部而言，任何行业的青年员工刚入职都不会有太高的起薪，都会处于行业的底端，总有一个发展过程，而且主要与个人业绩及其对行业发展的贡献相关。所以，青年教师要调整自己的心理预期，做好长远发展规划。大学教师的职业性质与特点决定了这个行业不可能"一夜暴富"，也不会让教师"发大财"。有此想法的人，只能说是入错行了。第三，比较的错位使然。比较对象的错位，青年教师往往在大学内部与具有高级职称的教师比，与知名教授比，文科与理科比，理科与工科比，人文学科与社会学科比等；在大学外部，与金融、电力、石油等垄断行业比，与掌握一定行政资源的公务员比等，当然会产生巨大的心理落差。比较内容的错位，用自己不高的工资收入（基本就是总收入）与其他高收入行业的实际收入比，忽视了大学教师职业的高附加值不在物质财富，而在精神财富的特点，也忽视了大学教师工作的美丽校园环境、工作对象的青春活力、工作时间的灵活自由等优势。比较方法的错位，重横向比较、轻纵向比较。横向比较也常拿收入与高额的房价比，殊不知，几乎没有哪个行业的青年群体仅靠自己的收入能够在入职后三五年内买得起房子，都是需要家庭、亲朋好友、另一半等给予帮助。这又涉及每个人及其配偶的家庭经济基础、主要社会关系等许多与青年教师职业收入本身无关的因素。第四，托克维尔效应使然。法国历史学家阿历克斯·德·托克维尔发现,人们对现状的主观不满和客观现实的相对好坏是不一致的,革命常常反而发生在比较富裕、自由相对较多的地区。在《旧体制与法国革命》一书中,托克维尔指出:法国革命发生在人们拥有更多自由,而税收又较低的东部地区,而不是更落后的西部地区(傅铿,2010)。美国社会学家丹尼尔·贝尔在《后工业化社会——对社会预测的一项探索》中,指出:公平报酬和公平差距的原则问题将是后工业社会中最令人烦恼的问题之一。过去 200 年来西方社会的一个惊人事实是人与人之间差距的不断缩小——不是通过分配政策和公平的判断,而是通过技术,技术使产品成本低廉并使更多的人得到更多东西。当然,具有讽刺意味的是,随着差距的缩小,随着民主已更加明确,对平等的期望更快地增加了,而且人们进行更加令人反感的比较("人们可能受苦减少了,但是他们的敏感性增加了"),这种现象现在通称为"托克维尔效应"。(丹尼尔·贝尔,1997:494)正如丹尼尔·贝尔所言,当代青年教师相比他们的前辈,受苦肯定是减少了,敏感性是否也增加了呢?倘若敏感性增加了,那么生活待遇提高,幸福感下降就不难理解了。第五,收入的增加并没有改进生活质量。"有证据表明,生活在经济发达国家中的许多人患有'发展疲劳症',而且,有更多的证据表明,人们普遍意识到,无休止的经济增长并没有价值,除非它能积极地改进大多数人的生活质量。"(Ian Miles and John Irvine,1982:56)大学青年教师的收入固然增加了,但现代人生活质量的高低已不能仅以物质待遇来衡量,这其中会涉及精神消费、公平感、尊严感、自我价值实现等一系列非物质因素,这些恰恰是影响生活质量高低的重要因素。所以,没有改进生活质量的工资收入增加,只会让第三代青年教师的生活满意度下降。

当然,作上述的分析,并不表明笔者认为当前大学青年教师的物质待遇已经够了,很好了,不用再提高了,相反却支持改善和提高大学青年教师生存环境和物质待遇的诸多建议。只是想从总体上说明,当前大学青年教师的工资水平已经处在社会同类群体的中等偏上收入行列，经济的压力不是青年教师的首要压力，而且大学青年教师未来的职业发展空间是很大的。相信几乎所有的大学青年教师选择这份职业，并不是冲着一开始能够拿多少工资去的，而是更看重大学教师职业发展的未来空间、幸福指数和精神、人格的相对独立。其实，各个年龄层都应有各自的待遇，要有梯度。若是让现在的青年教师过上中老年教师的生活，那么他们还有动力吗？青年教师就应该有青年教师的压力，要让他们看到希望，否则他们可能失去奋斗的动力。关注青年教师是对的，但是一味地强调和倾斜也是不妥的。

（四）韩知史的幸福生活

尽管收入不高，在 W 城市也只能算是中产阶级，对于夫妻双方都是博士的韩知史来说，一年十多万元的总收入，确实不算多。但是他过得挺幸福，因为他不进行横向比较，而是进行纵向比较，觉得十几年来，自己的收入越来越高，日子越来越好。他的"阿 Q 精神"又为事业注入了快乐的动力，从而不断收获生活道路上的幸福。

应该说，我留校工作以后的这十几年，整个的状态都在变好，越来越好，大到国家的经济社会发展，提高教师的待遇，小到我们学校的发展，对青年教师发展的关心与支持，还有我们学院的发展、学科的发展等，我这个人一般不横向比较，我喜欢纵向比较，我这十几年一直是处于上升的、发展的状态，无论从哪个方面讲，所以我的心里很满足，我不管别人当了多大的官、挣了多少的钱，我只管我自己是不是越来越好了，不知这是不是有点阿 Q 精神呢。你想想看，刚工作的时候，590 多元，也勉强生活，后来工资逐渐地上涨，到 1 000 多，2 000 多，现在已经有 4 000 多了。这说明生活在一天天地好起来，生活有了保障了，在这种情况下，人就应该要想着做点事情了。若总是碌碌无为，上课、吃饭、睡觉，不去为学科发展、专业建设或者教学科研做点贡献，我觉得拿着纳税人的钱都有点不好意思，我有时候真的这样想。

比如前段时间，我们单位召开座谈会，我因为拿到了一项国家自然科学基金，60 万元，我们这个学科 60 万元还是比较可观的，我就说，国家给了我 60 万元，我应该要创造大于 60 万元的价值才对得起国家。这几年，学校的大环境不错，学院的环境也很温暖，但我自己会有压力，觉得不好好干就对不起别人。我现在生活上可以说是无忧无虑了，就想着做一些事情。（韩知史，2013 年 1 月 18 日）

综上所述，当代大学青年教师在教学、科研、职称晋升、学位提高及生活方面都存在不同程度的压力。总体看来，教学压力相对较小，科研压力与职称晋升压力相辅相成，若单从职称评审的科研条件来看，科研压力不算大，但是职称晋升的激烈程度又加大了科研的压力，尤其在副教授晋升教授阶段，学位提高的压力现在已基本进入缓和期，多数青年教师已经获取或正在攻读博士学位。因整体平均收入水平处在社会同类群体的中等偏上水平，生活压力除在刚入职的三五年比较大以外，会逐步进入良性发展态势。可见，当代大学青年教师面临的学术与生活压力从根本上说仍是积极因素占主导，通过个体努力、调整心态、学校学术生态环境支持等正面引导基本可以转化为发展的内在动力。

所以，当代大学青年教师面临的不是来自学术与生活本身的压力，这些压力是暂时的，基本上可以克服，他们真正的烦恼是面对学术与生活的压力该如何选择，如何对自己的学术与生活定位。即在这样一个纷繁复杂、充满诱惑、人心浮躁的社会大背景与大学小环境下，青年教师的学术与生活要往何处去，他们到底要追求什么，过一种怎样的学术与生活方式。

五、学术与生活：如何选择

美国著名的媒体文化研究者和批评家尼尔·波兹曼在《娱乐至死》中写道：奥威尔害怕的是那些强行禁书的人，赫胥黎担心的是失去任何禁书的理由，因为再也没有人愿意读书；奥威尔害怕的是那些剥夺我们信息的人，赫胥黎担心的是人们在汪洋如海的信息中日益变得被动和自私；奥威尔害怕的是真理被隐瞒，赫胥黎担心的是真理被湮没在无聊烦琐的世事中；奥威尔害怕的是我们的文化成为受制文化，赫胥黎担心的是我们的文化成为充满感官刺激、欲望和无规则游戏的庸俗文化（尼尔·波兹曼，2009：132－133）。当代青年教师基本在开放、自由的环境下成长，享受着丰富的"文化大餐"，但精神却经受着多重冲击，开始出现纠结与分裂。摆在他们面前的选择太多，看似自由选择的表象掩盖了许多无奈或无所适从。他们正在经历的精神上的困惑与压力，正好提醒我们不能忘记波兹曼的警言："我们将毁于我们所热爱的东西。人们由于享乐失去了自由。"

一路奔跑过来的尤雨露，在获取博士学位、评上副教授以后，突然觉得很失落，有时觉得自己宛如一艘航行在大海中的轮船突然迷失了方向，不知驶往何处，有时觉得仿佛已经清晰地看到了自己老时的样子，害怕岁月的流逝。

我从 1997 年毕业留校工作到现在，已经 15 年了，加上四年的大学学习，近 20 年了，可以说我一生中最青春靓丽的时光是在 S 大学度过的，在这 20 年里，我完成了我人生中最重要的几次转折：在这里完成了学生到教师身份的转换，踏上了社会的舞台；在这里找到了我的另一半，完成了一个姑娘最珍贵的情感寄托；在这里我有了我的女儿，完成了一个女人最伟大而幸福的事业；在这里我获得了学士学位、硕士学位，委培到外校获得了博士学位，完成了学习的攀登；在这里我从助教、到讲师、再到副教授，完成了职称的晋升。所以，对于 S 大学我有无限的依恋，这里就是我的第二个家，事实上已经成为我现在名副其实的家，我对 S 大学有着说不出的感情。

十几年来，我每一个阶段都有一个目标，刚留校那会，找个好对象就是主要任务，我们那时候上大学，学校是不提倡谈恋爱的，甚至给谈恋爱的同学贴上不好的标签。有这个影响和惯性吧，留校后，头两年也没觉得着急，一个人和一帮朋友玩得很开心。但是过了 25 岁以后，情况就不一样了，开始我倒是不急，但是家里人急，在我们老家，女孩子到了 25 岁还没有嫁人的话是很不光彩的事情，更不要说还没有谈对象了。家里人的急和催，再看看身边的密友一个个都嫁出去了，一个个帅哥都"名草有主"了，自己就开始急了，但是感情的事情也不是急的事情，平日那帮密友纷纷介绍，相了几次亲，无果而终。2001 年我们学院进来了一位男博士，正好也没对象，大家是同事，接触交流机会多，加上我那帮"死党"们跟着"煽风点火"，就撮合了我们。结婚以后，我就想着快要评讲师了，要看看书写点文章了，再后来就是想着要生孩子、考博士、评副教授了。总之，那时候整个的生活节奏不快，自己可以安排许多事情，简单、充实、快乐。每个阶段都有奋斗的目标，觉得人活得有追求，有意义。特别在 2005 年以前，整个的生活感觉是舒适的、安逸的，非常庆幸自己选择了做大学教师。2005 年以后，情况有所改变，一方面，学校要迎接教育部的评估，各项工作搞得有板有眼，人人都有一种紧张感，那时候同事见面聊不到几句就要聊到评估上，然后一番埋怨或者高见之后，该干啥还得干啥。另一方面，大家开始关注科研、关注课题、关注职称了，好像一夜之间都睡醒了似的，发了疯地你追我赶，你跑慢了别人都不待见你，更不要说你还没睡醒仍在做梦了。然后，我也不知怎的，被他们叫醒"起床"，匆忙"洗刷"，甚至连"鞋子都还没有穿好"，就跟他们一起跑，开始也不知道为什么跑，要跑到哪里去，渐渐地在路上问一起跑的人，我们这是要跑到哪里去啊，他气喘吁吁地回答说："我也不知道啊，跟着跑就行了。"再后来我遇到了跑结束回来的人，答曰："我们要勇攀科学研究的高峰。"我说："那我们为什么要跑啊？"又答曰："当然要跑了，你不想早点评职称啊，你不想多挣点钱啊？"慢慢地我似乎明白了，大家都要抢着去争那些有限的资源。于是乎，我开始有意识地加快了脚步，不过还是慢了，但总算没有落下太远，能够看到他们的背影，而且还看到前方的他们也许并不比我幸福。

这时候我就常常怀念刚留校那会儿的时光，那时候大家都住在集体宿舍，门对着门，墙挨着墙，站在走廊这头叫一声，全都跑出来了。一到做饭的时间，仿佛约好一样，支起灶、点上气，尽显"大厨"风范，欢声笑语总是伴随着鱼肉之香不绝于耳。到了饭点，捧个饭碗从东走到西，就是吃了百家饭了，各家美味尽享舌尖。晚上无聊了，端个茶杯，从张家串到李家，看到打牌的就指手画脚一番，看到下棋的就当一把高参，看到读书学习的就"嘲笑"一通，看到几个闲聊的就马上加入。现在怎么了，住在对门的不熟悉，见个面也就只有打个招呼的份，叫"点头之交"，以前的"死党"都各忙各的，聚一起真不容易。小孩的事情、论文的事情、课题的事情、家里的事情整天在脑子里转来转去，俨然一位家庭主妇，哪里还有知识女性的那份优雅自得啊。

说真的，那时候虽然穷、房子挤，但是人过得踏实，感觉到自己的存在。现在吧，日子好过了，房子也大了，衣食无忧了，但是人过得不踏实，觉得在那里飘着，感觉自己现在太渺小了，就像不存在一样，很是失落。而且，前几年要想的东西，什么房子啊、车子啊、职称啊，现在都有了，下一步我该要些什么呢？是教授、博导，还是房子换成别墅啊？我心里清楚，在我们这个专业，教授很难评的，不是达到条件的问题，而是名额太紧张了，一年就那么一两个指标，好几个人在那里排着队呢，都是同事，谁上都有意见，最后只能拼谁的文章多、发表级别高，谁拿了多少国家课题，谁又获了多少奖，这些拼下来以后，把多年同事的感情也拼掉了，值不值得呢？再说了，评上了教授又是为了什么呢？是他们嘴上说的为了学科的发展吗？还是因为面子问题或者待遇问题呢？我不知道，我也不再去想那些事了，我就告诉自己当一辈子副教授得了，除非哪一年没有人跟我争，我又幸运地达到了条件，那我就体验一下当教授的滋味吧，呵呵。

有时吧就觉得，现在突然失去了前进的动力，也迷失了前进的方向，有一种得过且过的感觉，家里、学校、院里"三点一线"，备课、上课、写文章周而复始，感觉我的生活就会是这样的直到退休，仿佛已经清晰地看见我老时的样子了，害怕看见这个，希望时间能够定格，但知道无能为力。这应该不是我想要的生活，但我又不知道我到底想要怎样的生活，回到过去不现实也不可能，而且回到过去也有过去的烦恼。现在吧什么都好，就是觉得精神有些空虚，而且变得越来越俗，不再有当年高贵的感觉。也许是我当年本身就把自己看得"高贵"了，现在只不过是回到了人间。可能是这几年我忙于学业、家庭、科研，与人交流少了，而我的性格又是喜欢与人交往的，而且现在人与人之间的交流过分地依赖电子了，以前是面对面，或者书信传情，接着是电话，现在院里通知事情连电话都不怎么打了，就是发一个飞信。感觉是人机交往，不是人与人交往了。我是喜欢看见人的，喜欢面对面的交流，觉得这样才叫生活，否则就是网络虚拟世界。但我又经常上网，玩 QQ、发飞信、写微博，成了"贼喊捉贼"。所以，我就想，如果跳不出这个圈子，那我就在这个圈子里做一个真实快乐的自我，就像鱼缸里的小金鱼，自由地游来游去吧，不也是有主人在欣赏吗？（尤雨露，2012 年 11 月 13 日）

尤雨露的经历与感受，让我们有理由相信，在当前社会发展背景下，在以量化考评为主要方式的大学校园里，当代大学青年教师对待学术和生活的态度以及如何处理学术与生活之间的关系，会有不同的选择。这种选择往往不是青年教师个人完全能够决定的，它会受制于诸多因素，甚至于在这些因素的综合作用下，个人根本就没有选择的自由，只能接受。

根据青年教师对学术与生活态度的倾向性及学术与生活在其个人身上的相容性，可以将青年教师学术与生活的方式分为四种类型：（1）学术式的生活；（2）生活式的学术；（3）为了学术的生活；（4）为了生活的学术（见表2）。

表2　学术与生活方式的四种类型

对学术与生活的倾向性	学术与生活的相容性	
	相容	不相容
学术倾向	学术式的生活	为了学术的生活
生活倾向	生活式的学术	为了生活的学术

学术式的生活。属于这种类型的青年教师，总体上以学术为导向，对学术有着较强的兴趣，有比较清晰的学术发展规划，有自己的学术品格与追求。与此同时他们对生活也有着较高的要求，希望以一种衣食无忧和简单的生活，为学术发展营造良好的工作环境，他们往往把学术融入生活中去，过一种学术式的生活。倘若学术与生活发生冲突时，他们往往会暂时牺牲生活去发展学术，待学术发展稳定后，又会兼顾生活质量的改善。

生活式的学术。属于这种类型的青年教师，总体上以生活为导向，希望过一种高品质、有内涵的生活，不是一种物质上很奢华的生活，而是对自己的生活有精心合理的安排，有自己的生活方式和生活习惯。与此同时，他们对于学术也有一定的兴趣，但对学术没有较高的追求，也没有清晰的规划，他们会把学术作为有品质生活的一个组成部分，一种生活式的学术。倘若学术与生活发生冲突时，他们往往会暂时牺牲学术去追求理想中的生活，待生活安逸、稳定后，又会从事必要的学术活动。

为了学术的生活。属于这种类型的青年教师，秉持学术取向，以学术为生命意义的全部，似乎就是为学术而生，生活只是一个从事学术活动的物质平台，只要活着，就会为学术奋斗不止，至于生活的舒适、安逸、富足不是他们考虑和追求的目标。即使学术取得了巨大成就，赢得了很多物质回报，大可以改善生活条件时，他们可能依然过着当初那种"清贫"的生活。"在20世纪中国，谈论'为学术而学术'近乎奢侈。可'难得'并非不可能不可取。……应该提倡这么一种观念：允许并尊重那些钻进象牙塔的纯粹书生的选择。当然，我个人更倾向于在从事学术研究的同时，保持一种人间情怀。"（陈平原，2007：23）

为了生活的学术。属于这种类型的青年教师，秉持生活取向，享乐至上，以富足、舒适的生活为奋斗目标，从事学术只是达成或者保障生活的工具，一旦达成以后，他们就不会用心去从事学术活动，或者一旦找到了可以替代学术的工具，学术就变得不再有利用价值，从此弃之不理，学术成了生活的奴隶。

从总体上看，青年教师中属于第一、二种类型的占多数，也是本文分析所指的体制内的人，属于第三、四种类型的占少数，属于体制外的人。其中第一、二种类型的人可以再抽象地归为一类，即在学术与生活之间寻找一种平衡的人。只是平衡点的选择，获得平衡的方式、阶段不同而已。而且四种类型的划分显得有些机械，现实中的界限不会那么清晰，四种类型也是可以转化的，比如开始是第二种类型，生活为导向，当生活安逸、衣食无忧后，学术的兴趣被更大地激发，可能就会转向学术导向，过上一种学术式的生活了，也有极少的人会继续转化到为了学术的生活这一类型。同理，遭遇到生活压力后，没有调整好，渐失学术兴趣，"为稻粱谋"，改善生活后，体验到了享受的乐趣，觉得学术可以作为享乐的工具，从而转化到为了生活的学术这一类型。在本文访谈的八位青年教师中，没有典型的为了学术的生活和为了生活的学术这两种类型，韩知史、杨戈兴、朱拜锦、秦亚丽四人倾向于第一种类型即学术式的生活，沈专烨、尤雨露、蒋世昌、许启明倾向于第二种类型即生活式的学术。他们都不同程度地找到了学术与生活的自我平衡点，只是这个平衡点是动态的，暂时的不平衡会带给他们纠结与焦虑，获得了新的平衡后，学术与生活就趋于常态，一旦某个影响因素发生变化，就会再次打破平衡，循环往复。学术与生活在这样一种螺旋式上升中得到了发展。

当代大学青年教师学术与生活方式四种类型的可转化性，更加凸显了他们精神与行动上的纠结，这种纠结在 20 世纪 90 年代之前的青年教师身上不明显。倒不是说，90 年代之前的青年教师不存在这四种类型，确切地说，也是存在的，不过他们的选择一旦确定后，不怎么受外在因素的干扰，因为整个社会的发展是缓和的，经济社会生活领域的变化是缓慢的，物质的诱惑不大，所以，他们可以做到不纠结。但当代青年教师不同了，无论在选择前、选择中、选择后他们都会受到纷繁复杂的因素干扰、头晕目眩的物质诱惑、日新月异的变化刺激，他们纠结的不仅仅是一次性的选择，还有连续不断的选择。"我们也许需要不断地作出选择而不是一次抉择。这种选择大概不会是简单地回到或坚持哪一种'传统'，而更可能是一种非常复杂的重新认识与组合。……未来对作为认识者的我们来说差不多总是未定的，但未来又掌握在作为行动者的我们手中。"（何怀宏，2011：190–191）当代大学青年教师学术与生活选择的纠结，不在于有什么样的普遍规律告诉他们如何选择（事实上也不会有），也不在于他们做出了怎样的选择，关键在于他们自主意识的觉醒，并以此为基础做出选择。

参考文献

Ian Miles and John Irvine. 1982. The Poverty of Progress［M］. Oxford：Pergamon.

安徽省统计局，国家统计局安徽调查总队. 2006. 安徽教育统计年鉴：2006［Z］. 北京：中国统计出版社.

安徽省统计局，国家统计局安徽调查总队. 2012. 安徽教育统计年鉴：2012［Z］. 北京：中国统计出版社.

保罗·汤普逊. 1999. 过去的声音:口述历史 [M]. 覃方明,渠东,张旅平,译. 香港:牛津大学出版社(中国)有限公司.

别敦荣,赵映川. 2008. 20 年来我国高校教师队伍的发展研究 [J]. 教师教育研究 (9):80-86.

陈平原. 2006. 大学何为 [M]. 北京:北京大学出版社.

陈平原. 2007. 学者的人间情怀 [M]. 北京:生活·读书·新知三联出版社.

丹尼尔·贝尔. 1997. 后工业化社会——对社会预测的一项探索 [M]. 高铦,等,译,北京:新华出版社.

丁钢. 2008. 声音与经验:教育叙事探究 [M] 北京:教育科学出版社

丁钢. 2004. 铸造中国教育研究的新纪元 [N]. 中华读书报. 2004.02.18.

费尔南多·萨瓦特尔. 2012. 教育价值 [M]. 李丽,孙颖屏,译. 北京:北京大学出版社.

傅铿. 2010. 托克维尔随想 [J]. 史林 (1):152-158.

顾海良. 2007. 不应片面追求大学教师"博士化" [EB/OL]. [2007-12-18]. http://news. xinhuanet. com/edu.

管培俊. 1999. 加强高校青年骨干教师队伍建设的思考 [J]. 北京高等教育 (5):4-6.

郭法奇. 2009. 教学影响科研吗?——与新入职教师谈教学的科研特征 [J]. 中国教师 (21):25-27.

何怀宏. 2011. 中国的忧伤 [M]. 北京:法律出版社.

黄泰岩,程斯辉. 2008. 关于我国高校教师考核评价的几个基本问题 [J]. 武汉大学学报:哲学社会科学版 (1):131-137.

教育部人事司. 2009. 新中国 60 年高校教师队伍的发展壮大与变革 [J]. 中国高等教育 (18):10-14.

劳五一. 2011. 只有"一碗水",还抱怨? [N]. 文汇报,2011-05-03.

乐云. 高校教师工资收入真相大揭秘 [EB/OL]. [2010-11-10]. http://edu. people. com. cn/GB/13180287. html.

刘向东,吕艳. 2010. 高等学校分类的实证研究——基于 75 所教育部直属高校和 19 所地方共建高校的分析 [J]. 清华大学教育研究 (4):45-51.

尼尔·波兹曼. 2009. 娱乐至死 [M]. 章艳,译. 桂林:广西师范大学.

全球大学教师月薪排行:中国几乎垫底 [EB/OL]. [2012-04-05]. http://www. tigtag. com/.

闻道. 2011. "青椒"更要主动找机遇［N］. 文汇报，2011-04-10.

尹建莉. 2012. 教育制度问题背后往往是人性问题［N］. 教育文摘周报，2012-10-24.

于述胜. 2009. 教育口述史漫议［J］. 中国教师（5）：30-31.

张斌贤. 2007. 教育是历史的存在［M］. 合肥：安徽教育出版社.

赵跃华. 2010. 教学研究型高校青年教师教学——科研双趋冲突研究［J］. 湖北社会科学（8）：170-172.

中华人民共和国国家教育委员会计划建设司. 1990. 中国教育统计年鉴：1989［Z］. 北京：人民教育出版社.

中华人民共和国国家统计局. 2012. 中国统计年鉴：2012［Z］. 北京：中国统计出版社.

中华人民共和国教育部发展规划司. 2000. 中国教育统计年鉴：1999［Z］. 北京：人民教育出版社.

中华人民共和国教育部发展规划司. 2011. 中国教育统计年鉴：2010［Z］. 北京：人民教育出版社.

"新影"与共和国教育影像叙事[①]

CCND and Educational Documentary Narrative

毛毅静（Mao Yijing）

华东师范大学教育高等研究院

Institute of Advanced Studies in Education，East China Normal University

内容摘要：回顾 1949—1976 年间由"新影"拍摄发行教育纪录片的历史，通过梳理"新影"的影像档案，整理教育影像的一手文献，并对已有文献进行勘误和再发掘，将纷乱、零散的教育纪录片史料还原和补充这段教育历史的研究。从叙事的角度，将发生在新中国成立之后尤其是初期的教育故事碎片逐格回放，力图透过这些历史影像和教育现场记录，揭示其中的教育意蕴。

关键词：新影 教育纪录片 叙事

Abstract：This paper reviews the developmental course of educational documentaries shot and released by the "China Central Newsreel & Documentary（CCND）" from 1949 to 1976 to explore the first-hand literature of the history of educational documentaries. In the first place，the paper is an addition to the research of education history.

---

① 本文系 2011 年度教育部人文社科课题青年基金项目"影像记忆与教育变迁：中国教育生活叙事研究"（项目批准号：11YJC880080）的阶段成果之一。

Secondly, it is a correction and re-exploration of the existing literature. It also restores the chaotic and loose historical materials of educational documentaries. Through the educational narrative of the CCND, the paper replays frame-by-frame the fragments of the educational stories that occurred in the early period of P. R. C. It tries to take an on-site view of education and its implication via documentaries.

Key words：educational documentary; China Central Newsreel & Documentary（CCND）; Narrative

近年来，研究中国教育的角度和方法日益丰富和多元化，但关于教育影像的研究在学界尚不多见。影像是继文本之后的又一重要传媒，是文化的一个转折。（周宪，2008：245）① 从依赖亲身经历到依赖影像，后者正在为人们的种种判断提供越来越重要的依据。年鉴史家费罗（Mare Ferro）在《电影和历史》（*cinéma et Historire*，1993）中指出，最新的趋势是利用影像作为记录的工具，运用它来撰写我们这个时代的历史。一个典型的例证，就是以黄仁宇的《万历十五年》为代表的 20 世纪 70 年代的叙事体历史的复兴②。而纪录片的叙事方式恰恰是吻合"微观历史"的典型体现。纪录片通常是为不同观众所做的另一时空的重现，是利用影像和录制的声音为现在描绘（建构）历史。（罗宾·韦兹，2000）这种历史的书写方式，是在有限的历史记录基础上配合诗意的手法加以诠释，它的好处是使我们对历史

---

① 原文："巴拉兹当年论证视觉文化出现的重要依据就是电影。如果确实存在一个以语言为中心的文化向以图像为中心的文化转变的话，那么，电影这种主要的视觉艺术形式是否也有一些值得注意的变化呢？"

② 在这部著作中，历史书写方式使用电影电视常用的时空压缩手法与场面调度技巧，把叙事重心放在一个特定的小人物或小时间上，在叙述的过程中重视当时的时代气氛，并推论历史趋势。由于其探讨的多是单一事件，故又被称为"微观历史"。

的认识从年鉴式记录，转为影像语言独有的感性与开放，最后以诗的手法达成史的真实。

事实上，早期对教育的记录仅仅停留在客观的记录功能方面，如商务印书馆的《盲童教育》、《慈善教育》，早期《新闻简报》中的教育话题，都是其中的典型样本。这种仅停留在记录层面的影像，类似于历史书的年谱和新闻集锦，却不是影像史学①的写作。从影像史学的角度看，有很多影像，尤其纪录片的调查报告，都借助了当事者的记忆与口述来为历史作见证。（马克·费罗，2008：151–190）虽然这部分史料不是以文献的方式记录的，但仍旧具备类似文献记录性质的元素。同时，它强调用视觉形象和影视化的话语表达的历史以及我们对它的思考，是对"史学"的补充。

在这个意义上，纪录片的传播功能得到充分诠释。教育影像通过媒介手段把客观世界实有的某些事物按原来的状貌和存在方式如实地记录下来，在作品中以客观事物的自然形态出现，刻画出在时代进程中人们对教育的理解以及教育给人们生活带来的影响。从研究者的角度来看，通过影像呈现的教育表达方式，反映了一种教育活动。当我们将注意力转移到类似师生对话、生生对话这些最基本的教育文化事实与生活事实时，教育的生活就被自然引入了开放的历史结构之中，一个个更宽泛、更生动的，以经验事实的方式流动的教育现场就悄悄地开始浮出水面，进而构成了丰富多彩的教育图景，教育叙事研究就成为重要的理论方式（丁钢，2008：1）。教育中的生活叙事聚焦个体或群体的内在世界和经验，并以讲述的教育故事来描述人们的经验、行为，从而透过这种方式理解日常教育生活中经验的丰富意义（丁钢，2003）。影像作为一种话语方式，也同时获得了日常性中的公共认同。

此外，近些年学界也因为安德森（B. Anderson）理论的流行，

---

① 至格里尔逊提出"对现实的创造性处理"（the creative treatment of actuality）的观念，纪录片作为艺术的样式才得以确立。同样，影像史学作为历史学也才得以成立。

出现许多相关探索。仅在传播学领域就曾掀起国家文化建构与认同的研究热潮。针对本文中"新影"这一主题，出现诸如"政治"、"学术"、"文艺"、"电影"及"大众文化"等不同的国家文化观察视角。但是，教育学的缺位亦是不争的事实。从教育的视角观察这段历史，由制作者的故事、影片本身的故事、观众的故事构成的纪录片的"噪音"不仅仅是传播，更是作为一种对事实的反映和纪录。电影的话语表达了教育，反之教育又以电影的话语方式呈现。这些不同视角下反映的细节，事实上也折射了教育的核心价值、取向和问题。

一、《新闻简报》中的教育影像

1. "新影"的历史档案

"新影"的前身是 1938 年成立的延安电影团，主要拍摄关于抗战的影片和关于前方抗战与边区生产的新闻照片。这期间受条件制约，没有进行大规模的拍摄活动，有限的影像资料包括《延安庆祝百团大战胜利大会和追悼会》（1941）、《国际青年节》、《毛泽东同志在延安文艺座谈会上的讲话》（1942）等，基本反映了延安时期的重大社会事件和政治生活（单万里，2005：81–83）。

1945 年随着抗战的胜利和解放战争的开始，全体成员解散被分别派往东北解放区，参加东北电影制片厂的筹建和制片工作。东北电影制片厂（以下简称"东影"），是在接管日本人经营的电影机构"满映"基础上筹建的。"东影"出品的新闻纪录片又名《民主东北》（17 辑，共 106 本）[①]，总体上分为两大部分："前线"部分，如

---

① 1947 年年初至 1949 年 7 月，"东影"先后派出 32 支摄影队，分赴前线和后方，拍摄了总计 30 万英尺的关于东北解放战争和东北解放区的新闻素材，拍摄主题为："为民主的东北而战"。素材后剪辑出 17 辑的杂志片《民主东北》，其中 13 辑为新闻纪录片。

第 3 辑《四下江南》、《东满前线》、《收复双河镇》等，拍摄记录了东北解放战争和华北解放战争的面貌，"后方"部分包括如第 7 辑《阶级教育》、《东影保育院》等一批记录人民群众和军队之间的故事的影像，基本反映了东北解放区的气象。

1948 年秋，"东影"接到中央指示："战争只有一年即可根本打倒国民党，应不失时机地把摄影队派到各前线，争取拍好许多纪录片，并应在华北就近制片以求迅速。"（程荒煤，1989：30）于是，"东影"第 1 批派出 4 个摄影队，1949 年又派出 6 个摄影队随军南下。新闻片摄影人员和摄制任务重心转移到了 1949 年 4 月成立的北平电影制片厂①。这个新成立的电影厂迅速投入拍片的工作中，仅在 1949 年 4 月 20 日建厂起至 10 月 1 日，就完成了 5 部短纪录片，1 部长纪录片，《简报》1 至 4 号。与此同时，"东影"派往其他各处的人员同之前的地方和国民党政府的电影厂合并，成立了如石家庄电影制片厂、华北电影队（又称"大车电影制片厂"）等一些拍摄团体，同期也拍摄了解放战争的新闻纪录片。

1949 年后，文艺界在 3 月 22 日的北平文艺工作者茶话会上提出，要发起召开全国文学艺术工作者大会，要成立新的全国文学艺术界的组织。同年 4 月，北平成立中央电影管理局。在 8 月袁牧之主持召开了新闻电影工作总结会，在会上，中共中央宣传部发布了《关于加强电影事业的决定》。由此，全国的新闻摄影队进行大调整和整顿，"北影"成立了新闻摄影总队部，并根据行政区划分为：东北、华北、西北、中南、华东、西南各区队。总体来看形成了"一个公司三个厂"（中国电影发行放映公司、东北电影制片厂、北平电影制片厂、上海电影制片厂）的南北格局。

---

① 北平电影制片厂成立于 1949 年 4 月 20 日，由三部分人员组成：一是"东影"的新闻片组和"东影"派出的摄影队；二是石家庄电影制片厂的创作人员；三是接管原中国电影制片厂三厂（上海电影实验工厂）的人员。

新中国成立初期，新闻纪录片的主要制作机构就是：北京电影制片厂①、上海电影制片厂、东北电影制片厂、八一电影制片厂②（其中"上影"和"东影"逐步将拍摄新闻纪录片的任务上移给"北影"）。随着机构调整和制片基地的转移，北京成了新闻纪录电影生产的"中心基地"。1953 年成立的中央新闻纪录电影制片厂（以下简称"新影"）就是又一次中央重组后的专业的也是唯一从事新闻纪录电影的机构。肖同庆（2005：9）指出：

> "新影厂"堆积如山的新闻纪录片是共和国的影像"民族志"，是揭开 20 世纪中国阶级形成、国家诞生、民族解放等命题的重要影像素材。但值得注意的是，这些影像与文字铺陈出一种独特的宏大叙事——国家意识形态叙事的模式。

对于 20 世纪五六十年代的国人而言，《新闻简报》曾是国人集体收看的"新闻联播"——在电影院或者在露天的广场上③。它不仅是政治，是文化，甚至是娱乐，是一扇对国人打开的"窗"，在某一个时段里甚至是唯一的一扇窗（中央新闻纪录电影制片厂影视资料部，2009：1）。以至于有一种说法认为，这一时期的中国电影就是

---

① 北京最早于 1368 年 9 月 12 日称北平，后于 1427 年作为明朝的都城改名为北京，北平早于北京近 60 年。民国时于 1928 年 6 月 20 日又改为北平市。日伪政府于 1937 年 10 月 12 日又将北平改为北京，但实际上并未得到中国政府和广大人民的承认，北平的名称在此阶段仍在沿用。1945 年日本投降后，又改为北平。直到 1949 年 9 月 27 日中国首都定在北平后，又将北平改为北京。1928 年 6 月 20 日到 1949 年 9 月 26 日这段时间基本可以称为北平。解放初期的北京电影制片厂即是民国时期的北平电影制片厂。本文中的北京与北平的名称更替也是以这个时间节点为分界。
② 八一电影制片厂成立于 1952 年，1956 年前称中国人民解放军电影制片厂，建厂之初主要生产新闻纪录片，厂址设在北京。
③ 流传于 20 世纪 60 年代的一个顺口溜："中国电影新闻简报，朝鲜电影哭哭笑笑，越南电影飞机大炮，阿尔巴尼亚电影莫名其妙。"另一版本是："朝鲜电影哭哭笑笑，罗马尼亚电影搂搂抱抱，越南电影飞机大炮，中国电影新闻简报。"形象生动地说明了《新闻简报》在当时中国的垄断地位及性质特征。

《新闻简报》。

　　卷帙浩繁的《新闻简报》① 创刊于 1949 年的新中国纪年。简报每周一号（期），每号约 10 分钟，主要用电影胶片记录和传播新闻，内容涵括了社会生活的各个领域。从 1950 年到 1952 年称《新中国简报》，1953 年到 1954 年叫《新闻简报》，后来根据主题不同还相应叫作《新闻周报》、《新农村》、《农村简报》、《少先队》、《体育简报》、《科学珍闻》、《解放军简报》、《今日中国》、《人民世界》、《国际新闻》、《国际见闻》等。1978 年后更名为《祖国新貌》，直至 1993 年结束。当年任职"新影"的编辑王伟曾回忆：

　　　　我到"简报"组时已改名为《新闻周报》，每星期出一号。到了 1955 年，新影厂确定以短片为主的制片方针，把杂志片列为制片的首要任务，把《新闻周报》又改为《新闻简报》，每五天出一号，增加了产量。过了几年，又将"简报"的出片时间改为每周一号，样式上基本没变。
　　　　在那一段时间里，我主要是编辑"简报"。那时的"简报"组，像一个流动的兵营，常有新闻片编辑去编纪录片，也有纪录片编辑编杂志片，还有新入厂的编辑以及兄弟厂来学习的编辑进进出出，现在已记不清究竟有多少人参加过"简报"工作。后来分了纪录片室、新闻片室两个片室，各自人员也就相对固定下来。（王伟，2009）

　　从《新闻简报》的称呼的变化上看，基本上类似于今天电视台

---

① 《新闻简报》是新闻纪录片中的一个片种。每一号的长度仅有 10 分钟左右，内容涉及重大的时政新闻，以及经济、文化、军事、社会生活，各条战线上的先进人物等。每号有五个左右的小主题，其中必有两三个国内重大新闻，像报纸的头版头条一样放在前面。它短小精悍、迅速及时地通过银幕形象报道祖国各个方面最新的消息（相对而言）。在当时的历史条件下，成为广大观众文化生活中不可缺少的一个片种。

的新闻专题栏目，只是它更为综合，基本囊括了社会的各个领域。1953 年"新影"成立起始，中宣部、文化部领导就曾有指示："拟加强新闻纪录片、教育片与小故事片的摄制，以满足广大工农兵的迫切需要，计划建立教育片与新闻纪录片的专门机构及其编辑部。"（程荒煤，1989：30）政务院第 131 次会议于 1952 年 4 月 4 日讨论文化部呈报的《1952 年电影制片工作计划》，批准了《计划》中提出的设立专门的新闻纪录电影机构的请求。通过对"新影"建厂前后一系列会议和文件的分析，基本可以概括为"新影"的办厂方针是创办一种"形象化的党报"①。其核心是起到宣传和教育的目的：宣传中国共产党及其政府的路线方针，教育广大人民群众贯彻执行党和政府的路线方针，为实现共产主义理想努力奋斗。

在这一阶段的影像中基本可归纳为三种类型：随军摄影（延安摄影团）、中央新闻纪录电影制片厂（前身是北平电影制片厂）的拍片、《新闻简报》。尤其是《新闻简报》的影片数量非常庞大，题材、样式、风格等也呈现出多样化趋势，在探索新闻纪录片的艺术性方面，这部分影像都显现出强烈的时代特征，是非常特殊的、具有典型性的样本。影像资料中基本所有的社会大事件都有所反映和体现：从收复国土到抗美援朝，从恢复国民经济到改造旧中国遗留下来的各种问题，从建立人民公社到赶超英美的大跃进运动，从反对右倾到接踵而来的文化大革命……以此可以认为，"新影"作为当时中国最大的纪录电影摄制机构，承担着中国百姓文化生活的主创任务。它是在电视进入中国家庭之前，一个极为广泛而有效的大众传播渠道。② 它承

---

① 《人民日报》1954 年 1 月 12 日刊载《加强电影制片工作的决定》并发表社论："新闻纪录片是'形象化的政论'、是报纸的兄弟，它应该迅速及时地向人民报道现实中各种事件和现象，表现各种运动和斗争中的先进人物。"

② 新影厂，又称中央新影集团。它是由中央新闻纪录电影制片厂和北京科学教育电影制片厂作为骨干企业，经国家广播电影电视总局批准，于 2010 年共同组建的国家性质的电影集团。它的前身是 1938 年成立的延安电影团，新中国成立初期 1949 年的北京电影制片厂，并在 1953 年 7 月 7 日挂牌成立的中央新闻纪录电影制片厂。现存影片资料共

担着中国国家历史的影像记录功能，是政治叙事的影像表达。

目前我们所能见的《新闻简报》中的各类影像，一般以两种方式出现：一类是原片，中央新闻纪录片厂将其作为影像资料在近年集结出版；另一类是近年来，尤其是2008年后，各类纪实频道和栏目根据以前的原片素材，重新整理编辑成的新纪录片，主要是用作回忆和再现当年的历史情境。

2. 教育话语的影像呈现

虽说，教育的现场在"新影"的片库中占的比重不是很多，但是存留的镜头下的教育现场还是非常有意思的。《新闻简报》的原片素材成为表现历史感的一种佐证材料，被拆解成一个个的镜头，插播在一段段新拍摄的影像中。这些素材经过重组被编导放入新的解读话语体系中再次建构。

以"新影"1950年摄制的长纪录片《解放了的中国》（编导：徐肖冰、苏河清，摄影：布拉日哥夫等，色别：彩色，1950）① 为例，镜头扫描了当时社会的各个角落，如旧日中国、租界、旧上海、外国军队、中苏关系、土地改革、各行各业、大学、高等教育、清华

---

42 000本，合7 000多小时，少量素材仍属于机密档案，未被公开。其中，中央新闻纪录电影制片厂是我国唯一生产新闻纪录影片的专业机构，是国家珍贵的历史档案库。北京科学教育电影制片厂是我国目前最大的科教影视节目制作基地。新影视资料部成立于1953年，主要负责收集、整理、保存、利用各个时期的影片资料。目前，作为独家拥有大量历史影片资料的企业，为国内外电视台、电影制作单位提供了许多的资料。同时，新影纪录片库还提供影视资料的计算机快捷查询、胶片放映、磁带选片，各种录像带的转录、光盘刻录、胶转磁、电视高清资料等线下服务。

① 纪录片：《解放了的中国》，9本，中央新闻纪录电影制片厂1950年摄制。影片由苏联和中国电影工作者联合摄制，是一部较全面反映中国地理、历史、文化以及近百年来中国人民争自由、求解放进行革命斗争，取得胜利的第一部彩色纪录影片。着重描述了中国共产党建立后，领导中国人民与封建势力、帝国主义进行斗争的新中国诞生的历史。该片荣获1949—1955年文化部优秀影片长纪录片一等奖，1951年苏联一等斯大林奖金。

大学、儿童、白毛女、歌剧等。从这些影像中，中国解放初期的社会各个方面都有所涉猎，从这些生动活泼的影像中我们似乎可以预见中国迎来一个新的时代，一个以"将革命进行到底"为主题词的时代。同时，这部纪录片也成了现在很多历史纪录片中使用频度最高的当年素材。纪录片《新中国教育纪事》、央视《见证》栏目的纪录片等，大部分采用的就是新影片库中的原片影像素材进行的再创作。从创作上来看，目前历史纪录片基本上都采用这一手法来表现，差异只是编导在处理镜头时的细腻程度。如纪录片《见证·影像志》之《丑年记忆》①中的1949年，采用了3部当年的影片素材《中国人民的解放》（1949）、《烟花女儿翻身记》（1949）、《解放后的北京学生》（1949）。在使用这三部影片时，为了追求回到历史现场的感觉，采用原声、原片素材。编导预设了解说词，采用编年体的方式穿插了历史事件。如果在解说时找不到适合表现的镜头时，便采取使用静态的照片作为弥补画面空缺的办法。编导是这样处理一组镜头的：

[解说] 1949年1月1日，北平城里看不到一点新年的气象，进出的城门只在早晚打开一会儿。此时的北平，已经被人民解放军包围十天。

[镜头] 这时候镜头采用了纪录片《中国人民的解放》（1949年）中解放军进城的画面，一辆辆汽车从城外驶进城内，部队排着队列扛着枪，走在蜿蜒的乡村的土路上。

此时，解说词说道：

[解说] 法国摄影家布列松（Henri Cartier-Bresson）在北平度过了自己的新年。上一年年底，他带着一架老式的莱卡相机来到这里。为美国《生活》（*Life*）杂志拍摄照片。《生活》杂志刊登照片时，加上了这样的按语：

---

① 中央电视台《见证·影像志》栏目之《丑年记忆》的解说词（张立宪. 读库0901 [M]. 北京：新星出版社，2009：230.）。

"战争箭在弦上，一触即发。我们让著名的法国摄影师布列松从缅甸飞去北平，最后看一看北平——这座以优裕的生活方式为世界所知的城市。在严冬来临之际，布列松获得了这个城市一份温暖的记录。"①

[镜头] 这段按语采用的是字幕的做法，白色勾边的楷体分三行整齐地排列在标版上作为画面的前景。为了丰富层次，字幕和标版作了半透明处理，叠在画面中央，背景隐约透出的是布列松 1948 年拍摄的北平的照片。影片解释为一份关于城市的温暖记录被停格在镜头里，这也是一个决定性的瞬间（the decisive moment）。② 这个镜头一直持续到男声解说将这段文字读完。然后镜头切换到下一个场景。

在这段影像话语中，导演采用了对人物日记的转引，通过老照片和书信文本来佐证、追忆历史。镜头上不仅有当时影像素材的片段，还通过重组这些片段，以各种镜头的闪回补充了历史和教育的现场。全片没有采用情境再现的表演手法，而是借助了文献纪录片的常用表现手法，以补充史料不足的手法试图还原真实的历史。由于当时影像资料的匮乏，很多现场摄影机并不在现场，因此后来补充的类似静态的镜头（对老照片采取移动摄像机扫视的拍摄的手法，试图使照片有运动镜头的视错觉，对照片和照片之间的过渡，采用淡入淡出的效果，增加运动和画面感）。

类似以上影片中导演的采编，在再现教育现场的纪录片中是惯常

---

① 亨利·卡蒂埃-布列松（Henri Cartier-Bresson，1908—2004），法国人，世界著名的人文摄影家，决定性瞬间理论的创立者与实践者，被誉为"现代新闻摄影之父"。

② 《决定性瞬间》是布列松第一本摄影著作（1952 年），后来成为布氏摄影方法的同义词。书中，他定义摄影为"在几分之一秒内将一个事件的内涵及其表现形式记录下来，并将它们带到生活中去……"1948 年布列松应《生活》杂志的邀稿，1949 年年初在北平拍摄了一批新闻摄影，这批作品部分被发表在 1949 年的《生活》杂志，部分选入其著作《决定性瞬间》。

使用的手法。如纪录片《我们是光荣的八大员》之《保育员——泉水叮咚》（2006）①，就是典型的借用原片素材和当下的采访来追述历史的影片类型。在影片中，导演这样使用了原始素材：

　　［解说］就这样，甄玉珍留在了新华社保育院，一待就是20多年。新华社保育院是1948年在延安成立的幼儿园，当时解放区陆续成立了不少这样的保育院，东影保育院就是其中的一所。

　　［原片解说］"东影在现有条件下建立了一座小小的保育院，内分幼稚园和托儿所两部分——它为了使有工作能力的母亲们尽量参加工作，也是为了我们的后代，在有组织的科学管理下，集体生活中培养他们的智慧，养成良好的习惯，保障健康的成长——这个组织是有很多好处的。虽然它还很简陋，也还有缺点。在这里不妨介绍一下，供后方各机关、工厂作为保育工作的参考，并且希望这种组织能够推广起来。"

　　［解说］这是1948年东北电影制片厂拍摄的纪录片，当时，东北刚刚民主解放，全国各地也即将陆续解放。导演成荫翔实记录了解放区电影厂子弟幼儿园的生活，这多少有些向后方各地推广经验的意味。

　　［镜头］在说上面这段解说词的时候，镜头使用的是纪录片《东影保育院》的片段。由于原片在解说的时候，镜头也没有拍摄东影保育院场景。呈现的方式是片首用黑底滚字幕的方式，将解说词呈现。因此，在《保育员——泉水叮咚》中为了使镜头中的画面更漂亮，也为了能让观众借助影像回到历史现场，导演一方面保留了原片解说的同期声（女声），一方面将画面替换成孩子们自己穿衣叠被、父母亲送孩子们入院、保育员给孩子们喂饭等原片中的场景。当原片解说话音刚落，画面还没有完全切回

---

① 　纪录片：《我们是光荣的八大员》第八集《保育员——泉水叮咚》，中央电视台一套《见证·亲历》栏目2006年摄制。

现实时，增加了一段新的男声解说词：

[解说] 拍摄这部影片时，王郁润是东影保育院的负责人。新中国成立后，王郁润调到了北京中央新闻纪录电影制片厂，此时，各行各业的人们都投入到建设新生国家的热情中，孩子的托管问题不得不提上议事日程。新影也不例外，王郁润参与筹建了新影厂的幼儿园。

[镜头] 切回采访，采访对象是王郁润（原东影保育院的负责人），采访地点似乎在家中的一间书房里。满头白发的王郁润说：

[采访] 王郁润："好多小年轻的职工，收入又少，你说让他雇保姆他雇不起。那时候我们年轻职工生孩子怎么办？实际上第一我们方针就是这样子，就是（解决）职工困难。第二个才是培养孩子德、智、体、全面发展。这个方针就是这样子。实际上就是为孩子、为职工服务，解决生产力的问题。"

[解说] 既然办幼儿园的第一目的只是托管好孩子，办园人员的挑选自然没有太多讲究。王郁润按照自己对幼儿园工作的理解，从厂里挑选了几名女职工。

[镜头] 又回到纪录片《东影保育院》的片段。保育院里，孩子们在表演节目、画画，保健医生给孩子们检查身体，阿姨给孩子们讲故事。

[采访] 王郁润："第一个就是不要（有）沙眼，我们那时候还是很简单，要保育员的话，相貌端正是很重要。那个时候要端正，特殊的缺点、太突出的都不要。"

"你比如说，下地谁给看孩子？那有那个老太太嘛，给解决看看孩子，解决问题嘛。我一个孩子放家，一个人不行，街道幼儿园把这个问题解决了。解决问题，但是它还是其他方面都跟不上了，是吧！饮食、教育这就跟不上。但是它解决这个，即托住孩子就行了。"

　　可能由于仅采访一家当年保育院的当事人不足以说明或者交代清楚当年的情况，因此导演紧接着又安排了另一个采访对象。

　　[解说] 甄玉珍是新华社保育院的老师，20 多年前，一个孩子的发烧，差点影响了她一生的选择。那时，她到幼儿园工作还不到一个月的时间。

　　[镜头] 采访甄玉珍（新华社保育院教师），一个大约年纪在 50 岁左右的妇女，采访是在幼儿园里进行的，背景是一家整洁、漂亮的幼儿园教室。

　　[采访] 甄玉珍："当时，我就感觉这小孩发烧，然后我就把他抱过来，他也难受，就趴在我的肩膀上。这时候主班老师就进来，就问我他怎么了？我说他在发高烧。他说你观察了吗？他发高烧是由于什么原因引起的？这个老教师一句话提醒了我。我说他这儿有一个包，另外发高烧。这个老老师脱口而出，腮腺炎。"

　　[解说] 甄玉珍被传染上了腮腺炎，她没有料想到幼儿园里照顾孩子的工作，也会有这样的危险。

　　[采访] 甄玉珍："后来我就在家休息一段时间。我就回来（幼儿园）。从家走来之前，当时我就想好，今天上最后一天，就跟领导说，我辞职了，不干了。因为我那时候没有跟他签合同，当时我抱这种心情就来到班上。正好我就是，刚踏入班上，这时候孩子们就哗啦啦都围过来，说老师你怎么没来？我说我生病了。哎呀老师，我想你了，老师你怎么刚来？结果孩子这么一说，立刻就是，我就把辞职这件事，真的给忘到九霄云外了。"

　　[解说] 就这样，甄玉珍留在了新华社保育院，一待就是 20 多年。

　　[镜头] 一个空镜头：红色砖墙上的新华社保育院金色铜牌，上面一行红色隶书"新华社保育院"，下面标注了建院日期：1948 年 3 月 16 日。

　　这是一个最常见的将原始素材和采访交融的影片处理方式。在片中，不仅通过采访谈及当年保育院的工作生活的情况，还在谈话过程中切换当年拍摄的相关影像素材（整部影片大量借用1948年拍摄的《东影保育院》的影像）。这样做的目的就是为了更加接近历史的现场。为了避免叙述事件的单一性，影片还带出另一家同类幼儿园：新华社保育院。但是由于该园没有历史影像，只能当下补拍了一个空镜头借以补充说明。从影像表达上来看，虽然缺少了这段历史影像，显得有点遗憾，但似乎在行文和呈现上也并不突兀。

　　由此可见，虽然这种在影像上没有新资料补充的做法，看似没有真正意义上回到历史现场，但事实上，从影片在追述事件过程本身，已然起到了校正历史的作用。此外，在再现历史现场的纪录片中，缺少历史画面的故事通常采用静态图像来弥补，有时还会使用静态图像和动态影像穿插的手法来表现主题。

　　通过镜头我们不仅管窥了解放初期孩子们的衣着、寝食、在保育院受到的教养，也看到社会和政府对保育的态度和要求。虽然在整部影片中，完全没有孩子们的言语感受，也没有家长们的意见反馈以及保育员们的感想。但是镜头之下，仍然可以感受到保育院工作的重要性。毕竟孩子们有了一个去处，这个去处的好处在于，"在这个时代，做一个新中国的儿童又光荣，又幸福。"[1]

　　类似这类纪录片的镜头运用还反映在纪录片《新儿童》（编导：龚涟，摄影：王少明，色别：黑白，1950）[2]、《夏令营》（编导：覃珍，摄影：田力，色别：彩色，1955）[3]、《幸福儿童》（1953）、《锻炼小

---

① 引自纪录片《新儿童》的解说词。

② 纪录片：《新儿童》，中央新闻纪录片厂1950年拍摄，2本。

③ 纪录片：《夏令营》，中央新闻纪录片厂1955年拍摄，1本。影片概况：1954年暑假，中国新民主主义青年团中央委员会在青岛举办少年先锋队夏令营。营里，有中国、朝鲜、越南和保加利亚的小朋友。他们在一起跳舞、下棋、刺绣、制造舰艇模型，玩得很开心。小朋友们还去崂山旅行，去海滨游泳、晒太阳。四个国家的小朋友，快乐地度过了假期。

组》（编导：段洪，摄影：周凯，色别：黑白，1955）①、《在少年宫里》（编导：姜蕙，摄影：郑光泽，色别：黑白，1956）②、《两个夏令营》（编导：刘才瑶，摄影：王志雄，色别：黑白，1957）③、《儿童晚会》（编导：王琛，摄影：郑光泽，色别：彩色，1957）④ 等。

在这些影片中，孩子们不仅要在课堂上学习，还要到农村去参观学习。

3. 教育影像与生活的藩篱

通常，教育情境中所存在和被观察到的现象，都有其内在的、理解的、构成的意义。普通的个人的活动、言语、思想、情感构成了一幅复杂交往的画卷，镜头的叙述为这样的解释提供了一种实践的可能。各式的人物、思想、声音和经验，汇聚在一起，构成了等待我们去考察的教育事件。

解放初期，城市、乡村的人们在一波波的改造中把自己重新塑造了一遍。对于 20 世纪 50 年代的孩子们来说，从 1956 年开始，"小朋友，小喇叭开始广播啦"，《小喇叭》（1962）⑤ 广播成了他们童年记忆里每天不变的牵挂。另一个显见的改变是："春节前，国务院通过了有关推广普通话及汉字简化字方案。这年春节，大江南北的人们开始试着用普通话拜年，用简化字写春联。"⑥ 无论是生活方式还是教

---

① 纪录片：《锻炼小组》，中央新闻纪录电影制片厂 1955 年拍摄，1 本。影片概况：北京第四中学的同学，组织了各种锻炼小组，进行体育锻炼。长跑、单杠、跳高、投手榴弹、爬绳、双杠。春天的假期间，各小组举行负重行军竞赛，同学们作出发准备，比赛开始，人人奋勇争先。同学们纷纷到达终点。终点树立着标语牌："准备劳动与卫国"。
② 纪录片：《在少年宫里》，中央新闻纪录电影制片厂 1956 年拍摄，2 本。本片记录的是上海少年宫里孩子们参加的各项活动。少年宫培养孩子们的广泛兴趣和各种爱好。这里有体操队、合唱队、舞蹈队、刺绣小组、航模小组、造船小组、电工小组等。
③ 纪录片：《两个夏令营》，中央新闻纪录电影制片厂 1957 年拍摄，2 本。
④ 纪录片：《儿童晚会》，中央新闻纪录电影制片厂 1957 年拍摄，2 本。
⑤ 纪录片：《小喇叭》，中央新闻纪录电影制片厂 1962 年拍摄，1 本。
⑥ 中央电视台《见证·影像志》栏目之《申年记忆》的解说词（张立宪. 读库 0800 [M]. 北京：新星出版社，2008：214.）。

育习惯，只要是能够反映伟大的社会主义建设，只要是能跟进时代的洪流，大家都不遗余力地在改变，尤其是懵懂的孩子。

怎样的儿童是新中国的儿童？国家给出了一个参照标准。1953年《高玉宝》①成为一个时期内连环画的固定宣传模式，也成为纪录片中英雄人物形象的代表。在这类图像的表达中，英雄人物都是程式化的，目光炯炯，精神抖擞，衣着朴素，疾恶如仇。受此影响，孩子们的思想在整个社会环境的整体改造之下，来了一个彻头彻尾的改变。纪录片《齐步前进》讲述了小学生斌宝柱加入了少先队的故事。

[镜头] 教室里，一群戴着红领巾的学生面对面地围坐，大家你一言，我一句地在给同学斌宝柱提意见。

[解说] 现在他们班全班同学都是少先队员了。过去斌宝柱有一些缺点，上课不好好听讲，常常在班里捣乱。少先队员们开了一个讨论齐步前进的班会后，大家都来帮助斌宝柱。首先改变了不爱理他的态度，经常约他一起做功课。

斌宝柱体育不错，大家选他当体育队长。斌宝柱改正了自己的缺点，被批准加入少先队，他们班成了红领巾班。

虽然这部分镜头都较短小，旁白也只有寥寥数语，仅凭这些元素还远不能还原出整个时代教育的风貌，但无论如何，从简短的、雷同的镜头中还是能捕捉到些许时局变化之后，人们心态和生活的变化。

---

① 20世纪50年代，文盲战士高玉宝创作的小说《高玉宝》成为工农兵创作的典范。小说的发表，在部队掀起了学习文化、战士写作的高潮。小说出版后，更是引起了相当大的轰动，据统计，《高玉宝》在国内用七种民族文字出版。仅汉文出版的《高玉宝》就达450万册，并被改编为24种连环画、12种文艺演唱形式及戏曲书籍。其中适合孩子阅读的连环画大量发行。作为一种为广大人民群众喜闻乐见的美术形式，连环画可以产生理论文章、长篇大论达不到的宣传效果，因此它的发展也得到了政府的鼓励和扶持。到1954年，初版的连环画新书就达到了900余种，共3 500万册，比1952年增加200余种，1 500万册。反映现实生活的新连环画开始大量出版。

尤其是教育的变化，如此之大。

对教育而言，新中国成立初期有很多新的机构设立、很多新的政策颁布，这是一个全新的教育时代。大家都很忙碌。这些政策在制定及实施中，大部分都被拍摄成影像，收录到《新闻简报》中。纪录片《新中国教育纪事》（2008）[①] 第一集，部分原始素材来源于《民主东北第十三辑：简报13号》（摄影：徐肖冰，色别：黑白，1949）[②]、《新政治协商会议筹备会成立》（编导：高维进，摄影：苏河清，色别：黑白，1949）[③]，开场就是一个重要的教育政策被制定的画面。

［镜头］第一次全国教育工作会议（1949年12月23—31日），与会200余人。在镜头下，可以看到代表们排着队有序地进入会场，会场外横幅上书"全国工农教育会议"几个繁体大

[①] 《新中国教育纪事》，共60集，从60个以共和国教育史上重大事件、重要决策为背景的真实小故事切入，折射出新中国教育发展与改革的实践历程。每集30分钟左右，2010年曾在中央电视台和中国教育电视台播出，目前没有正式发行。

[②] 纪录片：《民主东北第十三辑：简报13号》，中央新闻纪录电影制片厂1949年摄制，1本。此片有五个主题：一、《欢迎民主人士抵平》，在北平前门火车站，林彪、叶剑英、刘亚楼等到车站欢迎。影片中出现的人物还有朱学范、沈钧儒、林伯渠、郭沫若、彭真、李济深、马叙伦、李德全、董必武等人。二、《全国学代会在平召开》，参加大会的有各界代表。中共中央代表叶剑英、解放军代表罗荣桓、中共北平市委代表赵一伟、国民党统治区的学生代表、解放区学生代表，还有中国青年联合会代表冯文彬以及郭沫若分别在大会上讲话。三、《东北工人政治大学》，工人学员在学校学习、开会、讨论；业余时间打球；毕业典礼，欢送学员南下。四、《起义空军飞抵济南》，带领起义的是机械员，一共五人，他们是从上海飞抵济南的。五、《欢迎南京号机车》，南京号机车是沈阳皇姑屯机车厂的工友修好以后送给南京铁路局的。他们欢送南京号机车开往南京。

[③] 纪录片：《新政治协商会议筹备会成立》，中央新闻纪录电影制片厂1949年摄制，2本。影片概述：1949年6月15日新政治协商会议筹备会在北京成立。新政治协商会议主张建立民主联合政府。参加这次筹备会的有中国共产党、中国国民党革命委员会、民盟、民建、无党派民主人士、中国民主促进会、农工民主党、致公党、人民解放军、工会、青联、妇联、学联、产业界、文化界、民主教授、上海人民联合会、少数民族、海外华侨等23个单位，134位代表。各界代表都发了言，最后决定真正民主团结的新政治协商会议即将召开，中国的历史将进入一个新的时代。

字，廊柱上挂着标语。会场很大，大家都在倾听教育部部长马叙伦的报告。他说："新中国的工人、农民正在急迫地需要文化，工农要有了文化才能彻底翻身，才能更为有效地从事生产建设。"①（这段马叙伦的讲话被后期剪辑掉了，只剩旁白）这时，会场里爆发出一阵热烈的掌声，每个代表脸上洋溢着笑容。

[解说] 1950 年 9 月 20 日，来自全国各地教育系统的 500 多名代表汇聚北京，参加了一次具有特殊意义的会议——全国工农教育会议。这是中国有史以来第一次把工农教育提到国家议事日程上来。会议的中心是讨论：工农业及教育、工农速成学校和干部文化补习学校等问题。在这次会议上，第一任教育部长马叙伦做了报告。

此类纪录片拍摄会议的代表发言，很少采用同期声，甚至连会议的掌声也在后期剪辑的时候被去掉。片子的声音非常单纯，一般只留有男女生的配音，甚至连背景音乐也是不放置的。我们从其他重要的会议纪录片，如《新政治协商会议筹备会成立》中看到，只有毛泽东同志的讲话被汲取了部分同期声，其他也皆为后期配音。

这也是解放初期《新闻简报》的习惯做法，就像在新影厂纪录片库的文档记录中，一般只有导演和摄影的名字，而似乎没有录音师的存在。可见，当时在工作中较为重视摄影的纪录功能，保留画面成为一个比较重要的任务，而作为个人的声音是可以被忽略不计的。

除了人声的处理，环境也是一个镜头中不可忽视的重要元素。在解放初期的新环境下，除去装饰，建立一种素朴健康的思想观念和审美是青年学生积极追求的新生活方式。

纪录片《学生暑期生活》（编导：王星明，摄影：张沼滨，色别：黑白，1950）②，拍摄了北京的青年学生和少年儿童在北京青年

---

① 纪录片：《新中国第一》，中央新闻纪录电影制片厂 2009 年摄制。
② 纪录片：《学生暑期生活》，中央新闻纪录电影制片厂 1950 年拍摄，2 部。

暑假生活委员会指导下，开始了暑假生活。向我们展示了一种政府和社会倡导的积极健康的学生生活。从镜头可以看到，他们在昆明湖里游泳，在北海划船，或集体旅行搞露营活动。在秦皇岛举办的海滨夏令营里，同学们在老师指导下参加无线电、化学、生物、美术、音乐、戏剧、体育等活动，有的同学还去工厂向师傅学习。影片结尾说："只有生活在毛泽东时代的青年，才能过上这样愉快的生活。"

愉快的生活表现在生活的细节上，如外貌服饰的变化。新中国成立后市民生活在自行革命，最显著的是在镜头里：漂亮西装不常见了，人们的衣饰朴实了。女人服装款式精简了，以前连女工都不穿蓝布旗袍，现在朴素的蓝布大褂满天飞，青年们都喜欢穿着列宁装；男生留小平头，女生要么剪短发，要么梳着小辫，不太见到烫发的女学生；过去电影院、戏院、大酒店门前停靠的流线型汽车绝迹了，学生们骑着自行车上下课……总之，时代进化过程中受到解放军生活方式、生活习惯的感召，使大家不约而同地把生活方式改变了。在知识分子阶层，旧时教育的痕迹无疑是留存最多的。国家对知识分子的态度、对教育的认识和转变，是新中国成立初期人的思想转变的根本。镜头里的知识分子，无论是开会还是工作，都穿着朴素的中山装或两用外套。裤腿是松垮宽大的，男女的性别差异不明显。

教师和学生照常走进学校里，但是学校的氛围却不同以往，在镜头里，明显可以感受到这种自然显现出的生机勃勃的景象。这种情绪表现在反映学校生活的纪录片《解放后的北京学生》（编导：高汉，摄影：陶学谦，色别：黑白，1949）[①] 中是这样的：在镜头里，导演通过描述大学生们的听课，南下途中的劳动，在北京参加市政府、市工会和在工厂、农村的工作等来告诉人们新中国成立后的北京学生的总体情况。透过镜头可以看到学生们在余暇时候的生活、在学校的活动片段。通过旁白还可以发现，学生们更多地在关注：怎样解脱旧时

---

① 纪录片：《解放后的北京学生》，中央新闻纪录电影制片厂 1949 年拍摄，1 本。

代的束缚？怎样接受新时代的洗礼？[①] 反映在纪录片《幸福儿童》（编导：刘文湘，摄影：聂晶，色别：黑白，1953）[②] 里，镜头中幸福的儿童是这样的：旅大地区（旅大地区在苏联红军直接帮助下，解放较早，工业、农业生产恢复发展较快）为小朋友们创造了幸福生活与学习的条件。

　　［镜头］农村、托儿所、幼儿园儿童在"六一"儿童节和苏联儿童联欢，一批批优秀儿童正在加入少先队。他们身着统一的服装，女孩子要么留着童花头，要么扎着两个小辫，有的孩子在小辫上还扎着浅色的蝴蝶结；男孩子们把头发理得短短的，圆圆的小脸上始终如一地堆着笑容。

　　［解说］到了入学年龄的小朋友，走进学校。他们（在教室里）努力学习，（在操场上）锻炼身体。

　　暑假期间，儿童夏令营充满欢笑和歌声。孩子们排着整齐的队伍，手牵着手，有时载歌载舞，有时在课堂上注视着讲台上的老师认真听讲，还有在操场上参加文娱活动的。

　　与此相类似的一部描写青年文娱活动的纪录片《北京青年暑期学园》（编导：佚名，摄影：陶学谦，色别：黑白，1949）[③]，镜头表现了北京的青年学生在暑假期间举办的暑期学园（类似现在的暑期夏令营）的现场。镜头大部分采用全景，每一个镜头里都带着一群学生，一组组镜头共同构成一个活动丰富多彩的学园全貌。如镜头表现了北京图书馆把参考书借给学员、同学们在航模课上实习、学员们骑车到野外旅行郊游。结业典礼后的运动会，大约有 3 分钟左右的镜头拍摄了各种田径比赛、体操表演和拔河等项目。最后镜头

---

① 蜕变中的古城政治情调 ［M］//张立宪. 读库 0705. 北京：新星出版社，2007：1.

② 纪录片：《幸福儿童》，中央新闻纪录电影制片厂 1953 年拍摄，6 本。

③ 纪录片：《北京青年暑期学园》，中央新闻纪录电影制片厂 1949 年拍摄，1 本。

还扫视了学员加入"新民主主义青年团"团员的宣誓仪式等。在这些陈年的影像中,学生们都是以一种欢欣鼓舞、热情洋溢的笑脸形象出现。

纪录片《幸福儿童》中,镜头下的小朋友是以群体方式出现的,一组组的儿童在镜头中做着相似的活动,基本上每个镜头中都出现三五成群的儿童身影。很难通过镜头记录下某个人的连贯的活动,更难记录下个体的心理活动,因为镜头所到之处显现的都是群体。我们通常透过这些镜头来观察儿童的生活环境、衣着、活动内容等表象的痕迹。

从影像资料分析,解放初期的此类影片中几乎都会加载一段扭秧歌的画面。学生或者也有青年老师们组织起秧歌队。镜头下的人们手持扇子、手帕、彩绸等道具,步履轻盈地踩着锣鼓点,"舞毕乃歌,歌毕乃舞"。具体唱什么,不是很清楚(影片采用后期配音的手法去掉了同期声)。但是透过镜头可以看到,场面热闹且喧嚣。人们还变化出不同的队形,扭胯的动作诙谐有趣、朴实可爱,引得四周围观的人群也一起跟着载歌载舞。当时的报纸上说这是学生课余生活的一个侧影,可见在一个新的时代里,所有的环境也都蜕变成新的了,大家的热情和期望也随之高昂。毕竟时代迈进一个新阶段,扭秧歌恰时恰地能反映和体现这种饱涨的情绪。

到了20世纪50年代后期,尤其是在1958年后,中国历史上之前从未有过的场景,特别是一浪又一浪的运动,开始出现在镜头中。一部拍摄于1958年的纪录片《人民公社好》(编导:萧向阳,摄影:韩浩然,色别:彩色,1958)[①] 真实地反映了当时人们的心态:

> [解说]"徐水的卫星猪,每一只都要达到五千斤的指标,现在摆在每个社员面前的问题,早已经不是什么劳动力之类的

---

① 纪录片:《人民公社好》,中央新闻纪录电影制片厂1958拍摄,4部。

了，而是怎么样在条条生产战线上，都放射出高产卫星。这是一片卫星白菜田，这里的白菜每一棵都要长到五百斤重，这绝不是空想，而是要用这些具体措施来保证的。这一棵玉米上结了三十三棵穗，这是奇迹，也是劳动的成果。许多国家的记者都来参观过它，还给它照了相。社员们并不满足眼下的成绩，在这儿的墙壁上，你到处可以看见这样的壁画，人们一方面用它来表达自己对生活的理想和信心，一方面也用双手在实现这些理想。"①

[镜头] 在影片中，采用了大量蒙太奇的手法，以及仰视的摄影机视角，把人民公社的生产情况通过镜头成倍加以放大。比如一个社员抱着一棵巨硕的大白菜，这棵菜撑满整个画面。另一个社员，手里拿着一根玉米，玉米上结满了穗，随着风轻轻地飘动。这类镜头的畅想在影片中比比皆是。

什么是镜头的畅想呢？那就是无拘无束的想象。我们从文艺界人士的一些回忆录中可以看到：创作是为了表现群众的冲天干劲和远大理想，必须走革命的浪漫主义和革命的现实主义相结合的道路。纪录片《红领巾钢厂》（编导：陈健，摄影：张杰，色别：黑白，1958）②向我们呈现的就是这种革命的浪漫主义：

[镜头] 河南省洛阳市西二区第三小学学生下课后，捡拾废钢铁，送到红领巾钢厂炼钢。他们热火朝天地参加建设。学生分成一组组，像炼钢工人一样参加生产。

[解说] 学生们自己动手砌炉子，学习炼钢。他们每天工作6小时，学习4小时。学生们在钢厂做实验，在炼钢炉前操作，开生产会。

---

① 中央电视台《见证·影像志》栏目之《戊年记忆》的解说词（张立宪. 读库0602 [M]. 北京：新星出版社，2009：270.）。
② 纪录片：《红领巾钢厂》，中央新闻纪录电影制片厂1958年拍摄，1本。

[镜头] 夜晚,炉火映红了夜空,也映红了学生们炼出的钢铁。孩子们高兴地载歌载舞。

同样的场景也出现在纪录片《学生炼钢》(编导:王伟,摄影:庄唯,色别:黑白,1958)①,纪录片《小人能办大事》(编导:肖树琴,摄影:陈锦倜,色别:彩色,1960)② 里。《小人能办大事》拍摄了河南省洛阳市敬事街小学办起"六一"联合工厂的故事。在片中可以看到,学生们既是工厂的工人,也是工厂的主人。在这个校办工厂里,有收音机车间、制药车间和喷漆车间等。专业老师和技术工人是车间辅导员,他们负责指导学生学习生产知识。

在高校里,文科、理科都在埋头苦干。纪录片《飞上云霄》(编导:王伟,摄影:庄唯,色别:黑白,1958)③ 描述了北京航空学院的同学们,自己设计制造飞机的故事。镜头下,师生们苦干实干,工厂的老师傅们也来支援,紧张突击,进行飞机总装配,安装尾翼、机翼、起落架、发动机等。"速度"成为这一时期最前卫,也是最活跃的动词。在另一部描写航空学院的纪录片《勤工俭学》(编导:肖向阳,摄影:韩德福,色别:黑白,1958)④ 里:

[镜头] 同学们到学院的附属工厂参加生产劳动,在厂里他们制造了仿捷克 MN80 型多用途小台床,他们制造电度表,装配收音机。

镜头转向车间,同学分成日夜两班,忙碌地、不停歇地工作着,他们在生产播种机。同时,另一组同学到十三陵水库工地劳动。

---

① 纪录片:《学生炼钢》,中央新闻纪录电影制片厂 1958 年拍摄,2 本。
② 纪录片:《小人能办大事》,中央新闻纪录电影制片厂 1960 年拍摄,1 本。
③ 纪录片:《飞上云霄》,中央新闻纪录片厂 1958 年拍摄,2 本。
④ 纪录片:《勤工俭学》,中央新闻纪录片厂 1958 年拍摄,1 本。

也就在这一年，在举国超英赶美的"大跃进"声中，政府作出关于教育工作的指示："十五年左右普及高等教育"①，全国新增普通高校 200 多所，平均每三天就有两所高校成立。到 1960 年，全国高校的数量已经由 1957 年的 229 所增加到了 1960 年的 1 289 所。1959 年，为庆祝中华人民共和国成立十周年，教育部部长杨秀峰在《人民日报》上发表文章《我国教育事业的大革命和大发展》②。文章认为，十年来教育事业的巨大发展，是十年来教育改革特别是 1958 年教育人革命和大跃进的结果。

这些"大跃进"影像的表现，衍生出之后纪录片创作（包括电影）的一种模式。例如，通常将玉米、水稻、棉花等粮食作物放大，成为卫星，成为火箭，或者火车拉不动一个玉米棒，或者一个人背不动一穗稻子，或者鱼比船大，或者攀着梯子摘棉花，或者水果比人大等。在镜头中运用透视、蒙太奇等手法，大部分影片呈现的是正面的歌颂。

在镜头之下的繁荣和喜悦背后，一方面，当时的社会环境或者说是政治形势的需要；另一方面，艺术创作追求夸张，那只能算是一个娱乐（一种艺术上的新鲜感）。

1959 年国庆前后，文化部最终确定的向国庆十周年献礼的影片共计 18 部③，这些影片基本都是反映历史洪流下时代进步的车轮。这批献礼影片成为新中国电影创作的一次高峰，在新中国电影史上，这一年被称为"难忘的 1959"（文化部在全国各大城市举办了国庆国产新片展览月活动，观众高达 1.2 亿人次）。也有学者称这是一种现实主义的电影风格。对比之下 1957—1959 年的纪录片中见证教育现

---

① 纪录片：《我的大学：1970—1976 工农兵大学生回忆录》，香港凤凰卫视 2010 年摄制。

② 我国教育事业的大革命和大发展 [N]. 人民日报，1959-10-08.

③ 影片包括：上海电影制片厂的《林则徐》、《聂耳》、《春满人间》、《万紫千红总是春》、《老兵新传》、《宝莲灯》；北京电影制片厂的《青春之歌》、《风暴》、《林家铺子》、《水上春秋》；长春电影制片厂的《五朵金花》、《我们村里的年轻人》、《冰上姐妹》、《笑逐颜开》；八一电影制片厂的《海鹰》、《万水千山》、《回民支队》、《战上海》。

场的影像，却是那么的超现实，那么的不可思议。[①]

总体来看，教育类纪录片基本没有完整地拍摄日常生活的影片。忽略一部分夸张的影像，另一部分片中似乎还留存些许内容是关于当年日常生活的。部分表现生活细节的镜头夹杂出现在各类题材的影片中。如纪录片《未来的工程师》（编导：陈纯烈，摄影：高振宗，色别：黑白）[②] 中的清华图书馆苍遒的建筑，静穆的气氛，层积的神秘，在镜头中让人不由得屏气敛神，泠然自振。从建筑文化的角度，看到了教育生活的另一个静态的样貌。

从中苏合拍的纪录片《伟大的友谊》（编导：王永宏，摄影：王德成，色别：黑白，1954）[③] 中可以看到，在一些苏联学校，开设了中文课程。同样在中国的校园里，中小学外语课程的设置，几乎是清一色的俄语。从纪录片《黑山北关小学教学改革》（编导：何锺辛，摄影：李则翔，色别：彩色，1960）[④] 中看到辽宁省教育厅在学校里举行的一次测验，用二年级试点班的学生与另外一所小学四年级的学生相比较，在作文、识字、朗读等方面，二年级试点班学生都优于另一学校四年级学生。纪录片《祁连山下一大学》（编导：何锺辛，摄影：费龙，色别：黑白，1960）[⑤] 让我们看到了农业大学1958年（大跃进）从兰州迁到祁连山下的武威黄羊镇的情况。各种专业的同学从教室走向广阔的农村，教室不再是唯一的课堂，劳动成了重要的一课。镜头里的学生们深入30多个现场教学基地，边学习、边实习，并结合生产实际进行一系列的专题研究。纪录片《文化革命》（编导：邓宝宸，摄影：张贻彤，色别：黑白，1958）[⑥] 更是从东到西，

---

① 周恩来总理在国家文化部于北京召开的各电影制片厂厂长会（1958年11月1日至7日）上指出："我们要的是纪录性艺术片，而不是艺术性纪录片。"
② 纪录片：《未来的工程师》，中央新闻纪录电影制片厂1954年拍摄，2本。
③ 纪录片：《伟大的友谊》，中央新闻纪录电影制片厂1960年拍摄，7本。
④ 纪录片：《黑山北关小学教学改革》，中央新闻纪录电影制片厂1960年拍摄，3本。
⑤ 纪录片：《祁连山下一大学》，中央新闻纪录电影制片厂1960年拍摄，1本。
⑥ 纪录片：《文化革命》，中央新闻纪录电影制片厂1958年拍摄，1本。

横跨中国，拍摄了教育的革命性改变①。镜头拍摄了各地的夜校，有工人、农民，他们在下班和放工后，提着灯笼，走进夜校。镜头拍摄了他们劳动的间隙，只见社员们下地时还带着书、报、乐器。在劳动休息时，社员们读书报，弹起冬不拉，欢乐歌舞。

细看之下，好像不是产生在那个年代的影像一样，镜头下的教育生活如此安静。在如此喧嚣的时代下，镜头也从一些细节上向平静的日常教育生活致敬。20世纪60年代的教育在镜头中真可谓呈现两个截然不同的极端。

二、"新影"教育题材的风格特点

1. 早期"新影"的教育选题

《新闻简报》20世纪五六十年代的主要特点是突出国家意识下的影像垄断。许多新闻纪录片的主题是"形象化的政论"，与当时党报的社论是互为补充的。据高维进统计，从1949年到1966年，中国每年的规模是年产新闻片和纪录片250集。完整的纪录影片包括：长纪录片239部1 506本，短纪录片2007部3 632本，新闻期刊片3 528本。②

具体分配到每一年为：1947年11部，1948年21部，1949年29部，1950年57部，1951年39部，1952年30部，1953年53部，1954年62部，1955年86部，1956年104部，1957年71部，1958年119部，1959年87部，1960年93部，1961年61部，1962年36

---

① 1960年6月1—11日，全国教育和文化、卫生、体育、新闻方面社会主义建设先进单位和先进工作者代表大会在北京举行，以下简称"全国文教群英会"。大会号召文教工作者要把文化革命推向新高潮。

② 转引自肖同庆. 影像史记 [M]. 广州：南方日报出版社，2005：16；高维进：中央新闻纪录片史 [M]. 北京：中央文献出版社，2003.

部，1963 年 47 部，1964 年 47 部，1965 年 82 部。①

　　另外，从 1958 年春天起，全国各省、自治区（除西藏外）大跃进式新建电影制片厂，最初有条件拍摄的只能是新闻片、纪录片。仅 1958 年全国就有 31 个电影制片厂生产新闻纪录片，1958 年、1959 年两年产量几乎等于前 8 年产量的总和。从 1967 年到 1976 年，"新影"和八一厂共摄制长短纪录片 509 部，连同新闻期刊片 2 037 部。这其中并未包括未成片的影像资料。（单万里，2005：117-225）

　　归纳教育类的《新闻简报》主要有②：

年　份	片　名	本　数
1949	《北京青年暑期学园》	1
	《东北军政大学》	3
	《解放后的北京学生》	1
1950	《世界青年访华记》	5
	《学生暑期生活》	2
	《新儿童》	2
	《拖拉机学校》	1
	《妇婴卫生》	2
	《世界青年联盟代表团来中国》	1
	《华罗庚教授》	1
	《欢迎李四光博士》	1
	《人民大学开学典礼》	1

① 笔者根据中央新闻纪录电影制片厂官网目前已公布的影片目录统计，http://www.cndfilm.com，2012-01-20.

② 表格内的影片统计数据来自新影集团网站的资料检索。未标注本数的影片资料来自单万里. 中国纪录电影史［M］. 北京：中国电影出版社，2005.

续表

年　份	片　名	本　数
1951	《东北工学院》	1
	《中央戏剧学院崔承喜舞蹈研究班》	1
	《东北、西北少年儿童旅行团访问北京》	2
1953	《幸福儿童》	6
1954	《未来的工程师》	2
1955	《把青春献给祖国》	3
	《齐步前进》	2
	《夏令营》	1
1956	《亚洲学生疗养院》	2
	《青春的花朵》	2
	《在少年宫里》	2
	《我们的节日——六一儿童节》	1
1957	《儿童晚会》	2
	《我们是共青团员了》	1
	《含苞待放》	3
	《新农村的接班人》	2
	《两个夏令营》	2
	《哈达博士在北京》	1
	《马约翰教授》	
	《科学奖金获得者》	

续表

年　份	片　名	本　数
1958	《学生炼钢》	2
	《勤工俭学》	2
	《愚公的子孙们》	1
	《绿化长江的小尖兵》	1
	《世界学生的歌声》	4
	《战斗的青年》	1
	《红领巾钢厂》	1
1959	《青春的光辉》	1
	《青春万岁》	8
1960	《祁连山下一大学》	1
	《全国文教群英大会》	2
	《黑山北关小学教学改革》	3
	《亚非学生疗养院》	2
1961	《清华大学50周年校庆》	
1963	《生产队的年轻人》	1
1964	《毓文中学复名》	1
	《比学赶帮争上游》	2
	《小选手日记》	1
	《天天向上》	2
	《现代化声学实验室》	
1965	《半工半读育新人》	1
	《江西共产主义劳动大学》	2

若从史学的角度进行"观看",这些影像资料建构起一个 20 世纪 50 年代的影像中国(刘洁,2007:2),造成了一种中国纪录片特有的修辞形式和语言形式。这一时期的影像大部分集中呈现的是全面展开新中国建设的场面。如为纪念新中国成立 10 周年拍摄的影片《第十个春天》(1959)、《全国文教群英大会》(1960),表现了新中国的阳光明媚,镜头里的那些纯净笑容感人至深。在整部影片中,似乎到处都洋溢着欢歌笑语和高涨饱满的情绪,生活状态的影像在"新影"片库中的比例微乎其微,影像资料中缺少对中国日常生活的深描。在有限的片源中涉及的中国教育的话题基本与政治息息相关。

观看这些影像只能从一个侧面窥视那一时期的教育现场,将其作为历史文献的意义远大于其他。因为,它离接近真正的教育现场、观察教育生活的常态相去甚远。

此外,纪录片中有故事情节的,大都是采用摆拍的方式,它不同于情景再现,是一种搬演性质的影片。如《齐步前进》(编导:王琛,摄影:郑光泽,色别:黑白)①中,表现了一名落后的小学生在集体的帮助下取得进步并加入少先队的经过。这件事情是真实的,环境和人物也都是真实的,只是由于这名落后学生不愿让拍摄,一个表现好的少先队员在影片中扮演了这名落后学生。②

到了 1958 年开始的大跃进时期,影像记录开始缺席。严重的天灾人祸几乎无一记录。到处充斥着热火朝天的炼钢景象和放卫星的新闻,1958 年的一则《新闻简报》报道:

"广东连县星子乡田北社创出中稻亩产六万多斤的大卫星,广西环城县又放出十三万斤的卫星来。这下子,使一些观潮派也

---

① 纪录片:《齐步前进》,中央新闻纪录电影制片厂 1955 年摄制,2 本。
② 单万里. 代序:纪录片与故事片优势互补 [M] //希拉·柯伦·伯纳德. 纪录片也要讲故事. 孙红云,译. 北京:世界图书出版公司,2011:29.

喊出了：人有多大胆，地有多大产，今世庄稼汉，赛过活神仙。"①

　　此时电影艺术片猛增到百部以上，其中反映大跃进的纪录片将近50部。仅1958年一年，纪录片中涉及教育话题的影片就有7部。在这一数量庞大、体裁一致的系列影像背后，灾难带来的饥馑、困境、眼泪和愤怒都被遮蔽，全然不见。学校生活也变成《勤工俭学》（1958）、《学生炼钢》（1958）、《红领巾钢厂》（1958），以及与生产形势紧密结合的励志影片。

　　导演采用仰视的视角、透视的原理拍摄，将原来的图像夸张、变形、放大，以突出丰衣足食、宏伟壮观的景象。教育的畅想在影片中随处可见。在这种强大的国家叙事统领下，基层的声音相当微弱，"人民"虽然在教育的场景中，但事实却是"人民"不在场。

2. 60年代后的"新影"纪录片②

　　到了20世纪60年代几次重大的历史事件成为纪录的重点，中国运动员首次登上珠穆朗玛峰的纪录片《征服世界最高峰》（编导：吴均，摄影：王喜茂、牟森、屈银华、石竞、王富洲、刘启明，色别：彩色，1960）、首次核试验成功的《第一颗原子弹爆炸成功》（1964）等。这些影片所记录的重大历史时刻的瞬间、细节已经成为当下反映那段历史时期的纪录片的主要影像资料。

　　教育的内容却在这类影像中几近缺席。部分镜头如清华学生砸烂、推倒清华园牌匾，焚烧书籍字画和寺庙雕像，集体批斗的惨烈场面等，都是散落在一些宏大的历史题材的纪录片中。虽然用取景框呈

---

① 中央电视台《见证·影像志》栏目之《戊年记忆》的解说词（张立宪. 读库0602[M]. 北京：新星出版社，2006：269.）。
② 历史的影像表现基本分为两个层面：一是以真实还原历史为己任的历史纪录片，又称文献片；二是以演绎历史为主的历史影片和电视连续剧，二者的共通地方在于其叙事体的历史书写方式。

现的影像来记录事件力量是惊人的，但必须要指出"影像的重建和再制"（拆解和组合）可能被用来解读和扭曲历史。

事实上，在 20 世纪 60 年代的《新闻简报》里，许多新闻事件和人物经过了被图像化、偶像化的过程，呈现的话语是需要甄别真伪的。鉴于创作的时代背景，不可避免地有重新描绘、美化历史的嫌疑。利用这部分素材当慎之又慎，似不可原样照搬，更不必说削足适履了。

程荒煤指出纪录片创作的中心思想是强调纪录片的"真实性问题"，他说："新闻纪录片必须描写实际存在的东西，描写确实发生的事件，不能捏造事实，否则将使新闻纪录片在政治上丧失威信。"（单万里，2005：115-225）今天看来，这一话语相当有力量，也相当清醒。如果这种提醒成为"新影"长期的指导思想并贯彻至今的话，那么中国的影像历史必将会改写。然而，事实却是事与愿违。在 20 世纪 60 年代的影像中，很难看到具有真实性的、清醒的话语方式的影像。

由于政治原因，1966—1976 年间（"文革"期间）的所有影像资料目前不能完全公开。但仅从这些有限的镜头来看，关于"文革"历史，事实上影像记录相当丰富。1966 年之后中国的影像基本都是革命运动的记录。毛泽东每次接见红卫兵的活动都被记录到了胶片上，主要是由"新影"和八一厂拍摄的。①其中"新影"摄制的影片包括：《毛主席接见红卫兵和革命师生》、《毛主席和百万文化革命大军在一起》、《毛主席第三次接见百万革命小将》、《毛主席是我们心中的红太阳——庆祝建国十七年》、《毛主席第五次第六次检阅文化革命大军》、《毛主席永远和我们心连心——毛主席第七次检阅文化革命大军》、《光辉的榜样伟大的创举——毛主席第八次检阅文化革命大军》等。（单万里，2005：235）

在这些影片中只有两个主角：领袖与群众。领袖当中除了毛泽

---

① 1966 年 8 月 18 日至 11 月 26 日毛泽东曾经先后八次在天安门广场接见来自全国各地的红卫兵和大中学校师生，总计达 1 100 多万人次。这些影像都被拍摄成资料，目前此部分影像还未解密。

东，还有不离他左右的林彪和江青以及中央文革小组的成员。群众中大部分是学生，在这部分影像中很少有专门针对某个人的拍摄，更多的是大场面。学生作为领袖的陪衬出现在大部分的画面中，远远望去仿佛一片绿色的海洋。从镜头中看不出他们的年龄、性别，只是洞察到他们的冲动和兴奋，由于太过类似，因此很难区分个体差异。

如纪录片《毛主席是我们心中的红太阳——庆祝建国十七年》（编导：佚名，摄影：佚名，色别：彩色）① 中：

> ［镜头］10 月 1 日早晨，百万群众聚集在天安门。镜头下的游行集会队伍蜿蜒几十里，密密麻麻的人影充塞着镜头，似乎都要挤出画面去了。毛主席来到天安门城楼，他向人群挥手。群众热烈欢呼。150 万名群众浩浩荡荡通过天安门广场，接受毛主席检阅。周恩来总理、李富春、刘伯承、徐向前、聂荣臻、叶剑英等在天安门上观礼。游行队伍走过后，群众拥向天安门。毛主席走下天安门，走到群众中。节日之夜，礼花映红了天空。毛主席又来到群众中，毛主席坐在地上，和身边的群众亲切交谈。人群欢腾，礼花五彩缤纷。

"新影"的纪录片库对这部影片的镜头是这样描述的（纪录片库的影片概况文字说明）：

> ［镜头］从影片的镜头反复回看，天安门广场前人山人海。镜头与镜头之间非常类似，拍摄队伍惯常使用长镜头。一个镜头画面中就有无数排列整齐的方阵，镜头一直跟着人群慢慢移动。在镜头里，每个方阵因为统一服装，远远望去就是一个色块。有的队伍擎着红旗，在方阵中显得格外引人注目。队伍在缓缓前

---

① 纪录片：《毛主席是我们心中的红太阳——庆祝建国十七年》，中央新闻纪录电影制片厂 1967 年拍摄，5 本。

进，当队伍走到天安门城楼前，就会看到人群发出欢呼，彩带、气球漫天飞舞。

其实，此时的国家已经陷入空前的混乱状态，新闻纪录片的拍摄工作也处于混乱的状态之中（目前这部分影片还没有公开，很多资料缺失，不能佐证历史）。"新影"的大部分人员都去参加文化大革命了，只有小部分人员在军宣队以及后来的工宣队领导下拍摄了一些反映革命场面的影片（除了上面提到的反映毛泽东接见红卫兵的影片，还有《掀起革命大批判新高潮》、《红太阳照亮了京剧舞台》、《红太阳照亮了芭蕾舞台》之类的纪录片），并继续制作新闻杂志片《新闻简报》。"文革"期间，《新闻简报》虽然没有停刊，但是出刊数量大为减少。以 1967 年为例，这年仅出 10 号（正常年份每年至少出 52 号，平均每周一期，有时还出号外），而且出刊时间不定期（有时一夜之间就要编 1 号，有时一个多月才编 1 号）。

这类影片的主要内容包括大字报、大辩论、大批判、大串联、破四旧、徒步长征、红卫兵运动、揪斗领导人等。色别有黑白，有彩色，镜头基本采取全景构图，表现大场面，常用长镜头。可以看出，摄影师的技巧很娴熟，在如此动荡混乱的环境下拍摄，摄影机基本摆放稳定，画面构图完整。此时的教育类纪录片几乎是消失殆尽，仅存的几部也是在一些学者的文献综述中，并没有见到实物样本，如《下课以后》、《幼儿园的一天》等。此外，还有几部反映"教育改革"的纪录片如 1976 年"新影"在清华大学、北京大学等地摄制反击"右倾翻案风"的影片（片名不详）等。

由于目前可供研究的资料主要依赖"新影"已公开出版的书籍和经许可可以播映的影像，甚至包括部分地下渠道流通的影像资料。因此下文的分析素材也是从这部分内容汲取并梳证。但是可以想见，一旦开禁，汇编这批材料，将是又一批重要的见证中国教育的史料。

1966—1979 年间《新闻简报》涉及教育的主要内容见下表①：

年 份	片 名	本 数
1966	《雪原民兵》	1
	《向毛主席的好战士刘英俊学习》	2
1970	《革命青年的榜样金训华》	1
1973	《花儿朵朵向阳开》	3
1974	《"五·七"干校生机勃勃》	2
	《广阔天地育新人》	1
	《孩子们的节日》	1
1976	《幼苗》	2
1977	《大寨小武术队一九七七年》	3
	《新苗》	2
1978	《春蕾》	4
	《茁壮成长——七里营的年轻人》	2
	《从小爱科学》	1
	《少年大学生》	1
	《宁铂上大学》	不详
	《数学家陈景润》	不详
	《陈省身教授来华讲学》	不详
1979	《漓江画童》	2
	《为了孩子》	5
	《李政道教授来我国讲学》	不详

---

① 表格内的影片统计数据来自新影集团网站的资料检索（http://www.cndfilm.com）。未标注本数的影片资料来自单万里. 中国纪录电影史 [M]. 北京：中国电影出版社，2005.

这一时期纪录片的镜头恰如其分地表达了当时这种政治环境和气氛。在镜头中，最常见的是火车站的告别。

[镜头] 一列即将出发的火车前，每个窗户都挤满了要去串联、下乡的年轻孩子们的身影。他（她）们从车窗中探出身，与站台上送别的师友、家长告别。很多人手上还拿着"红宝书"（毛泽东语录）。列车缓缓驶离，大家的手不断在挥舞，很多双手在挥动"红宝书"。站台上人头攒动，人们的情绪都非常激动，分离的情绪既忧伤同时却又夹杂着狂热和激动。

这时，镜头切到一面旗帜的特写。旗帜上书写着这样一些地名：韶山—井冈山—瑞金—遵义—延安—北京，在旗帜中央，大大地用老宋体写着"永远跟着毛主席"。最下面一行小字是这样的：河南通许—中劲松长征队。这是这列火车即将去到的地方。此时通常画面没有同期声，配合影像的音乐是慷慨激昂的革命歌曲。进行曲的旋律把画面煽动得有那么一些莫名的焦灼和激动的情绪。

[解说] 北京到延安到韶山、井冈山等革命圣地，学生大规模串联延续了两年多。①

动荡的岁月，飘摇的生命。在革命裹挟之下，每一个人，无论是底层民众还是高贵如国家主席，诚如汪洋中之漂萍，渺小、脆弱、不堪一击，常常于无声无息之中随风飘逝，连魂归何处都不可知。"新影"在"文革"中的影像，更多的是关于一代青年和知识分子的生存现状的记录。看待这部分影像资料就像看待中国历史每个阶段一样，面对其中无法回避的沉重，都会一并成为历史。

翻过"文革"这一页，"新影"的创作进入到一个更为档案化的

---

① 纪录片：《梦开始的地方，我的1977》，中央电视台 2005 年拍摄，10 集。

阶段。摆事实，讲道理，在《新闻简报》中的镜头都在证明中国教育取得的成绩。每一个重要的历史时刻和新闻事件，都在 10 分钟内用简报的形式作了摘抄。如纪录片《小喇叭》（1962-50）① 以一种活泼的语言进入：

> ［镜头］现在让我们同观众一起到中央人民广播电台访问一下小喇叭吧！这是小报幕员袁杰。这是孙敬修老师。这是石驸马大街幼儿园小朋友表演的"猫咪咪"。"嗒嘀嗒、嗒嘀嗒、嗒嘀嗒——嗒——嘀——，小朋友，小喇叭节目开始广播啦！"
>
> ［解说］小喇叭节目②主要的广播内容是讲故事、儿童歌曲、儿歌、儿童广播剧等少儿文艺节目，曾经连续广播过《西游记》、《老革命家小时候的故事》、《高玉宝的故事》、《魔方大厦》等长篇故事，一些著名的儿童文学作家如郑渊洁的作品都曾经在这档节目中播出过。有评论家指出，小喇叭的广播故事有着独特的语言风格，细致、体贴、亲切、流畅，充满了对儿童的呵护和关爱之情。

这部拍摄于 1962 年的"新影"纪录片风格就是后期《新闻简报》的主要风格。影像开始有意识地关注一些个体；如《宁铂上大学》（1978）、《老教授王森然》（1981）、《桥梁专家茅以升》（1982）、《女博士韦钰》（1983）……但是影片拍摄时采用的视角还是仰视的。拍摄者往往站在对象的下方，以一种目光向上仰视的姿态将摄像机对准拍摄对象。从纪录片的选题到拍摄的视角，基本上把纪

---

① 中央新闻纪录电影制片厂影视资料部编. 新闻简报中国科教 1950—1987［M］. 上海：上海科学技术文献出版社，2009：99.

② "小喇叭"是中央人民广播电台的一档著名的少儿节目，于 1956 年 9 月 4 日开播，一直播到现在，伴随着近三代人的成长，在一段时间内甚至是中国大陆唯一的少儿广播节目，因而也曾经是中国大陆覆盖面最广、影响最大的一档少儿节目。

录片当作政治、宣传、教育的工具。（郭艳梅，陈家平，2009）拍摄的对象都是高高在上的、被崇拜的偶像，拍摄一个人物差不多就是弘扬一种精神。这种创作理念直接导致那一时期纪录片的视角呈现。虽然这种对个体的叙事全然不同于20世纪90年代之后的纪录片创作，但是这也是一种那个时间点上特有的描述方式。综合来看《新闻简报》早期风格简明扼要，后期则吸取了真实电影及电视纪录片的制作方法，触角伸向了个体和纪实。从影片不完全统计来看①：

年　份	片　名	本　数
1980	《青年使者》	2
	《闪光的青春》	2
	《童声嘹亮》	2
	《礼貌课》	1
1981	《让孩子更聪明》	2
	《在中国留学》	2
	《孩子们的节日》	2
	《老教授王森然》	2
	《梨园蓓蕾》	2
	《贵在勤奋》	1
	《科技后备军》	2

---

① 表格内的影片统计数据来自新影集团网站的资料检索，http://www.cndfilm.com。未标注本数的影片资料来自单万里. 中国纪录电影史［M］. 北京：中国电影出版社，2005.

续表

年 份	片 名	本 数
1982	《高中职业班》	1
	《伟大的人民教育家陶行知》	1
	《马璧教授归来》	2
	《他们也是园丁》	2
	《红十字青少年》	1
	《桥梁专家茅以升》	不详
1983	《女博士韦钰》	1
	《家庭幼儿园》	1
	《女工程师们》	2
	《孔子故里》	2
	《一代新人——共青团十一大侧记》	2
1984	《幼苗茁壮》	2
	《未来航海家的摇篮》	2
	《大学生》	4
	《黄埔校友喜重逢——纪念黄埔军校建校六十周年》	2
1985	《烛光》	2
	《神童》	8
	《手足情——中朝青年联欢》	3
	《芳草心》	11

续表

年 份	片 名	本 数
1986	《我们的母校抗大》	3
	《生活的强者》	2
	《深深的海洋——中国青年访问日本纪实》	6
	《新型的学校》	2
	《中国科学技术大学》	2
	《幼儿园的一天》	3
1987	《田野上的年轻人》	2
	《勤巧夏令营》	1
	《刻在黑沃的土地上》	2
	《漓江琴童》	2
	《青春的韵律》	1
	《在大学校园里》	不详
1988	《音乐幼儿园》	2
	《声乐教授黄友葵》	2
	《从童星到影星》	2
	《青春与追求》	2
	《北大素描》	3
	《北大荒农场中国系列片》	2
1991	《山村办学人》	2
1992	《走向生活——访鲁迅美术学院》	2
	《敲响孩子的心灵》	1

续表

年　份	片　　名	本　数
1993	《山旮旯小学》	2
	《孔孟之乡》	2
	《人才的摇篮》	2
	《在美国留学》	2

随着国家对影像文献资料的重视，中央新闻电影制片厂尘封多年的档案被重新整理编辑成片。2000 年以后，这些素材陆续被整理编辑成一个个系列。翻阅、重整、再解读这部分史料成为当下历史纪录片创作的一个主要任务。

如《新闻简报》（1962-16）① 的原片解说词：

[解说] 北京外文书店，是为首都中外读者提供外国图书资料的一个书店，它供应 40 种外国文字的书籍。在这里的 25 000 多种书籍中，包括许多世界名著。在书店附设的唱片部里，还备有 3 000 多种外国唱片，供人们选购。

《新闻简报　中国：百姓 1961—1979》（2009）② 的解说词：

[解说] 中国是具有五千年灿烂悠久文明的国度，徜徉在历史的长廊里，唯有通过浩如烟海的书籍才能体味到中华文明的博大精深。我国历来重视历史的编纂，曾涌现出像司马迁《史记》那样的恢弘巨著。在古代，读书识字的人原本就是少数。作为传播知识的工具——书籍经历了最初的甲骨文、简牍、缣帛到后来

① 纪录片：《新闻简报》（1962-16），中央新闻纪录电影制片厂 1962 年拍摄。
② 纪录片：《新闻简报　中国：百姓 1961—1979》，中央新闻纪录电影制片厂 2009 年拍摄。

的纸张书籍，都只是在少数文人或统治者那里流行，广大劳动人民群众往往是接触不到的。因此，近代意义上书店的出现，对文化的普及、知识的推广以及对外交流方面，都起到了巨大的推动作用。现在，我们耳熟能详的书店包括新华书店、外文书店等。

近代中国由于受到西方列强的入侵，越来越多的文人志士开始放眼世界，清朝时期的洋务运动、"西学东渐"的出现，让中国人认识到自身的不足，从而产生于"西学中用"的热潮。于是，出国留学渐渐兴起，越来越多的外文书籍也随之进入中国。知识分子们已经不满足翻译后的著作，开始尝试原汁原味的外文原著，因此，外文书籍对中国的近现代化和对外开放起到了重要的作用。

原片素材在新的影片中仅仅是作为还原历史现场的资料，导演的意图是想把介绍中国文化放在影片的中心，与原片的新闻介绍性质的表现大相径庭。在观看此类影片中，本研究更侧重教育的文献价值。如关注于教育领域的"第一"，《第一次全国工农教育会议》、《新中国第一代留学生》、《第一所综合性大学：中国人民大学》、《第一批全国统一教材》、《第一所专门培养公务员的新型学府：国家行政学院》、《第一个教师节》等。

纪录片《第一所综合性大学：中国人民大学》，原片素材《新闻简报》（1950-45）（中央新闻纪录电影制片厂，2009：42-43）：

［镜头］原片素材：1950年中国人民大学开学典礼。

［解说］1950年10月3日，新中国成立的第一所综合性大学——中国人民大学首届开学典礼在北京举行。

［镜头］原片素材：中国人民大学校门。

［解说］在我国的众多高校中，中国人民大学以它强大的人文学科备受瞩目。经过近60年的发展，中国人民大学如今已拥有在校学生两万余人，教师近1 700人，现有22个学院、12个

跨院系研究机构，另设有体育部、继续教育学院、培训学院、国际学院（苏州研究院）及深圳研究院等，形成了自己多学科、多层次，培养各类高级人才的办学格局和体系。作为一所全国重点大学，今天人民大学的辉煌足以令人感到自豪，而更让师生们感到骄傲的，则是人民大学的光荣革命历史。

[采访] 王宗贤（中国人民大学法律系第一届学生）："我对人大的首次开学典礼还记忆犹新。因为我们学生都按时起床，吃饭也是集体吃饭。吃完饭后就赶紧穿上发的制服，穿着很整齐，包括女同学，也都是那个灰的列宁服，中间带个腰带，戴一个灰帽子。很多人都愿意戴那个帽子，就跟解放军是一样的啦！"

纪录片《第一批全国统一教材》，原片素材《新闻简报》（1950-不详）（中央新闻纪录电影制片厂，2009：44-45）：

[镜头] 1950年人教育出版社的统编教材。

[解说] 1951年秋季，新中国第一批全国统一教材正式向全国发行。新中国成立后，全国教育被纳入了统一有效的管理之中，20世纪50年代初，第一批全国统一教材在学校使用。

新的教材、新的人、新的事，老师讲起来很带劲儿，学生听起来也很有味儿。然而就在新中国成立之初的1949年，许多学校仍然在使用仅仅经过粗略删改的旧教材。

旧中国的教材里，即使是理科课程也存在着大量的问题，不但内容不够科学，而且掺杂着大量不健康的东西，甚至用赌博作为数学的题目。实际上，早在1948年东北刚刚解放的时候，当时的东北解放区政府，就已经开始着手解决这一问题。采取的办法是在自主编写的同时，翻译和借鉴苏联的教材。

1949年9月，新中国诞生前夕，在第一届全国政协会议上，新中国的教育问题就已经引起了广泛的重视。会上，大家都对政协纲领投了票，其中就涉及很多教育方面的问题。大家认为，新中国的教育就是民主的、大众的、科学的，也就是新民主主义的教育。

1950 年 9 月，为了统一全国中小学教材，中央决定成立人民教育出版社，并迅速从全国各地调集第一批人员开始了紧张的教材编写工作。在不到半年的时间，编写出中、小学全部 12 个年级的新教材，这真是个奇迹！

[采访] 雷树人（中学物理数学专业研究会理事长）："我们编教材的人懂点业务，但是不懂俄语，翻译的同志懂俄语不懂业务，结果翻译的东西根本看不懂，不知道说什么，所以我们就从字母学起，自学俄语。很快，大概三五个月吧，就能翻译本行的东西了。"

[解说] 新教材是在部分旧教材、东北解放区教材和苏联教材的基础上编写的，在这套教材里，新的思想成为教学的核心，课程内容也更加科学和实用。新中国的第一批全国统一教材，早已成为历史，然而它却是新中国教育事业迈开的第一步。

纪录片《新中国第一代留学生》，原片素材《新闻简报》（1951-不详）（中央新闻纪录电影制片厂，2009：34-35）：

[镜头] 20 名留学生在苏联的合影，原片素材：毛主席接见留苏中国学生。

[解说] 新中国成立后，面对一穷二白的局面，党和国家领导人深深感到人才对于国家建设的重要。20 世纪五六十年代，先后向当时与我国有外交关系的苏联和东欧社会主义国家派遣留学生一万多名。这就是新中国第一代留学生。

其实，在选派大批留学生赴国外学习之前，中央就考虑到了国家建设的需要，因而先期向苏联派出了一小批留学人员。最早在 1948 年，那时东北刚刚解放，党中央就考虑到新中国成立后的建设问题，派了第一批留学生到苏联，其中包括李鹏、邹家华等。

带着美好向往和时代赋予的使命，第一代留学生以惊人的毅力和顽强的拼搏精神，克服语言及各种障碍，把自己的青春都投入到为祖国而学习的奋斗中去。

［采访］王永志（中国工程院院士）："我们上课的笔记本，上完课班长就收走，放在保密科里，你要再看自己的笔记，你得去借，根本不能拿出教室，毕业论文也照样留下来不能带走。回国之后，留学生的第一件事就是回忆火箭设计的那些课程。"

此类影片中除了讲教育的"第一"，还有一部分是关于很多影响深远直至今日的教育"创新"，如《汉字简化方案》、《汉语拼音方案》、《盛世修大典：中国大百科全书》、《希望工程诞生记》等。这部分资料无疑对教育史的研究而言是极为珍贵的。它从影像的角度记录了教育的历史时刻，文献的意义愈加显现。

纪录片《汉字简化方案》，原片素材《新闻简报》（1951–不详）（中央新闻纪录电影制片厂，2009：46–47）：

［镜头］原片素材：全国各地开展的各类识字班、扫盲班。
［解说］1956年1月，《汉字简化方案》公布。新中国成立后，国家建设急需大量有知识、有文化的劳动者。但是当时文盲众多，因此需要大力开展扫盲活动，而扫盲首先就要解决"识字"问题。

汉字繁难，这给人们的学习和生活确实造成了很大障碍：字数多，笔画繁，认字和书写都很困难。面对新的形势，汉字简化工作迫在眉睫。

从1952年起，中国文字改革委员会就开始收集在群众中流行的简体字进行研究。1955年，文改会公布了《汉字简化方案（草案）》；1956年，国务院批准了《汉字简化方案》。规范的简化汉字公布以后，大大激发了群众学习汉字、学习文化知识的热情。周恩来总理在 1958 年的政协会议上说：方案公布两年来，简化字已经在报纸、刊物、课本和一般书籍上普遍采用，受到广大群众的欢迎，特别是对初学文字的儿童和成人的确做了一件很大的好事，随着祖国各项事业不断地发展，社会用字也需要得到进一步的规范。

《汉字简化方案》推行了四批简化字，收集了很多意见，大家认为需要对简化字方案作一个总结。1964 年，公布汉字简化字总表，收字 2 236 个。这一批简化字无论从当时的情况还是从后来的实际效果来看是成功的。

1986 年，国家语言文字工作委员会又重新发表了《简化汉字总表》，对 1964 年的总表作了个别调整。从此，简化汉字的形体基本稳定下来。重新公布简化字总表，使社会用字能够有所遵循、有所依据，减少了混乱，而且有利于现代汉字的规范化、标准化。

新的总表是一个新的总结，对过去的规范作一些修改，又解决了一些系统化的问题，所以也是一个发展。简化汉字继承了传统文化的优点，又适应现代社会的要求。

[采访] 申坚（原《中国社会科学》编辑部副编审）："胡乔木在我们'文改会'研究了几个修改方案后，回去在车上还考虑。回去以后又打电话来说，另外想别的办法，用另外的一种方法来改一下。有的时候半夜三更打电话来，说怎么怎么修改，没日没夜地这样思考。还要全国人民代表大会通过。"

纪录片《汉语拼音方案》，原片素材《新闻简报》（1951-不详）（中央新闻纪录电影制片厂，2009：46-47）

[镜头] 原片素材：1955 年全国文字改革会议现场。
[解说] 1958 年 2 月 11 日，《汉语拼音方案》正式公布。
新中国的成立使广大劳动人民和少年儿童有机会走进课堂，

学习祖国的语言文化，而学习的第一项内容就是拼音和汉字。

实际上，早在民国初年，就有了一种给汉字注音的方法。1918 年公布的方案叫注音字母，后来改名叫注音符号。只是把古代汉字简化一下，稍作修改来使用。但是旧的注音符号不太科学，也不便于新中国的新文化和国外的文化交流。于是研究一套科学可行的拼音方案就成了语言工作者的重任。

为了制订汉语拼音方案，中国文字改革委员会成立了一个专家委员会，这个委员会的名字叫汉语拼音方案委员会。当时"文改会"的主要精力还是在研究民族形式的拼音方案，因为1951 年毛主席曾经指示，大意是：文字必须改革，字母应该是民族形式的，要在现有的汉字基础上产生。所以当时根据毛主席的指示，文改会的主要任务是探索民族形式的字母形式。

民族形式的字母虽然是本民族的，但是它却不如拉丁字母科学和通用。那么到底采取哪种字母形式更好呢？

1956 年 1 月，中央召开了知识分子问题的会议。在会上，"文改会"主任吴玉章就文字改革有关问题作了发言，毛主席赞成吴玉章的意见，认为采用拉丁字母比较合适。

实际上，在 1955 年全国文字改革会议开幕时，会上就提出了几个方案。第二年 2 月，中国文字改革委员会就发表了汉语拼音方案草案。

第一届全国人民代表大会第五次会议，于 1958 年 2 月 1 日在北京开幕。

吴玉章带着专家们经过三年谨慎工作拟订的汉语拼音方案参加了会议，并且作了《当前文字改革和汉语拼音方案》的报告。十天后，也就是 2 月 11 日，会议批准了汉语拼音方案。

汉语拼音方案的制订，适应了新中国小学语文教学的需要，给老师的教学和学生的学习以很大帮助。同时，拼音还能帮助广大中小学生学说普通话。

这个方案不是某一个人的发明创造，是集体智慧，当时大家对这个方案比较满意。经过 50 多年的使用实践，现在来看也是令人满意的。

1982 年，《汉语拼音方案》成为世界上拼写中国专有词语的国际标准。

[采访] 周有光（原国家语委研究员）："周总理当时对这件事情看得非常重，他说单是国务院通过还不行，还要全国人民代表大会通过。"

作为最大的体制内纪录片生产者的"新影"，在电视纪录片日益发展的形势下，逐渐从 20 世纪 80 年代早期的创作丰盛期转向 90 年代初的衰退期，影片数量一直呈下滑态势。此外，受体制制约，"新影"的创作风格在八九十年代还是基本沿袭之前的主要以新闻表现影像的叙事方式，因此编导个人在创作和实践上很难有所突破。世纪之交，"新影"基本淡出纪录片创作的舞台让位给电视。直至 2010 年，中央新闻纪录电影制片厂和北京科学教育电影制片厂重组，但此时，功能已经转型，新影成了主要负责收集、整理、保存、利用各个时期的影片资料的影视资料档案库。它的任务是为制作纪录片的机构提供影视资料的计算机快捷查询、胶片放映、磁带选片，各种录像带的转录、光盘刻录、胶转磁、电视高清资料等线下服务。"新影"的转型，不仅仅是因为录影带的成本远低于胶片的缘故，更主要的是，当技术开始普及，普通人也能拿起摄影机进行创作的时候，记录影像已不再是高高在上的某一群人的特权了。

3. 外媒与"新影"的创作比较

中国电影出版社 1963 年出版的陶乐赛·琼斯（Dorothy B. Jones）的《美国银幕上的中国和中国人（1896—1955）》（*The portrayal of China and India on the American screen*，1896–1955），分析并考察了 60 年来美国银幕上描绘中国和中国人的演变过程。据此书统计：自第二次世界大战以来，出现在银幕上的关于亚洲国家的故事片，以中国最

多，从 1947 年 6 月到 1954 年年底，这个时期，描写中国的各种不同
影片达 40 部以上。① 然而，真正进入中国拍摄的西方人却是屈指可
数的。

伊文思（Joris Ivens）是其中的先驱②。早在 1938 年他就把目光
投向中国这片战火燃烧的土地，镜头聚焦了北方抗战的烽火硝烟。在
"当代历史电影公司"和华侨的资助下，他亲赴前线拍摄了收复台儿
庄的镜头；在汉口，伊文思第一次与周恩来会见并拍摄了八路军召开
重要军事会议的镜头；在西安停留期间，他拍摄了西安人民抗日游行
等镜头。这些镜头已经成为 20 世纪 30 年代中国抗战的标志性
画面。③

受冷战影响，新中国成立后在中国拍片的西方导演经过政府有关
机构的严格审核，主要来自西方红色阵营。来自荷兰的伊文思、意大
利的安东尼奥尼（Michelangelo Antonioni）④，都是左翼⑤共产党员。
20 世纪 50 年代苏联与中国密切的外交，致使新中国成立后的纪录电

---

① 早在 1930 年 1 月，鲁迅就翻译了日本电影理论研究者岩崎昶的《现代电影与有产阶
级》，并结合中国的实际情况写了"译者后记"。后记说："欧美帝国主义者既然用了
废枪，使中国战争，纷扰，又用了旧影片使中国人惊异，糊涂。更旧之后，便又运入
内地，以扩大其令人糊涂的教化。我想，如《电影和资本主义》那样的书，现在是万
不可少的！"看来，对好莱坞电影的政治理解早就引起知识界的重视。
② 尤里斯·伊文思（Joris Ivens, 1898—1989），荷兰电影导演。1898 年 11 月 18 日生于
奈梅亨，1989 年 6 月 28 日卒于巴黎。
③ 后来伊文思将在中国的拍摄编辑成纪录片《四万万同胞》，在世界各地公映，引起极
大轰动。从片名就可以领略到伊文思是如何认识中国和表现中国的。
④ 米开朗基罗·安东尼奥尼（Michelangelo Antonioni, 1912—2007），意大利现代主义电
影导演，在电影美学上最有影响力的导演之一。
⑤ 左翼和右翼在政治传统上指一个社会内部政治领域的两种意识形态，尤其是在民主社
会。在现代西方国家，政治通常被分为右翼或左翼，即保守主义（右翼）和社会主义
（左翼），在美国，广义上的自由主义指左翼政治，而在欧洲，自由主义则指更广泛意
义上的右翼政治。但是到底什么是左翼，什么是右翼，至今并没有一个确切的一致的
定义。本文所指的左翼是沿用中国共产党领导的进步戏剧家统一战线组织"左翼戏剧
家联盟"的称法，意指变革的、进步的西方社会主义团体。

影创作受苏联的重要影响。1949 年 9 月底，25 位苏联纪录电影工作
者来到中国，8 个月时间，两个摄影队拍摄了大量的素材，分别被编
入了两部大型纪录片《解放了的中国》（编导：徐肖冰、苏河清，摄
影：布拉日哥夫等，色别：彩色，1950）①②和《中国人民的胜利》
（编导：瓦尔拉莫夫、吴本立、周峰，摄影：瓦龙佐夫、郝玉生、李
秉忠、徐来、李华、叶惠，色别：彩色、黑白，1951）③④。这两部影
片上映后产生了广泛的国际影响，均获得了"斯大林奖"一等奖，
中国文化部"1949 年到 1955 年优秀影片——长纪录片"一等奖。
《解放了的中国》大概也是外国人在华拍摄的最早的彩色纪录片⑤。

　　1955 年，法国纪录片导演克里斯·马凯（Chris Marker）到中国

---

① 王蒙："我想起 1949 年至 1950 年苏联协助拍摄的文献纪录影片《中国人民的胜利》与
《解放了的中国》，后一部影片解说词执笔人中方是刘白羽，苏方是西蒙诺夫。"（摘自
《与王蒙先生谈革命歌曲六十年》，凤凰博报 http://blog.ifeng.com/article/3250882.
html？flag=1）

② 纪录片：《解放了的中国》，中央新闻纪录电影制片厂 1950 年拍摄，9 本。

③ 导演沈容回忆："1958 年中苏合拍纪录片，拍摄伏尔加河时合作的苏方导演正是《中
国人民的胜利》的编导瓦尔拉莫夫。"（摘自《红色记忆》，北京十月文艺出版社 2005
年版。）

④ 纪录片：《解放了的中国》，中央新闻纪录电影制片厂 1951 年拍摄，10 本。

⑤ 据记载，这部电影的动因是斯大林提出拍摄中国人民取得胜利的片子，在党中央和毛
主席同意后，1949 年 9 月初中央电影局正式邀请苏联摄影队来帮助拍摄新中国开国纪
录片。后来，有人揭秘了开国大典纪录片为何只有几分钟。原来是苏联摄影师拍摄开
国大典忙到 10 月 2 日凌晨 1 点多才睡觉，在楼下客厅里，烟头引发了火灾，烧着了隔
壁工作室里的电影胶片，到 5 点多发出火警时，赶来的消防队员只看见外国摄影师们
着急地大呼小叫，拍好的几个小时长的开国大典原始胶片只抢出了几分钟。后来，以
火中残余的这段彩片，补充拍摄、剪辑了两部大型彩色纪录片《解放了的中国》和
《中国人民的胜利》。前者偏重于后方的经济建设，后者侧重于解放全中国的战争题
材。据《中国纪录片发展史》的研究，苏联摄影家在中国开创了"补拍""表演"纪
录片的历史。按照共同讨论瓦尔拉莫夫制定的拍摄提纲，补拍了辽沈、平津、淮海、
渡江四大战役。中方的助理导演吴本立此前已经拍成了黑白片《百万雄师下江南》，
又跟着苏联专家补拍了一遍五彩的"渡江"。苏联专家还精心设计了红旗插上南京总
统府的著名的长镜头。后来，补拍辽沈战役，甚至把原配部队整师地用火车装运过去。

拍摄了《北京的星期天》（*Sunday in Peking*，1956）①，与其同行的是享有法国"新浪潮之母"盛誉的女导演阿涅斯·瓦尔达（Agnés Varda，原名 Arlette Varda）。1958 年，伊文思在江南拍摄了纪录片《早春》（编导：尤里斯·伊文思，摄影：石益民等，色别：彩色，1958）②，反映了积极投身社会主义建设的农村景象。20 世纪 60 年代，也有极少外国人来华拍片③，如英国电视记者费利克斯·格林（Felix Greene）拍摄的《中国！》（*China*！，也有文献称《西藏——世界的屋脊》，1963）④，日本电影导演时枝俊江拍摄的《黎明前的国家》（1968）⑤。最新发现的一部纪录片是一个法国医生拍摄的业余影片，取

这部影片在莫斯科进行后期制作，到 1950 年 7 月中旬完成了总长 8 000 多英尺的纪录片。据记载，审查由电影局局长袁牧之主持。放映室不大，所有在中南海的中央政治局成员都来了。吴本立和苏联导演瓦尔拉莫夫在旁边站着，心里很紧张。放映结束，毛主席大声说："很好，通过！"大家一齐鼓掌。刘少奇、周总理、朱老总等，还有杨尚昆，都过来跟吴本立和苏联导演握手，表示祝贺。不久后，《中国人民的胜利》（中国人民解放战争五彩文献纪录片）在北京隆重上映。瓦尔拉莫夫在摄制完成庆祝大会上用汉语高呼"毛主席万岁！"中央军委朱老总设宴招待并为瓦尔拉莫夫授奖、文化部长沈雁冰讲话并向瓦尔拉莫夫颁发纪念章、电影局长袁牧之庆祝讲话的镜头——收入《中国人民的胜利》之中。（摘自单万里·中国纪录电影史 [M]．北京：中国电影出版社，2005：140－145；何季民．东方红太阳升 [M]．北京：中央党史出版社，2009．）

① 纪录片《北京的夏天》（*Sunday in Peking*），导演克里斯·马凯（Chris Marker），法语片名 *Dimanche à Pekin*，1956 年摄制。

② 纪录片：《早春》，中央新闻纪录电影制片厂 1958 年拍摄，5 本。

③ 单万里．外国纪录片里的百年中国 [N] 南方周末，2002－08－29．原文是："1960 年代，似乎没有外国人来中国拍摄纪录片"，但据补充文献证实，是有极少数外国人在华拍片。

④ 单万里在《中国纪录电影史》中说，费利克斯·格林 1963 年拍摄《中国！》（摘自单万里．中国纪录电影史 [M]．北京：中国电影出版社，2005：224．）。但据《当代中国的广播电视》（下）一书记载，费利克斯·格林 1963 年拍摄的片子名为《西藏——世界的屋脊》[摘自《当代中国》丛书编辑委员会．当代中国的广播电视（下）[M]．北京：中国广播电视出版社，1997．]。

⑤ 单万里：《中国纪录电影史》，中国电影出版社 2005 年版，第 224 页。

名为《中国，1966》，作为一位访华代表①，他随身带着一架超八毫米家用摄影机（Super 8）进行了拍摄。多年以后，影片制作者说：

> "1966 年 5 月，我的祖父在我的祖母以及其他几位法国放射学同事的陪同下，被邀请到中国参加一个关于癌症专题的会议。当时我的祖父拥有一台 Super 8 型号的录像机，他就是通过这台 Super 8 将那个时代的生活瞬间捕捉下来的。40 年过去了，我们可以通过主题的选择、取镜的角度、真实的色彩对比来对当时的场景进行分析，还原这段在中国现代史中至关重要时期的生活环境。"②

随着镜头移动，我们可以看见一个传统古老而又充满变革的中国社会：颐和园，传统小四合院，木头搭的摊子及走街串巷的小商贩，具有苏联风格的巨大官方建筑，贴在墙上的大字报，红卫兵们向天安门挺进。我们还可以体会到当时的政治氛围：20 世纪 60 年代红卫兵的政治誓言，军队动员，混乱的居民区，对北京城墙的破坏，等等。这类影像从西方人的思维和视角对中国进行审视，对于西方人和逐渐远离旧时代的中国人来说，这类纪录片所带来的文化冲击与心理震撼是前所未有的。但是，处于那样一个时代，西方对于红色中国的想象，也不可避免地在影片的表现上露出端倪。

---

① 1966 年文化大革命初期，一个法国医学代表团应邀来到中国参加一个关于癌症的会议，本片记录了代表团在中国的活动。

② 纪录片《中国，1966》（*China*，1966），导演 Maeva Aubert，1966 年摄制。目前该纪录片仅在网络播出片段 http://maeva.aubert.free.fr/。该影片由一系列单独的不同寻常的小短剧构成，一方面，显示了中国人在暴力背景的历史悲剧下的日常生活片段，另一方面，此片又是一位业余爱好者的"度假电影"，如此两种矛盾的画面构成一个时代、观念等脱节的反差对比。在镜头面前，它们是一段历史的间接产物，人成了一名既生活又观察的超级观众，正如镜子和表象、现实和虚幻、外表和屏幕之间永不完结的游戏。制作者希望以此片作为一个到中国调查研究的出发点和工具，成为即将拍摄的影片的一个过渡的媒体载体。

1971 年，伊文思与罗丽丹花费 5 年时间拍摄了由 12 部影片组成的大型系列纪录片集《愚公移山》（*Comment Yukong déplaca les montagnes*，1976）①，拍片中所用助手和工作人员大部分来自"新影"。20 世纪 80 年代中后期，他们花费同样多的时间在中国拍摄的另一部纪录片《风的故事》，同样的工作人员中也以"新影"创作人员为主。1972 年，意大利导演安东尼奥尼拍摄了纪录片《中国》（*Chung Kuo-Cina*，1972），这部影片让安东尼奥尼和他的电影在中国遭到全国性的批判，但拍片之初，他受周恩来总理邀请②在中国拍摄了 22 天，用的就是"新影"的班底。还有包括露西·杰文斯（Lucy Jarvis）的《故宫》（*The Fabled Forbidden City*，1972），又名《紫禁城》③，谢莉·玛克莱娜的《半边天》（*The Other Half of the Sky：A China Memoir*，1975）④，马塞尔·卡里埃尔的《中国掠影》（*Glampses of China*），堂·麦克威廉姆斯的《中国印象》（*Impressions of China*）⑤。基本都是在官方安排下的有组织、有序的拍摄。以《故宫》为例，这部纪录片拍摄

---

① 纪录片《愚公移山》（*Comment Yukong déplaca les montagnes*，1976），英文片名 *How Yukong Moved the Mountains*，片长 763 分钟，法国。中央电视台《见证》栏目曾经播出 6 集电视系列纪录片《伊文思眼中的中国》，第一次使国人有机会看到"文革"时期伊文思在中国拍摄的《愚公移山》以及他在中国拍摄的所有影片的一些片段。目前，"新影"保存的伊文思的影像资料较全，在中国拍摄的多数影片都有完整拷贝。《愚公移山》1976 年在电影院播了几个月，后来停播，直至目前没有解禁，也没有出完整的版本。影片素材据说达 120 个小时（目前剪辑成的有 12 集，片长 12 小时，最初还有一个 72 小时的版本）。
② 当时，中国希望通过一位政治立场接近的西方著名导演拍摄关于中国的纪录片，向世界介绍新中国。对于周恩来来说，这就像乒乓外交一样，是出于外交政策的需要。
③ 纪录片《故宫》（The Fabled Forbidden City），编导露西·杰文斯（Lucy Jarvis），1972 年摄制。
④ 纪录片《半边天》（*The Other Half of the Sky：A China Memoir*），导演谢莉·玛克莱娜（Shirley MacLaine）、克劳迪娅·韦尔（Claudia Weill），1975 年摄制，曾被提名为奥斯卡最佳纪录片奖。
⑤ 纪录片《中国印象》（*Impressions of China*），导演堂·麦克威廉姆斯，这是一部用加拿大高中生访问中国期间拍摄的幻灯片和超 8 毫米的影片素材汇编而成的短片。

了北京一家人的"日常生活"。这次拍摄对象是当时的清华大学学生刘志军一家。后刘志军对拍摄经过回忆道:

> "5 月的一天,我突然被学校党政办公室叫去,一位代表党委的同志向我郑重地传达了一份国务院办公厅的文件。大意是:美国著名电视制片人露西·杰文斯女士想拍一部以北京一家人为背景,勾勒出具有几百年历史的纪录片《故宫》,以此反映新中国成立后发生的巨变,希望此片能为促进美中建交和中国加入联合国起到一定宣传作用……北京市外办经过严格审查,从众多家庭中确定由根红苗正、子孙满堂的我家接受这项'政治任务'。
>
> "我回到家后,才知道,父母所在单位以及两个妹妹、两个弟弟所在的工厂、学校,都由他们的领导分别通知并做了工作。当时尽管我和家人并不知自己上银幕是好事还是坏事,但有一点确信无疑:这是党组织交给我们的光荣政治任务,一定要努力完成。为谨慎起见,外交部新闻司副司长张颖受周总理委托,亲自到我家实地查访,看了我的爷爷、父母、兄弟姐妹,以及家里的生活情况,又向当地派出所和居委会作了深入了解,以决定能否让美国人直接来我家。"

刚开始拍摄,导演露西便面临困惑,全家人不管男女老少,衣裤都是黑蓝灰三色,男的都穿军绿球鞋,女的都是方口偏扣黑布鞋,三代人站在一起就像是部队一样。

> 刘说:"为此,大妹妹向一位刚结完婚的新娘子借了件红衣裳,二妹妹则到邻居家借了件暗紫色格上衣。"
> "《故宫》中有一组镜头,要表现中国人民生活水平正在提高。当时正赶上中秋节,广安门菜市场突然摆上了各种新鲜蔬菜,应有尽有。那个年代,老百姓不管买什么东西都要凭证且限量,而唯独那天肉菜全不限量,敞开供应,只要排队就能买上。

我父亲的单位为让我家在外宾面前表现出中国人的自豪，还特地补助 100 元钱。母亲攥着相当于自己 3 个月工资的钱，乐滋滋地挤在买菜的人群中……

"近三个月的拍摄结束后，周恩来总理亲自接见了露西一行，对他们为积极促进中美关系所作的努力表示感谢。而我家参与拍《故宫》这件事，媒体既没报道，我们也没和别人说，连自己在电影里究竟啥样也不知道。直到一年后 1973 年，我才在一位清华政治老师的陪同下，一块去中苏友好协会看了这部长达 57 分钟的英文纪录片《故宫》。"（刘志军，2002）

加拿大纪录片研究者指出："这些影片与拍摄对象之间的关系冷淡，从来没有成功地与他们进行过密切的交流，只是一些由观光客拍摄的旅行日记般的有关中国的印象而已。"（单万里，2002）

旅行日记般的记录，这也是安东尼奥尼在导演自述中谈到的那样：这是"一次旅行记录"，"丰富自己的生活"，也许还能"丰富他人的生活"。影片拍摄的意义在于导演自身能够"尝试寻找一种可能，首先是让自己搞清楚中国"。因此在他的镜头中，"在中国，每天上午，从五点半到七点半，马路染上了一片蓝色，成千上万的蓝衣人骑车上班，川流不息的自行车队占领了整条大街，整个城市。那种感觉就像是八千万蓝色中国人在从你的眼前走过。"[1]

导演让镜头摇过王府井、西四、鼓楼、故宫和一些不知名的胡同。拍摄最完整的段落是针灸麻醉的剖腹产手术。导演不惜笔墨，详尽记录了整个治疗过程，他特地用了几个他喜欢的带关系的长镜头把针灸麻醉这门传统的医术与医院环境的关系与接受麻醉的人的关系微妙地建立起来。这显然已不仅仅是对一项神秘的东方医术的展示，而

---

[1] 中央电视台《见证影像志》栏目之《子年记忆》的解说词（张立宪. 读库 0801 [M]. 北京：新星出版社，2008：242-317.）。

把这项古老的医术与现代及现代中国人的生活联系了起来。

他把镜头对着中国的政治中心天安门，镜头里出现的是衣着朴实的青年女子，一位神清气闲的长者在打太极拳，人们在王府井路旁歇息，长城上是写生的学生，天坛上游人如织，北京的日常生活恬淡而悠闲。

而在上海拥挤的马路上人们被导演的摄影机所吸引，面对镜头人们的表情好奇而惶恐。这组著名的长镜头记录了马路上的行人、茶馆里的饮茶、饭馆的吃相，安东尼奥尼的摄影机随扬子江水，缓缓流动着，静静捕捉着河岸及船家人的生活。在苏州的一家复兴回民面店，据称这是整个城市最好的一家饭店，安东尼奥尼的镜头里是：吃面、抹嘴、抽烟、老人喂孩子，在解说里，他平静地说："他们的生活条件与我们的相差如此之远，使我们感到惊奇。"①

惊奇之余，安乐尼奥尼试图为他在中国所看到的一切找到一种富有意义的关系。比如传统和现实，比如生与死，比如动与静。在上海城隍庙的段落中，茶、茶楼、老人这些象征传统的元素，与毛泽东画像、宣传画、样板戏、音乐这些充满时代感的元素完整地结合在一起，创造出神秘而又不失快乐的气氛。在安东尼奥尼眼里：

> "这里的气氛稀奇古怪，怀念和欢乐交织在一起，既怀想过去，又忠于现在。"②

在这段画面中解说词惜墨如金，背景音乐是铿锵激昂的样板戏，提示着很强的时代感。影像本身深刻地传达人和时代的关系（环境与人的关系），传达那种蕴藏在平静表面下的神秘和力量。也许，这就是安东尼奥尼凭着直觉和好奇在拍摄并理解的中国。他几乎不放过任何

---

① 中央电视台《见证影像志》栏目之《子年记忆》的解说词（张立宪. 读库 0801 ［M］. 北京：新星出版社，2008：242-317.）。

② 同上。

一个具有象征意义的细节，他本能地躲避来自官方的安排和宣传，希望走进角落和背面，这成为后来中国人耿耿于怀最主要的一点。

如罗宾·韦兹（Robin Berwick Walker）所说："纪录片永远是历史的电影拍摄。"无论是以《故宫》、《中国》为题，还是后来以普通中国人的生活为题材，在西方颇有影响的英国纪录片导演菲尔·阿格兰（Phil Agland）花费三年时间在云南拍摄的《云之南》（*China：Beyond the Clouds*，1994）① 以及 BBC 出资制作的《美丽中国》（*Wild China*）第一集《龙之心》（*The Heart of Dragon*）②，都在以西方的思维方式来解读中国。在他们眼里，这个一直在急剧变化中的中国显然具有"寓言"③ 性质。深入思考，作为普通的中国人日常生活中的许多"文献"，往往就是这样在西方的解读中被定格；进一步说，我们的"历史"，我们的日常生存状态，也就是这样被定格了。

法国著名摄影师马克·吕布（Marc Riboud）一直对中国情有独钟，他说：

---

① 菲尔·阿格兰（Phil Agland），1989 年至 1994 年曾担任《云之南》的摄影、导演及制片人。这是一部在中国拍摄，总片长为 7 小时的系列电视片，介质：VHS。为英国、法国 Canal+电视台和美国三方联合摄制，在 60 多个国家播出。此片与中国电影合作制片公司联合出品。荣获奖项包括：英国电影协会奖两项（1995）：最佳系列纪录片和最佳摄影。艾美奖 3 项：最佳摄影，最佳配乐和特别大奖。英国媒体协会奖：1995 年最佳系列纪录片。独立影片奖两项：最佳纪录片和最佳电影金奖。1995 年美国皮博迪奖。皇家电视协会奖最佳教育节目。1994 年英国电影学院格里尔森奖。

② 纪录片《美丽中国》（*Wild China*），导演：菲尔·查普曼（Phil Chapman），英国 BBC 环球公司和中国中视传媒股份有限公司 2008 年联合摄制，6 集。这部纪录片是由中英联合摄制小组拍摄的一部关于中国野生动物和自然风光的系列纪录片，其中有些野生动物和风景的镜头从未在银幕上出现过。

③ 寓言产生于民间，流行于民间，以散文或韵诗的形式，讲述带有劝谕或讽刺意味的故事。后经文人学者引用及创作，作为论证或辩论的手段。文中所指的寓言是指采用带有劝谕和讽刺意味的影像对中国进行定义。

"近几年，我目睹了中国从一个世界急速奔向另一个世界。对于一个摄影师，还有什么比这种时间的加速，一个不断变改着的社会场面更令人振奋。在每个街角都有新的发现。经常感受到视觉的冲击。如此多的图像动摇了许多固有的思想观念。整个东方社会似乎正在演变为一个极端西化的社会。其进程之快远高于我们所经历过的。拍摄一个变化如此之快的中国是困难的。图像很可能模糊不清，甚至与事实相左。"①

对于今天的中国来说，寓言也好，预言也罢，镜头之下的细节都是值得珍视的回忆和财富。在西方镜头的投射下，描写社会主义中国面貌的影像来源大都是日常生活里的细节，事实上，有很多细节常常是我们容易熟视无睹的。表现这部分影像，更多是出自艺术的自觉。就如同马克·吕布认为的"它们不代表任何观点或价值判断，更无法为中国历史变迁提供见证"。不带有分析和评判的意味，只是纪录片式的。这是导演和摄影师的初衷，只是经过剪辑、不同的观众、影片的基调……外在的样式一再添加，意义的呈现就截然相反了。

"我曾长时间漫步于街头与村庄，前后所见往往不同。昨日所见与今日目睹相悖。但愿我在中国漫游时拍摄的令我惊奇的场面同样令观众惊奇。在布展时，有意打乱了作品拍摄年代与地域

---

① 马克·吕布（Marc Riboud），法国摄影师。1951年成为自由摄影师。1952年加入玛格南图片社。1959年，马克·吕布当选为玛格南欧洲分部的副主席，又于1975年、1976年当选为玛格南欧洲分部主席。马克·吕布的作品特点是通过一些细微的生活细节反映出一些重大和深远意义的内容。他不但用黑白材料拍摄新闻报道摄影，也用彩色材料拍摄，而他的这些彩色作品不但构图精彩，而且色彩优雅、细微。他曾出版了大量摄影作品专集，其中有《日本妇女》（1951）、《加纳》（1964）、《北越：面孔》20世纪（1970）、《中国印象》（1981）、《火车和车站》（1988）等。对中国，他并不陌生，从50年代起，他先后20多次来访，用镜头纪录中国的影像。相继出版了《中国的三面旗帜》、《中国40年摄影集》、《明日上海》等摄影集。

顺序。从一个中国跳到另一个中国，形成对比，通过差异抓住连贯其间的脉络。今天我比任何时候都更加热爱充满活力的中国并因此而热爱中国人民。"①

从这些外国纪录片导演对中国持续关注的镜头中，我们不难发现，中国是以一个民族整体的形象出现，而非单一的事件和人物。在这部分拍摄中，镜头之下更多的是注视而不是深层次上阐释。

以伊文思为例，20 世纪 30 年代的一次中国之行，开启了他对中国长达半个世纪的持续关注。中华民族的精神，成为他个人纪录电影创作的主题。1958 年当伊文思再访中国，此时中国社会的景象让他格外兴奋。原拟以"电影通讯"形式拍摄一系列短片，定名为《中国来信》。后来，计划改变，他将在内蒙古、南京、无锡等地拍摄的表现我国北方、南方农村的社会主义建设和人民的劳动热情与昂扬的精神面貌的三部短片合编成一部影片《早春》（原名《雪》）。在影片里可以看到：

> ［镜头］一些乡村在春节期间就开始投入到农田水利建设中。合作社在规划着一年的生产，从前属于一家一户的牛，现在集中到一个场地来了。去年合作社每亩平均产量 850 斤，今年他们要让产量提高一倍。春节将至的上海，一万多准备回老家过年的职工到火车站退掉车票，继续投身到建设的工地。上海钢铁六厂，乙班炼钢工人挥汗如雨地在炼一炉钢。南京路，第一百货公司人头攒动，春节前营业时间每天延长一个小时。大年初二职工全体义务劳动。在北京，热闹的十三陵水库工地，推车的、挥铲的，一片热气腾腾的社会主义建设场面。大家聚在一起迎接新年，两万七千多名民工、官兵、干部、学生的劳动歌声响彻了大

---

① 摘自《马克·吕布"中国四十年摄影"》展摄影集自序。此展览由中国摄影家协会、法国驻华使馆文化科学合作处主办，1996 年。

年三十的夜晚。①

1972—1975 年，伊文思在中国拍摄大型系列纪录片《愚公移山》。摄制组的足迹遍及大庆、上海、南京、青岛、新疆等地，深入接触了我国的工人、农民、渔民、教授、学生、解放军战士、售货员、演员、手工艺艺人。拍摄了 12 部各自独立的单元影片：《大庆油田》、《上海第三医药商店》、《上海汽轮机厂》、《一个妇女，一个家庭》、《渔村》、《一座军营》、《对一座城市的印象》、《球的故事》、《秦教授》、《北京京剧团排练》、《北京杂技团的训练》、《手工艺艺人》。

在拍摄过程中，伊文思深入现场（熟悉生活和拍摄对象），表现各阶层在那段历史时期的生活、劳动、学习等情况。非常平静地描写这个时期的中国人生活稳定、社会进步等生活的片段。目前能看到的影片素材版本共计 12 小时。其中描写教育的影像是《秦教授》，片长 12 分钟；《球的故事》，片长 19 分钟（都是剪辑后的版本）。这两部片子都是该系列独立单元中的一小部分，前者主要描写了一位教授的生活、工作片段；后者讲述了北京一所中学规定上课铃响之后不能再踢球，可是一个学生还是踢了，并且险些伤了老师。老师没收了所有学生的球，学生们心里不服。另一位老师组织了一场班会专门讨论这件事，最后双方都反思了自己的不当之处的一个较为完整的学校里的故事。

在镜头里，学生和老师争先恐后地向影片作者讲述他们对刚刚发生的师生之间的争执的看法。可以看出伊文思的镜头在记录了事件见证人对事件的概括描述后，深入到事件内部，拍摄了老师和学生对事件的分析。整部影片叙事流畅，节奏没有拖沓，尤其是片中冷静、平等的氛围，让人难以置信这是拍摄于"文革"间的中学。

---

① 中央电视台《见证影像志》栏目之《戌年记忆》的解说词（张立宪. 读库0602 ［M］. 北京：新星出版社，2006：264.）。

　　此片中有很多不符合西方人对"文革"历史想象的镜头，这也
是导致伊文思之后长期在西方受冷遇的主要缘由。罗丽丹后来回忆：
"文革"刚开始的时候，我们是"被禁止到中国来"的，因为我们属
于"民主派"。（1967 年伊文思夫妇曾到中国拍摄关于越战的电影，
却不敢与自己熟悉的中国朋友相见，即便行走在老朋友住的街道上，
也不去敲朋友的门，怕给朋友惹麻烦。）

　　20 世纪 70 年代末期，越来越多的外国人来到中国拍摄纪录片。
在他们眼里，这个一直在急剧变化中的中国显然具有"寓言"性质。
以《中国》为例，一方面影片透出的冷静旁观的气质，与当时中国
新闻纪录电影的面貌大相径庭。这个差异不仅表现在形式技巧上，更
体现在对纪录电影功能的认识上。而另一方面，针对《中国》的批
判，也成为当时党内斗争在文艺界的反映，误解深刻而难以调和。

　　事实上总结导演安东尼奥尼的观察，可以发现镜头之后的中国
社会：

　　　"是一个博大而又不被人了解的国度，我只能注视而不能在
　　深层次上阐释。我只知道这个国家长期浸淫在不公正的封建环境
　　里，如今我看到新的公正通过日常斗争开始产生。在西方人的眼
　　里，这种公正或许显得散漫和清贫。但是这种贫困造就了尊严生
　　存的可能，它恢复了一种平静的、比我们更具人性的人的本身，
　　有时它接近我们所向往的宁静，与自然界和谐相处，人与人之间
　　的亲情、顽强的创造力。这种创造力以简单的方式在通常认为是
　　贪婪的领域里解决了财富再分配的问题。我对中国人像西方人那
　　样搞工业的事例并不感兴趣。我知道他们有原子弹，但是，我似
　　乎更有兴趣向你们展示他们在互相尊重的工作环境下，如何用一
　　些简单的材料建造工厂、医院或者儿童保育中心。我想告诉你那
　　些工作需要付出多少悲伤和汗水，并且告诉你快乐的范畴——与

我们不同——那里能够包容一切，大概那种快乐也是属于我们的。"①

这种带有辩护性质的总结对当时的中国人来说，显然是过于高深和不可理喻。当时参加拍摄工作的一位南京长江大桥管理处的工作人员在回忆拍摄这座令当时的中国人无比自豪的大桥的经历时说：

"我们向他介绍情况，他不耐烦；为他准备的高架车，他不使用。他乘坐汽艇在大桥的江面上转了两圈不拍摄，却要求把汽艇开到远离大桥的下游去，故意从很坏的角度拍了几个镜头，把一座雄伟的现代化桥梁拍得歪歪斜斜，摇摇晃晃；更卑鄙的是插入一个在桥下晾衣服的镜头加以丑化。"②

闻名中外的红旗渠在影片里只是一掠而过，既看不到"人造天河"的雄姿，也看不到林县山河重新安排后的兴旺景象，银幕上不厌其烦地呈现出来的是零落的田地、孤独的老人、疲乏的牲口、破陋的房舍。1974年1月30日的《人民日报》发表的社论《恶毒的用心，卑劣的手法》，从动机和艺术手法方面这样抨击安东尼奥尼：

"为了诋毁中国革命，攻击我国的社会主义制度，在影片中对中国人民的精神面貌进行了令人不能容忍的丑化"，影片导演"把中国人民描绘成愚昧无知，与世隔绝，愁眉苦脸，无精打采，不讲卫生，爱吃好喝，浑浑噩噩的人群"，为了达到这个目的，在拍摄手法上极其反动和恶劣，"在镜头的取舍和处理方面，凡是好的、新的、进步的，他一律不拍或少拍，或者当时做

---

① 中央电视台《见证影像志》栏目之《子年记忆》的解说词（张立宪. 读库0801［M］. 北京：新星出版社，2008：242-317.）。
② 恶毒的用心，卑劣的手法［N］. 人民日报，1974-01-30.

样子拍了一些，最后又把它剪掉；而差的、落后的场面，他就抓住不放，大拍特拍"。面对上海这样一座"工业化的大城市"，安东尼奥尼企图诬蔑我国的社会主义工业，"明明上海有许多现代化的大型企业，影片摄制者却视而不见，而专门搜集设备简陋、手工操作的零乱镜头。明明黄浦江边矗立着能制造万吨轮的造船厂，江上停泊着我国的远洋轮，而在安东尼奥尼的镜头下，黄浦江里的大货船都是外国的，小木船是中国的。这显然是在全盘否定和抹杀我国社会主义建设各条战线取得的伟大成就，企图使人相信今天的社会主义新中国同往昔的半封建半殖民地的旧中国几乎没有什么两样。"

谙熟"新影"的这类中国式影像对内容的要求，今天的人们已经丝毫不会怀疑安乐尼奥尼当时的艺术创作动机：想方设法走向真实。导演只是在用他的角度和方式观察中国、表现中国而已。如今再看《中国》，现在的人总是心存感激，感激这段影像为那时的国人留下了另一个角度的记录，可以让我们的后代窥见我们前辈曾经生活的时代。

总体来看，较之"新影"的创作，西方拍摄中国的影像重视的是个别化的景物，重视的是各种细节以及日常环境的具体描写。换一句话说，影像是通过镜头从个人的视角进入历史。在影像中更多的是个人生活中的各种细节。展示了口号与制度的缝隙间错综复杂的互动。因此，在观看中国这段时期的影像时，我们不得不将两种目光剪辑起来。既关注"新影"提供的宏大叙事的样本，又放低目光，看向那些微不足道的生活场景。正像摄影师刘香成在《毛以后的中国1976—1983》一文中所说：

"多年来我与我的中国官方同行之间建立起了良好和睦的关系，尽管我们的审美取向往往大相径庭，并且在一幅好的摄影作品的标准上分歧良多。"

"1979 年 8 月，美国前副总统蒙代尔（Walter Mondale）访问《时代》杂志北京分社，其间我与蒙代尔夫人和她的女儿一起参观了北京一家景泰蓝工厂。当我准备拍摄一张母女二人选购纪念品的照片时，一只手伸进了我的取景器，把女士们前面的玻璃盒上的一只烟灰缸调整了位置。我回头看见了一位新华社摄影记者。显然这只烟灰缸扰乱了他的审美构图，使他最终忍不住伸手去移动它。然后，他按动他的禄莱 120 的闪光灯，拍下了照片。

许多中国摄影师，就像我的这位新华社同仁一样，相信应该像处理一幅传统中国山水画一样去拍一张照片。中国摄影在很大程度上受关于人与自然和谐观念的影响。这位新华社的摄影记者想必认为烟灰缸破坏了照片的平衡，所以将它剔除出去。"

从这样的文字对比中，不难发现两种截然不同的影像的观察视角和重构，而正是这样的对比，本能和理性、观察和记录之间的反差，进一步帮助我们还原了这一时期"新影"的纪录片创作的原则和动机。多年以后，三联出版的《七十年代》中，生于斯、长于斯的一代中国知识分子对曾经的岁月进行了回溯：

"我盯着看，很久难以接受这就是记忆中的七十年代，但每一个影像对我说，承认吧，你就在这如蚁的人流中。灰色的人流。到处空旷贫瘠，城市，乡村，因为荒败居然尚称洁净，简直优美。在北方一座村落中，镜头所及，村民竞相走避，同时回头看镜头。我找不到词语形容那眼神，因久在国外，九十年代我亦不免习染了他人的目光，凝视这幅员辽阔的前现代国家——我的前半生——片尾，一群乡村小学生在操场上列成方阵玩跑步接力赛，大太阳照着，贫穷而顽强，如我落户的荒山中那些石粒和野果般粗韧。这一幕，确曾捕捉了整代人的无知与生命力。《中国》是我迄今所见唯一逼真记录七十年代的影像。"

"刻画承平岁月的种种恶，容易，讲述罪孽时代的片刻欢悦，很难，而且不宜。流落的滋味，容我直说，另有田园诗意，而自强的过程日后总会被解作浪漫。吃苦受罪的最佳时段是在青少年时代，倘若争气，赔得起，看得开。回顾七十年代的艰难是在个人遭遇和政治事件、青春细节与国家悲剧，两相重叠，难分难解。"（陈丹青，2009：79）

那是一个历史的标本，没有人预感到仅仅过了几年，中国将发生翻天覆地的巨大变化，而且这种变化将深刻影响人类文明的进程。

三、结语："新影"影像的民族志

从1938年的延安电影团到1949年的北京电影制片厂，到1953年组建的中央"新影"再至20世纪80年代转型后的"新影"，本文梳理了"新影"作为中国唯一一家生产和制作新闻纪录电影的专业厂在其发展历程中革新及其国家文化认同的意义。

《新闻简报》里有一个与纸本记录不同的鲜活的中国。对于这个发生在社会主义初期的宏大教育故事的介绍和叙述，以每个星期1号的频次和每段十几分钟的长度不间断地复制。通过这些粗糙的、活动的文献资料，我们在想象之中重新感觉这个时代；经由这些单纯的、饱满的影像还原的这个时代的面目，无疑成为最直接和最明确的证据。即便已经隔了几十个春秋的距离，画格中却依然保留了具有强烈时代感的话语，《新闻简报》在记录历史的过程中，自己也成了历史——最后我们凭借这些无限丰富而"正确"的图像，重新回到已经远去的曾经属于一代人的教育生活。

纪录片影像中的教育生活，记录了普通个人的活动、言语、思想、情感，构成国家体制下社会的复杂交往。这个时代，作为导演在拍摄影像时更多地从国家意识的角度出发，隐去个人的身份，在还原现场的同时，对内容进行了文献式的诠释。受到胶片长短的影响，从只言片语中还原的教育生活虽然琐碎，如同一米阳光，但是这样的教育生活史描写的仍旧是一段真实存在的历史，更是每个人的生命轨迹。从已收集整理的资料来看，在"新影"影像还原的教育现场中，以拍摄日常细节来记录社会、教育的现状和普通师生生存状况的纪录片不能说绝无仅有，却也不多见。大部分短小的新闻纪录片中，显现的是丰收的稻田、机器轰鸣的工厂、严密组织下的集体主义。而在有限的西方人拍摄的关于中国的影像里，我们看到的又往往是泥屋里的农民、寺庙里的虔诚信徒，尤其是通过特写镜头投射出的质朴而羞涩、惶恐、猎奇和讥讽的国人的目光。一段段看似与教育没有直接关系的影像的串联，却真实构成了那个时代国家教育的背景状态。这部分影像片段和细节自然也就成为还原那段教育历史的间接证据，并且这种证据是透过影像的表面，关注其"本质意义"得来的。

叙事原本就是电影的重要话语方式，影像传递的故事信息是构成电影的素材，而镜头的叙述则为这样的解释提供了一种实践的可能。各式的人物、思想、声音和经验，汇聚在一起，构成了等待我们去考察的教育事件，而这些事件的流动性及其复杂意义常常只有通过叙事方式才能表达。

此外，研究大量的《新闻简报》，必须放在一个更大的视觉文化体系的变迁中来解读。首先，《新闻简报》原始素材，是一种国家意识形态的视觉文化的产物，是一种国家形象的塑造。如今，这些安静地栖身在"新影"库房里的影片，向我们呈现的是真实存在过的历史。在镜头里那曾经是一个新生的、欣欣向荣、崇尚无私奉献、艰苦奋斗的社会主义国家。这些黑白、间或夹杂些彩色的影像，经过时间的沉淀，愈显质感。它提示后人：还有另一个认识自己国家历史的维度，同时也指出一些如今人们觉得不可思议的社会的价值观。经由这样的影像还原出来的中国，真实的并非是生活、社会的原生态，而是

生活在那个时代的人的心态、环境和行为方式。① 其次，当下采用
《新闻简报》素材重新剪辑拍摄的历史纪录片，借用的是《新闻简
报》影像的历史、图像价值，还原的却是当下的社会文化与价值观。
这部分影像，它构成的反讽力量已很难从艺术标准上进行衡量，而只
能从政治学和历史学的角度进行"观看"。它生成后而自然形成的
"见证"功能，及对当下整个社会文化带来的影响及其历史价值而
言，更有意义。在研究这部分影像时，关键在于解读不同的导演的关
注焦点。创作本身是将后人的视线引向"新影"的时代表征，还是
引向"新影"自身？

　　总之，当下的研究中大多数学者认为《新闻简报》承担了民族
国家的意识形态。不可否认，这种观点很有道理。然而，这并不证
明，所有的事物都围绕在民族国家周围，没有一丝一毫的间隙。观察
影像，笔者发现，或许影像背后展示的民族国家，会存有一些温暖的
记忆，这部分记忆之间无数的意向才是历史的实体。

　　正像汤因比（Arnold Joseph Toynbee）所指出，所有的历史"不
能完全没有虚构成分。仅仅把事实加以选择、安排和表现，就是属于
虚构范围所采用的一种方法"，这也同样印证了这么一句话："所有
历史学家如果同时不是一个伟大的艺术家，就不能成为一个'伟大
的'历史学家。"（马克·费罗，2008：151-190）呈现和描述是完全
不同的两种状态②，前者只是影像材料，后者才是书写。钱穆强调写
历史须有"意义"：

　　　　"即如历史，材料无穷，若使治者没有先决定一番意义，专
　　一注重在方法上，专用一套方法来驾驭此无穷之材料，将使历史

---

① 中央电视台见证栏目《影像志》之《寅年记忆》的解说词（张立宪. 读库 1001［M］.
　　北京：新星出版社，2010：230-317.）。
② 追问真实是历史学的本质问题，影像史学作为史学的一个分支也同样面临这样的质疑。
　　本研究认为，真实与虚构不仅是纪录片本体的问题，也是影像史学讨论的核心问题之一。

研究漫无止境，而亦更无意义可言。黄茅白苇一望皆是，虽是材料不同，而实使人不免有陈陈相因之感。"（钱穆，2001：1）

所以，历史并非完全存在于历史著作之中，影像之中看似洪流的众多个人，同样是历史的痕迹。这些影像究竟是什么？何炳棣的回答或许可以说明："我却愿意把它忘掉。"（何炳棣，2005：393）"把它忘掉"，虽只简单几个字，却饱含一个真诚的学人的沉重反思与难言的心情。看似随兴而记，但多少折射出那个时代的风貌，以及人们的意识与情感，并试图复原一个年轻的共和国的样貌。聆听历史的声音，是一种姿态。用诚实的眼睛，带着尊重的心，回望共和国的青春往事，这是研究"新影"的一个重要原则，同时也是对历史的一点交代！

参考文献

保罗·汤普逊（Paul Thomson）. 1999. 过去的声音：口述历史［M］. 香港：香港牛津出版社.

柴葳. 2009. 《新中国教育纪事》播出反响强烈［N］. 中国教育报，2009-11-24.

程荒煤. 1989. 当代中国电影（下）：［M］. 北京：中国社会科学出版.

程季华. 1963. 中国电影发展史第一卷［M］. 北京：中国电影出版社.

单万里. 2001. 纪录电影文献［M］. 北京：中国广播电视出版社.

单万里. 2005. 中国纪录片电影史［M］. 北京：中国电影出版社.

单万里. 外国纪录片里的百年中国［N］. 南方周末，2002-08-29.

涤生. 2005. "文革"中的停课、复课与招生［J］. 党史纵横（9）.

方方. 2003. 中国纪录片发展史［M］. 北京：中国戏剧出版社.

傅剑锋. 2005. 60万代课教师感动中国［J］. 南方周末，2005-12-26.

高维进. 2003. 中国新闻纪录电影史［M］. 北京：中央文献出版社.

顾铮. 2006. 世界摄影史［M］. 杭州：浙江摄影出版社.

郭艳梅，陈家平. 2009. 浅析中国纪录片发展过程中的视角变化［J］. 当代电视（10）.

雷蒙·威廉斯. 1991. 文化与社会 [M]. 吴松江, 张文定, 译. 北京: 北京大学出版社.

李灵格. 2008. 纪录片下的中国: 二十世纪中国纪录片的发展与社会变迁 [M]. 北京: 清华大学出版社.

李怡. 1981. 文艺新作中反映的中国现实——《中国新写实主义文艺作品选》代序 [J]. 文艺研究 (1).

刘洁. 2007. 纪录片的虚构——一种影像的表意 [M]. 北京: 中国传媒大学出版社.

罗宾·韦兹. 2000. 谁在诠释谁——纪录片的政治学 [M]. 台北: 台湾远流出版事业股份有限公司.

马克·费罗. 2008. 电影和历史 [M]. 彭姝祎, 译. 北京: 北京大学出版社.

钱穆. 2001. 中国历史研究法 [M]. 北京: 生活·读书·新知三联书店.

蜕变中的古城政治情调 [N]. 北平日报, 1949-01-24.

王伟. 2009. 我与《新闻简报》 [EB/OL]. [2013-03-06]. http://www.cctv.com/cndfilm/history/g8.asp.

维·英格利斯. 2010. 文化与日常生活 [M]. 张秋月, 雷亚, 译. 北京: 中央编译出版社.

肖同庆. 2005. 影像史记 [M]. 广州: 南方日报出版社.

杨明品, 方德运. 2011. 国产纪录片发展政策梳理与管理创新思考 [M] //何苏六. 中国纪录片发展报告. 北京: 社会科学文献出版社.

杨秀峰. 1959. 我国教育事业的大革命和大发展 [N]. 人民日报. 1959-10-08.

詹妮弗·范茜秋. 2009 电影化叙事 [M]. 王旭锋, 译. 桂林: 广西师范大学出版社.

张立宪. 2006. 读库0602 [M]. 北京: 新星出版社.

张立宪. 2007. 读库0701 [M]. 北京: 新星出版社.

张立宪. 2008. 读库0800 [M]. 北京: 新星出版社.

张立宪. 2008. 读库0801 [M]. 北京: 新星出版社.

张立宪. 2009. 读库0901 [M]. 北京: 新星出版社.

张立宪. 2010. 读库1001 [M]. 北京: 新星出版社.

《中国教育年鉴》编辑部. 1984. 中国教育年鉴: 1949—1981 [M]. 北京: 中国大百科全书出版社.

中央新闻纪录电影制片厂影视资料部. 2009. 新闻简报中国科教 1950—1987

[M]．上海：上海科学技术文献出版社．

中央新闻纪录电影制片厂影视资料部编．2009．新闻简报中国科教 1950—1987
[M]．上海：上海科学技术文献出版社．

中央新闻纪录电影制片厂．2009．新中国第一代留学生．新中国第一［M］．广
东：广东教育出版社．

中央新闻纪录电影制片厂．2009．第一批全国统一教材．新中国第一［M］．广
东：广东教育出版社．

中央新闻纪录电影制片厂．2009．第一所综合大学——中国人民大学．新中国
第一［M］．广东：广东教育出版社．

中央新闻纪录电影制片厂．2009．汉字简化方案．新中国第一［M］．广东：广
东教育出版社．

中央新闻纪录电影制片厂．2009．培养公务员的新型学府：国家行政学院［A］．
新中国第一［M］．广东：广东教育出版社．

中央新闻纪录电影制片厂．2009．希望工程诞生记．新中国第一［M］．广东：
广东教育出版社．

周宪．视觉文化的转向［M］．北京大学出版社，2008．

周扬．1951．贯彻毛泽东文艺路线［J］．艺报（4）．

周勇．2004．教育叙事研究的理论追求——华东师范大学丁钢教授访谈［J］．
教育发展研究（09）．

《中国教育：研究与评论》

国际性中国教育研究集刊

教育科学出版社，北京

作者须知

编辑宗旨

　　这份国际性集刊的基本宗旨乃是致力于中国教育的学术研究事业，并为制定中国教育政策提供参考。本刊还将致力于为提高对于中国教育变迁及其国际关系的认识、思考以及分析的水平提供一个有益的中介和共享的学术论坛。期望加强和拓宽国内外学者在中国教育理论与实践发展多方面研究领域的交流与对话。汇聚中外学者的研究智慧，为共同推进中国教育的发展，拓展中国教育在国际教育社会中的发展空间及作用。

出版特点

　　主要发表：以中国本土教育变革实践为主要研究对象的重要学术力作，国家重点资助和国际合作等项目为主的大中型教育研究报告及其评论，以及有关中国教育理论与实践的专题研究和综合评论。着重反映中国教育理论与实践发展特点的最新学术研究成果与进展。并以当代中国教育的发展为重点，经纬中国教育传统与现实关系的学术研究。努力确立其强调科学性、实践性、前沿性和综合性的特色与风格。

读者对象

　　我们的读者对象包括：（1）中国教育以及相关领域的学者和研究人员；（2）中小学、学院、大学以及国内外其他教育机构的教学人员；（3）教育决策人员，以及其他对制定教育（包括公立、民办）政策有影响的人员；（4）对中国教育感兴趣的人员。因此，本集刊的适合阅读对象主要是教育专业人员以及有关专业人士。

投稿指引

投稿时，应通过本刊网址以 Word 文本电子版方式在线上传您的稿件。

来稿接受基于未发表过和没有提供其他出版的原始稿件。

本期刊只接受中英文两种投稿。作者需注意本期刊所面向的对象包括国际国内读者，因此不要使用其他语言，同时，所有关于地区性的术语均需清楚界定。英文稿一经采用，本刊编委会负责翻译。

学术论文或研究报告需使用宋体或 Times New Roman 12 号字撰写，应使用 8 乘 11 英寸或 A4 纸，页边空白不少于 1.5 英寸或 5 厘米。长度包括例证、图表、资料和表格以及相关文字说明，总计字数一般在 3 万到 5 万字之间。研究报告的评论文章一般不少于 5 千字，可在 1 万字左右。论文解释性注释采用脚注，仅注明引用文献出处，采用文中夹注如（丁钢，2002：22）或（丁钢，2003：31–33），引用文献放在文后的参考文献中。参考文献分为中文部分（按作者姓名笔画排序）和外文部分（按作者姓名首字母排序）两个部分。

作者在撰写提交论文时，可以参考美国心理学会出版手册（1994 年第 4 版）。

论文首页须标明论文标题、作者姓名、所在单位以及通讯地址。

所有论文均应附有中、英文内容提要，字数一般不超过 150 字。

为方便联系，作者还应写上通讯地址、电话及传真号码，以及 E-mail 地址。如果是合作论文，那么第一作者即是联系人。

来稿收到，即复回札。来稿评阅采用国际惯例匿名制，过程约 2~3 个月。需要修改或采用与否，可以通过投稿系统查询。如不拟采用，原稿不再退还。

编委会有权对来稿作必要的编辑处理，并会与作者联系。

关于版权

　　作为出版的基本条件之一，作者所写论文（包括内容摘要）的版权均归属《中国教育：研究与评论》（CEER）。

　　作者的观点不代表本集刊的立场。

　　作者如果引用尚未公开发表的资料，或者一次性引用超过 250 字以上，或者从任何拥有版权的任何著作（包括未发表的和已经注册版权的资料）中总共引用超过 500 字，均有责任获得被引用方的书面许可。

编辑联系　由丁钢负责，地址：中国上海，200062，华东师范大学教育高等研究院，本刊网址从（www.iase.ecnu.edu.cn）进入。

业务联系　包括订购、邮费、广告以及零购，均由教育科学出版社（中国北京，100101，朝阳区安慧北里安园甲 9 号，电话：010 - 64989009）负责。

《中国教育：研究与评论》由教育科学出版社不定期出版。

CHINA'S EDUCATION: RESEARCH & REVIEW

The International Referred Journal of Chinese Education Studies

Educational Science Publishing House, Beijing

NOTES FOR CONTRIBUTORS

Purpose

The main purpose of this international refereed journal is dedicated to academic research on China's education and analysis to assist in policy making and planning in education in China. The journal also provides a vehicle and sharing forum for increasing awareness, consideration and analysis of practice, theory and issues in education change within China and her connection with international communities. It promotes the interchange of ideas on educational issues, and comparative studies both within the regions of China and between China and world, and pushes educational development in China.

Features

The Journal invited submission of academic papers and research reports on educational change and experience in China among indigenous and global knowledge, and they must be established on basis of rich and deeply research experiences and important project-based research. The topics focus on contemporary development and front research and progress in China's education, as well as set a connection with educational tradition and global education.

Readership

The targeted readership comprises: (1) scholars and researchers who study in education in China and other related fields; (2) staffs of schools, colleges, universities and other educational institutions in China and abroad; (3) policy makers, and those who influence educational policy, in both public and private sectors; and (4) persons who have an interest in education in Chinese Education. The journal therefore aims primarily at a professional readership.

Guidelines for Submitting Manuscripts

Manuscripts can be submitted as attachments in Word format electronically online by website: www. iase. ecnu. edu. cn.

Manuscripts are accepted for consideration that they are original, not been published or offered for publication.

The Journal will accept papers written in English or Chinese. Contributors should be aware that the Journal is intended for an international and Chinese audience, and national colloquialisms and idiomatic use of language should be avoided. Terms used for local contexts should be clearly explained.

Manuscripts must be typed (using Times New Roman font size 12) on one side of an 8 by 11 inch or A4 page only, and double-spaced with 1. 5 inch or 5 cm margins. Total length of the manuscript, including illustrations, tables, figures, and charts, giving word number equivalents, should normally be of the order of 30 000 to 50 000 words. Review articles can be around 10 000 words. Footnotes to the text and reference at the end of manuscript.

Authors should use the *Publication Manual of the American Psychological Association* (4th ed. , 1994) as a guide for preparing manuscripts for submission.

The title page should carry the title, the authors' names and affiliations and correspondence addresses.

All manuscripts must include an abstract (English & Chinese) containing a maximum number of 150 words.

Contributors should provide full postal address, telephone and fax numbers as well as e-mail address to facilitate communication. For joint authorship, the first author would be the contact person.

Manuscripts will receive two to three blind reviewers; the review process normally takes three months to conclude.

The editors reserve the right to edit manuscripts. Contributors will be contacted if substantial revision is recommended.

Copyright Policy

It is a condition of publication that authors vest copyright in their articles, including abstracts, in CERR (China's Education: Research & Review).

The views expressed in the papers or reports are those of the authors and do not necessarily reflect the position of the Journal and Education Science Publishing House.

It is the responsibility of the author(s) to obtain written permission for a quotation from unpublished material, or for all quotations in excess of 250 words in one extract or 500 words in total from any work still in copyright, and for the reprinting of illustrations or tables from unpublished or copyrighted material.

Editorial correspondence, should be addressed to the Chief Editor, Ding Gang, Institute of Advanced Studies in Education, East China Normal University, Shanghai 200062, P. R. C. (website: www. iase. ecnu. edu. cn)

Business correspondence, including orders and subscription to the mailing list, advertisements, back numbers and offprints, should be sent to the Publication Officer, Educational Science Publishing House, Jia No. 9, Anyuan Anhuibeili, Chaoyang District, Beijing, 100101, P. R. China.

China's Education: Research & Review is published at irregular intervals by ESPH.

出版人　　所广一
责任编辑　刘明堂
版式设计　贾艳凤
责任校对　贾静芳
责任印制　曲凤玲

图书在版编目（CIP）数据

中国教育：研究与评论. 第 16 辑/丁钢主编. —北京：
教育科学出版社，2013.12
　　ISBN 978-7-5041-8217-3

　　Ⅰ．①中…　Ⅱ．①丁…　Ⅲ．①教育—中国—文集
Ⅳ．①G52-53

　　中国版本图书馆 CIP 数据核字（2014）第 028341 号

中国教育：研究与评论（第 16 辑）
ZHONGGUO JIAOYU：YANJIU YU PINGLUN

出版发行　**教育科学出版社**

社　　址　北京·朝阳区安慧北里安园甲 9 号　　市场部电话　010-64989009
邮　　编　100101　　　　　　　　　　　　　编辑部电话　010-64989419
传　　真　010-64891796　　　　　　　　　　网　　址　http://www.esph.com.cn

经　　销　各地新华书店
制　　作　北京鑫华印前科技有限公司
印　　刷　保定市中画美凯印刷有限公司

开　本	170 毫米×247 毫米　16 开	版　次	2013 年 12 月第 1 版
印　张	21	印　次	2013 年 12 月第 1 次印刷
字　数	283 千	定　价	49.00 元